JN227388

ナツメ社教育書ブックス

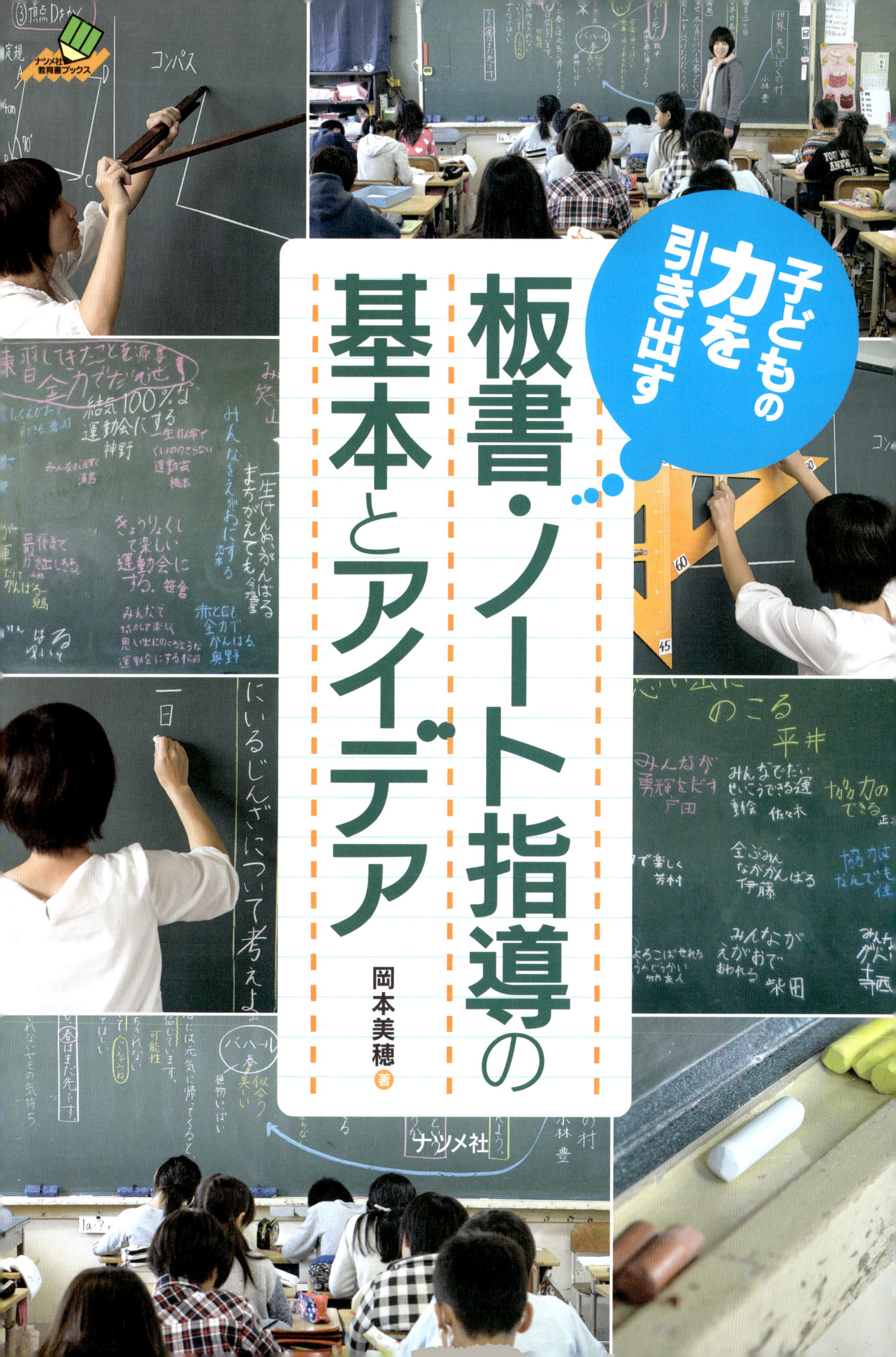


子どもの力を引き出す

# 板書・ノート指導の基本とアイデア

岡本美穂 著

ナツメ社

# はじめに

「子どもたちのキラッとした輝く目」

この言葉を聞いて、すぐにその場面を思い出せますか？


「あー、そういうことかぁ」「わかった！」と授業中、思わず漏れる子どもたちの声。

毎朝、登校するなり宿題の頑張りについて教えてくれる子どもたち。

授業が終わるたびに「黒板は、先生のノートやもんなぁ」と言いながら綺麗に板書を消してくれる子どもたち。

授業中、黒板の前に出てきて、一生懸命説明している子どもたち。

「今日こんだけノート書けた！」と言って笑顔を見せてくれる子どもたち。


子どもたちのこのような姿は、授業の準備をしたからといって、いつでも見られるとは限りません。

子どもが自然に見せてくれるものなのです。

そして、これらは私にとってかけがえのない宝物です。

この宝物であふれる教室をみんなでつくり出してくれた4年1組の子どもたちには感謝の気持ちでいっぱいです。

ぜひ、そんなかけがえのない大切なもの、素敵な子どもたちの姿を新任の先生方や、若い先生方に知ってもらいたいと思い、この本を書きました。

日本全国どこであっても、教室には必ず黒板があります。そして、全国の子どもたちのランドセルには、必ずノートが入っています。

どこにでもあるこの2つで、子どもは必ず変わります。

子どもたちは素晴らしい力をもっています。

そんな素晴らしいキラッと輝く姿は、ちょっとした工夫で引き出されるものだと思っています。

この本が少しでもみなさまの役に立てたら光栄です。

岡本 美穂

子どもの力を引き出す

# 板書・ノート指導の基本とアイデア

## 目次

contents

序章

# 板書の役割とノート指導の関係

板書は、教材研究はもちろん、
ノート指導とも切り離せない関係にあります。
ここでは、授業における板書の位置と重要性を解説します。

# 授業の準備は板書計画を立てることから

## 板書計画に授業の流れをまとめよう

授業には板書が不可欠です。そしてその板書では、45分間という授業時間での子どもたちの成長が、ひと目でわかる工夫をしなくてはいけません。そのためには、基本的に1時間の授業は黒板1枚に収まるように、授業の前に板書計画を立てておきましょう。

板書計画を立てておくと、

- **授業の流れをイメージできる。**
- **どのくらいの量をノートに書くべきかを確認できる。**

この2点が明確になります。

また、板書計画を立てるためには、教材研究が重要です。教師自身が教材の内容をどこまで理解しているかによって、板書計画も変化していきます。

**授業時間「45分間」のイメージ図**

教材研究の過程で、子どもたちに教えたいこと、学ばせたいことなど、先生方の空想を現実に変えていく手前の作業が、「板書計画」です。

## 板書計画を立てるために知っておきたいこと

板書計画を考えるとき、めざすべき板書は単純明快なことが重要となります。**子どもが焦らず落ち着いて、自分のノートに書き写すことができる板書がベストです。**学習指導案を確認しながら、子どもと同じノートを板書に見立てて板書計画を書いてみましょう。まず書くべきことは、「めあて」と「まとめ」です。そして、実際の子どもの反応を予想しながら、どんな子どもの成長をねらっているのかを書き込んでいきます。文芸学者である西郷竹彦氏は、板書をこのように表現しています。

**「板書は授業の見取り図みたいなもの」**

『文芸の授業研究ハンドブック』
西郷竹彦・監修（明治図書出版）より

次のページでは学習指導案と板書計画を紹介します。2つを見比べると、板書計画は学習指導案をより具体化していることがわかると思います。

そして10ページ以降は、板書計画と実際の板書、その板書を写した子どものノートを紹介します。

# 国語

## 「あめんぼはにん者か」
（4年生）

### 学習指導案

9．本時の展開

| 学習活動 | 指導上の留意点や評価や支援 |
|---|---|
| （1）音読を行い、前時までの確認をする。 | |
| （2）本時のめあてを確認する。<br>筆者が1番伝えたいことについて考えよう。 | |
| （3）19段落があることを伝える。<br>気づきにくいのは人間にとっては（　　　）でも、あめんぼにとっては（　　　　　　）です。 | ・ノートに書く。<br>・（　　）に入る言葉を教科書の言葉から探す。 |
| （4）19段落の本文を配る。<br>「ですから～だと思います。」という一文を考える。 | ・20段落を配らずに自分の考えを持つ。 |
| （5）20段落の本文を配る。<br>自分なりの題名を考えよう。 | |
| （6）題名の交流を全体で行う。 | |
| （7）ふりかえり<br>根拠を持って、自分なりの題名を書く。 | |

4

学習指導案と板書計画の同じ色の部分がリンクしています。

ここでは、授業のステップごとにどのくらいの黒板スペースを使うか考えながら、計画を立てています。想定した子どもたちの反応や、その部分で大切にしたいことは赤字で書いています。板書計画には、時間配分をメモすることもあります。

### 板書計画

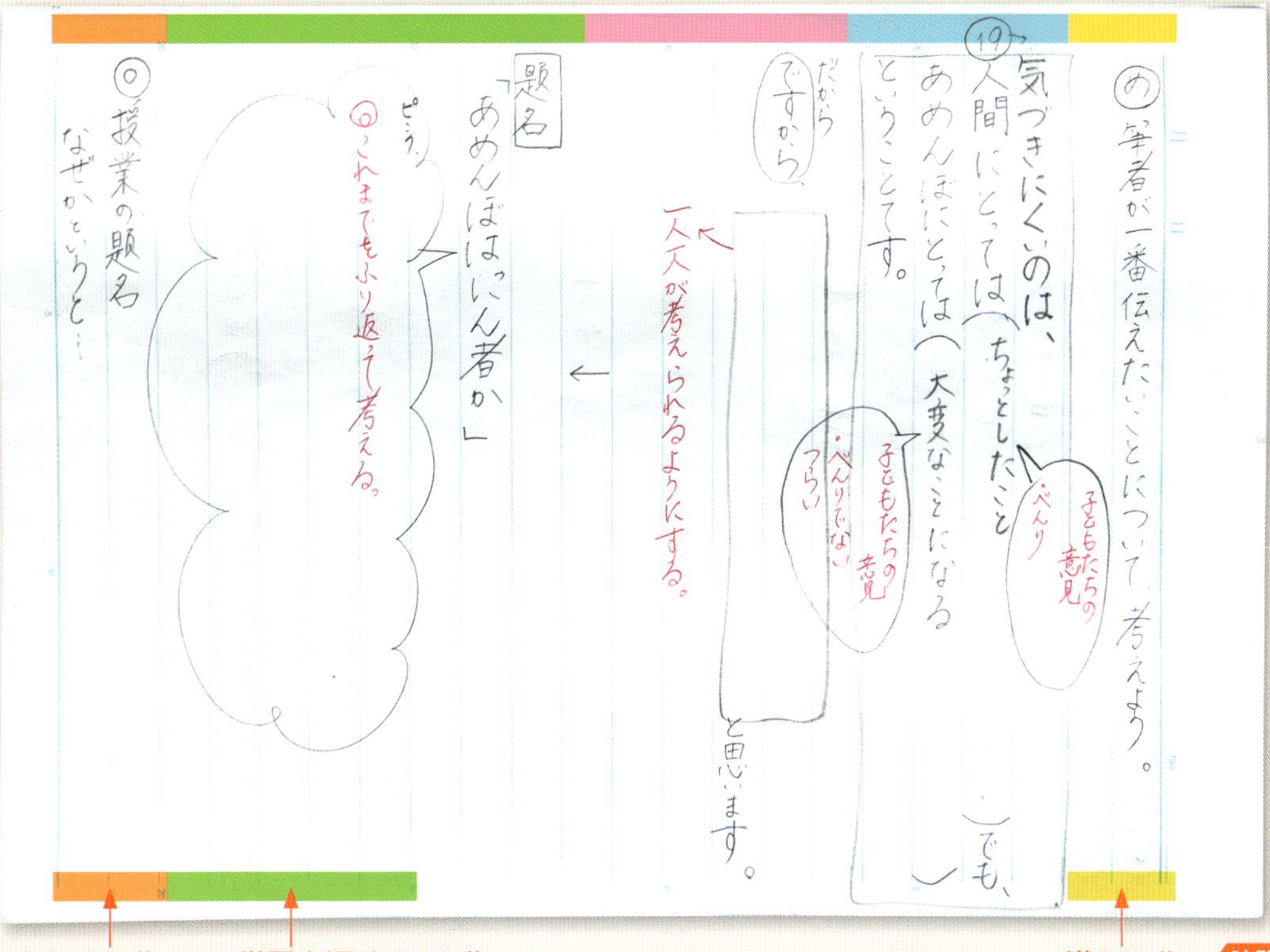


まとめ5分　学習を深める10分　導入5分　時間配分

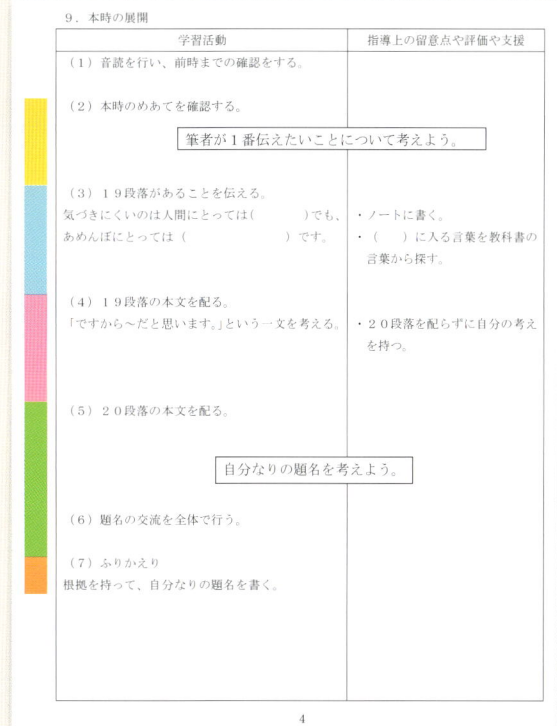

# 国語

**「あめんぼはにん者か」**
**（4年生）**

## 板書計画

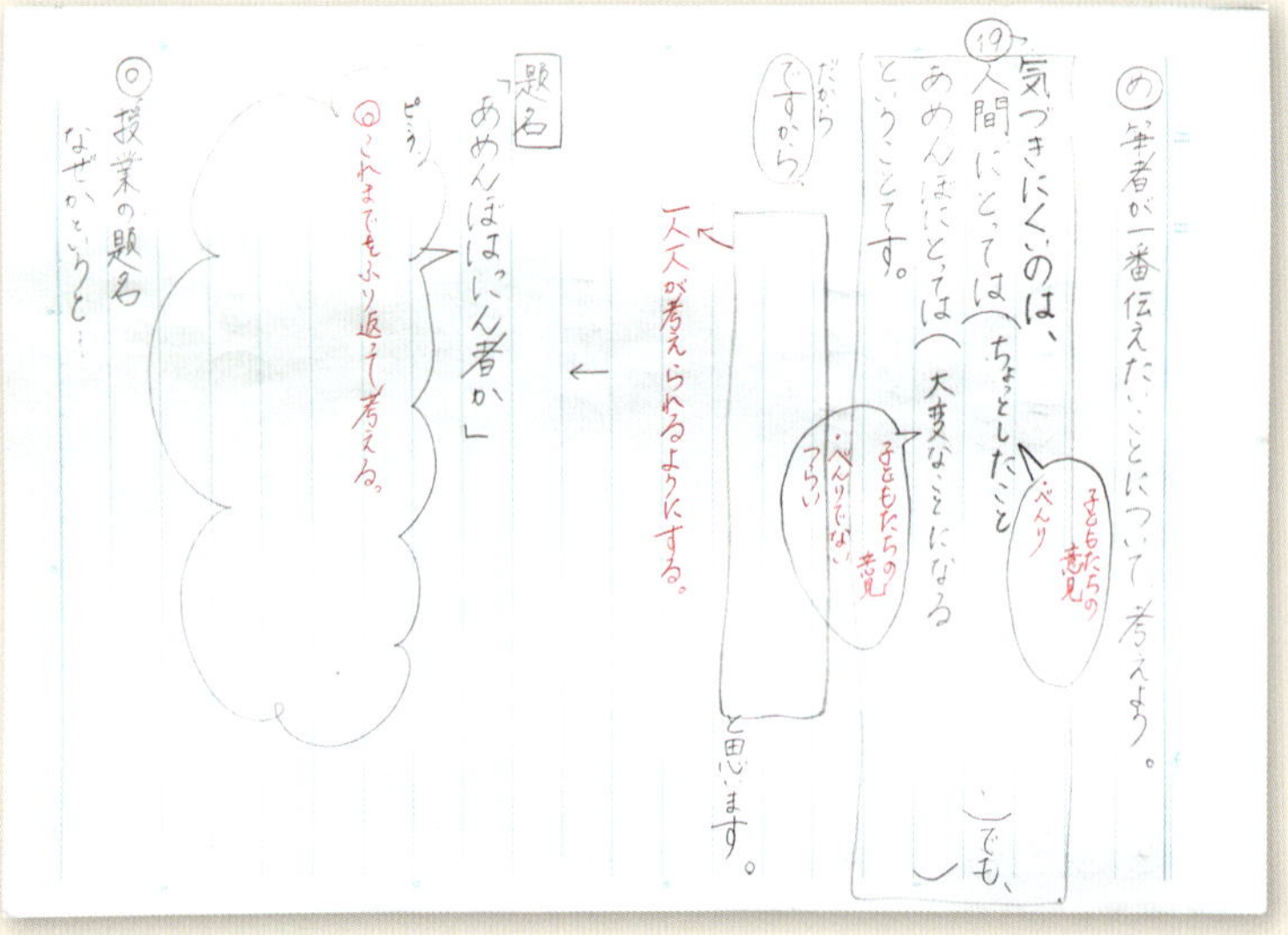


雲形の吹き出しは、子どもたちの意見を書くスペースです。

## 実際の板書

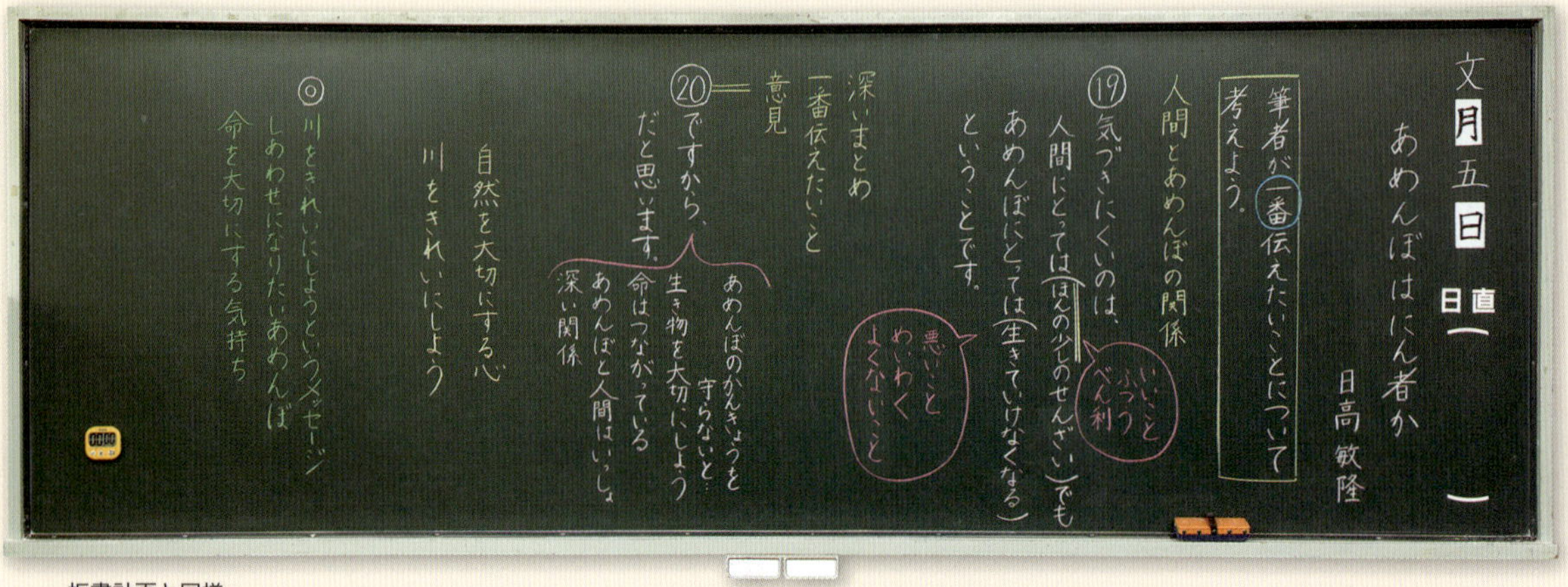


板書計画と同様に、実際の板書でも子どもたちの意見は赤いチョークで書いています。

## 子どものノート

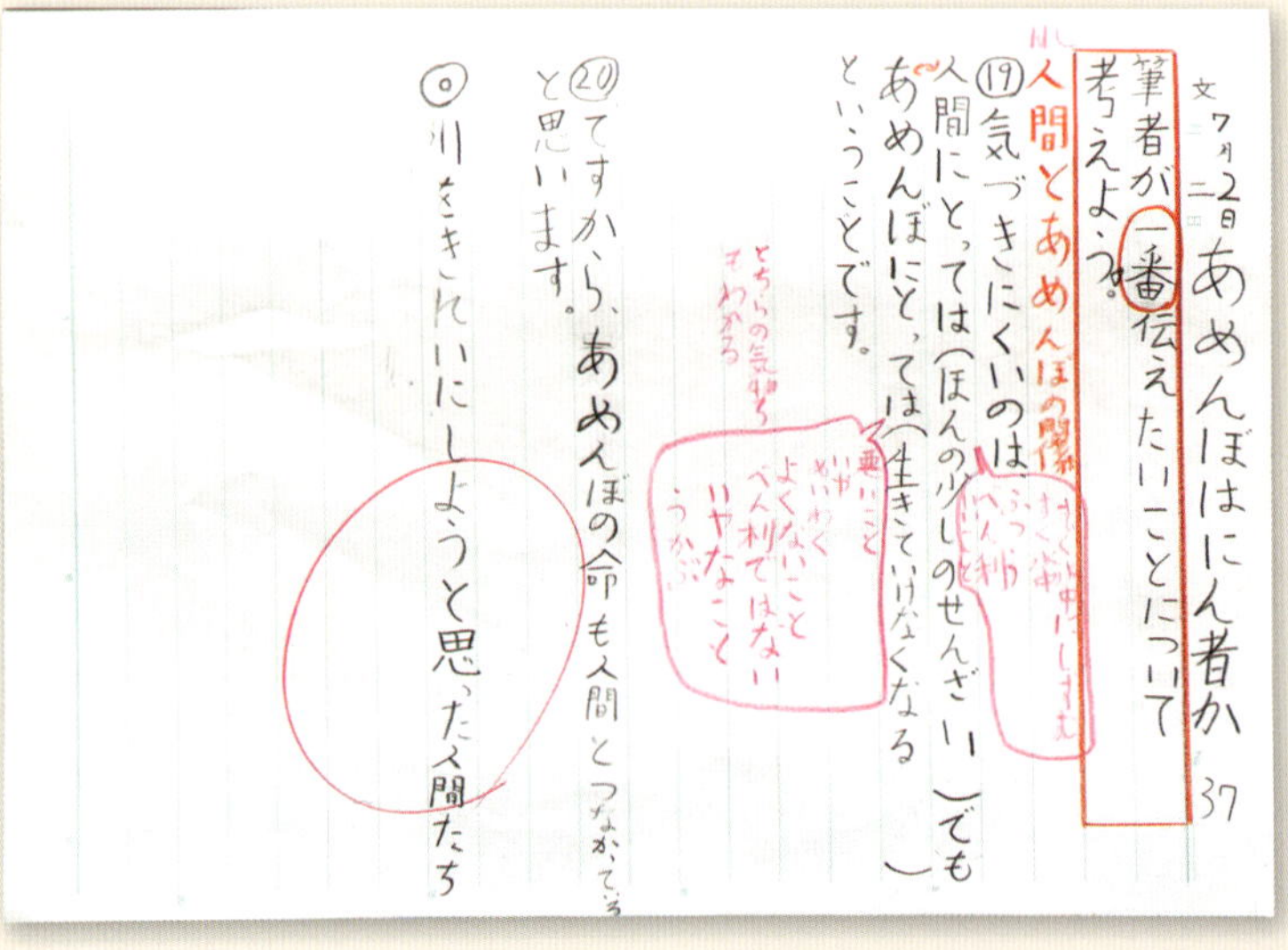


線を引く際は、どの教科でもものさしを使うようにしています。

# 算数

**「小数」**
（４年生）

## 板書計画

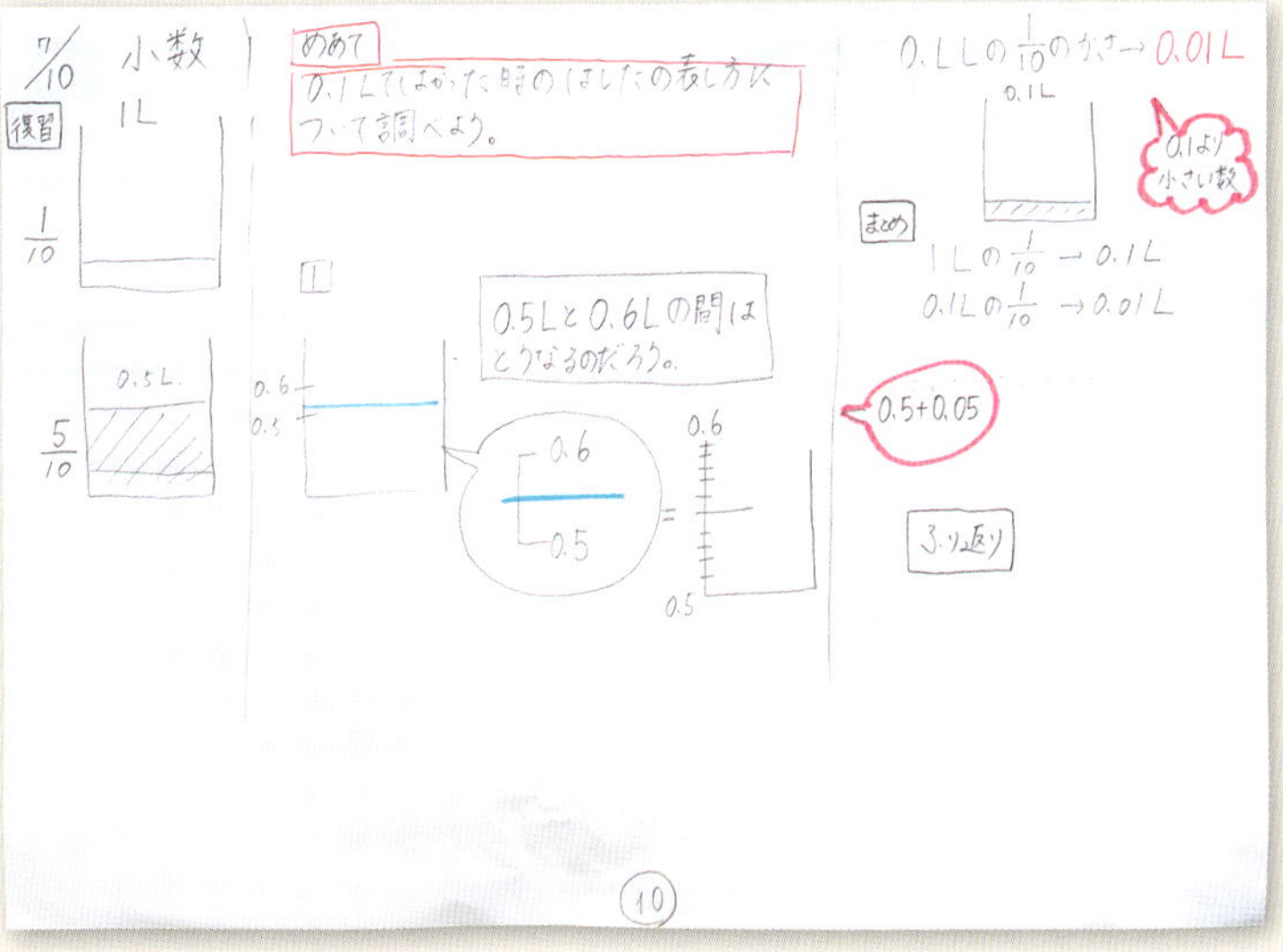


導入である復習の板書は左側にまとめ、この授業の内容が中央になるようにしています。

## 実際の板書

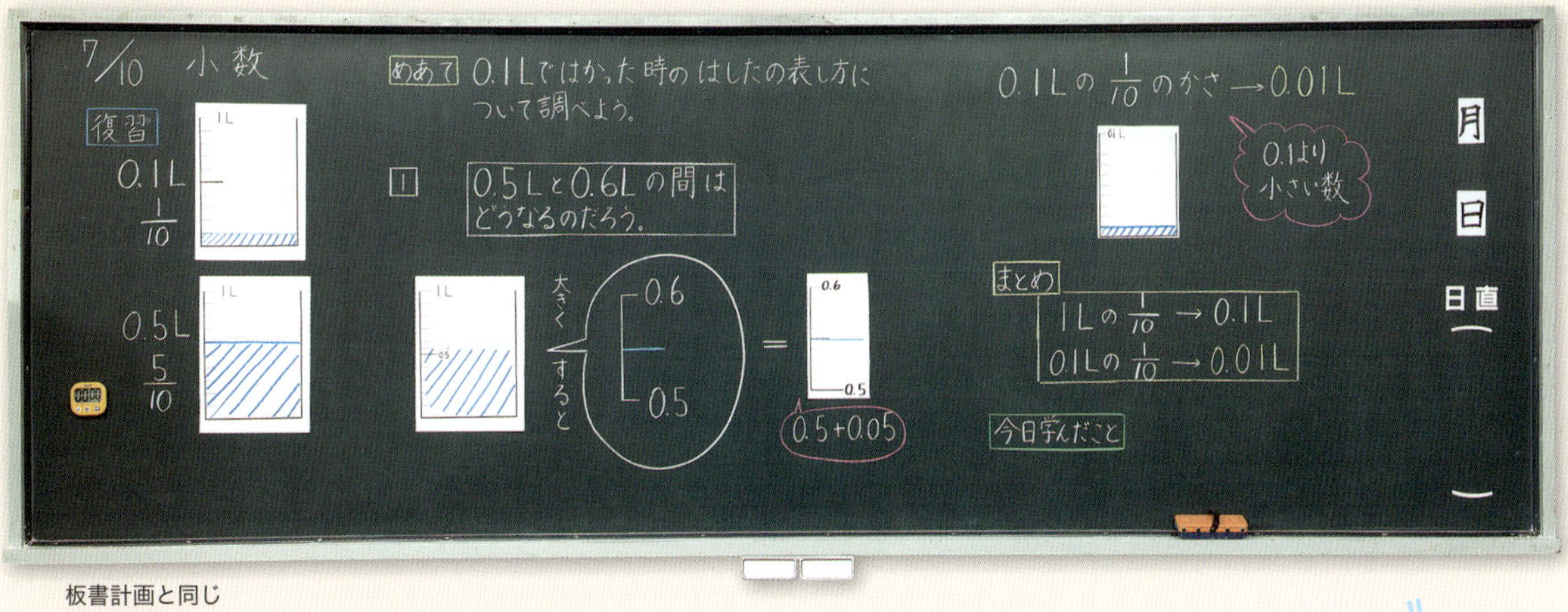


板書計画と同じレイアウトで実際の黒板を進めています。

## 子どものノート

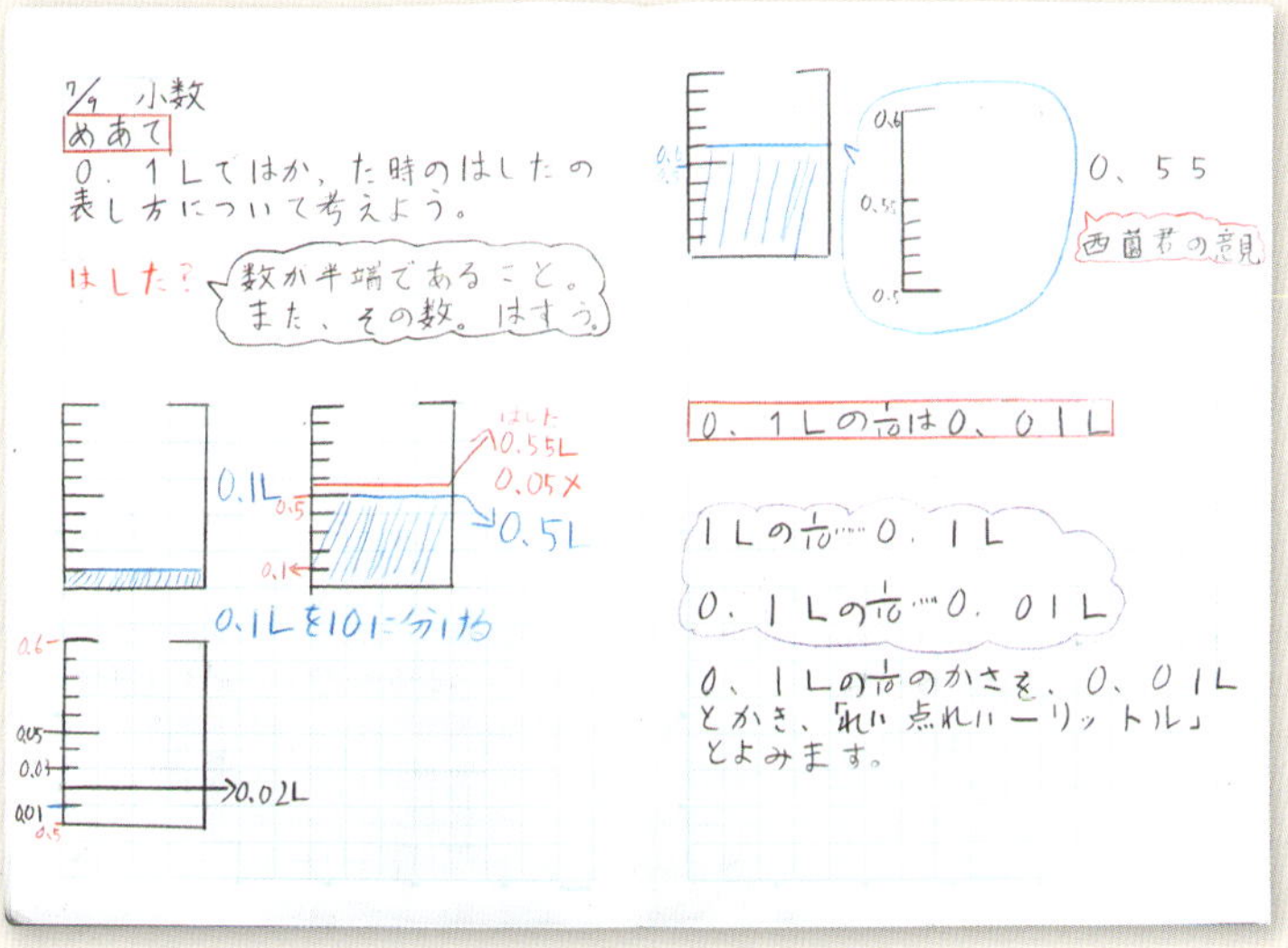


板書と同じようにイラストを描き、あとから見ても思い出しやすいようにしています。

# 社会

**「地域の地図」**
**（４年生）**

## 板書計画

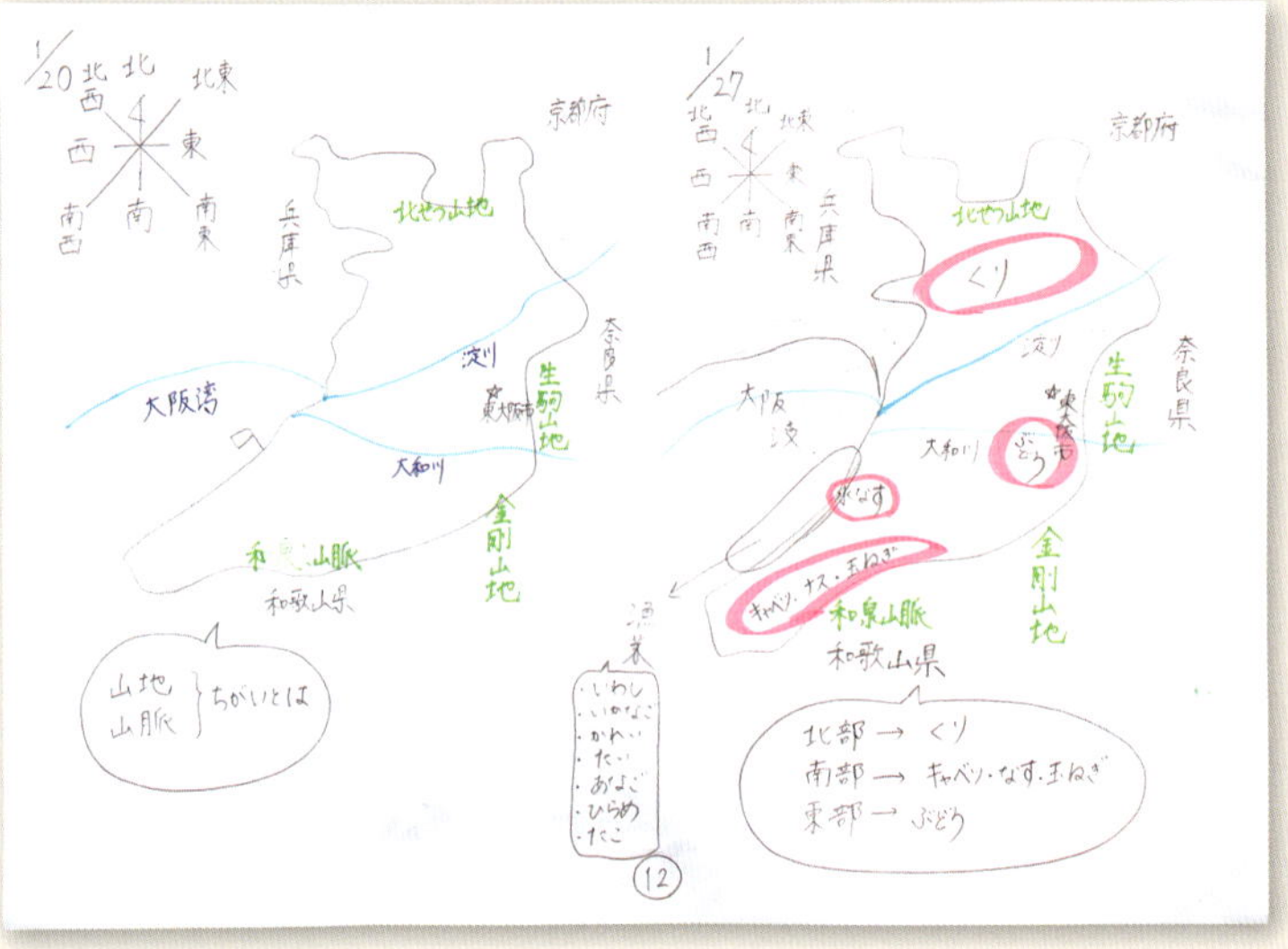


数時間かけて学習するときは、前後の流れを確認するために、板書計画をまとめることもあります。

## 実際の板書

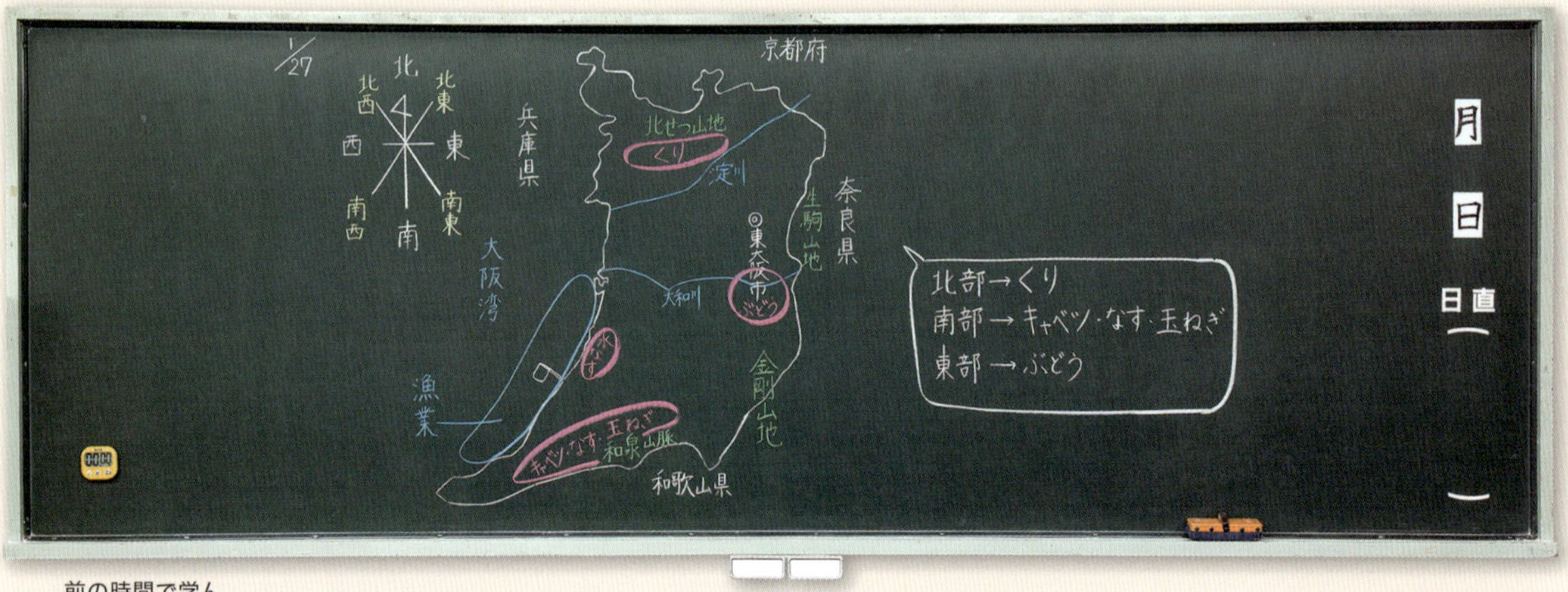


前の時間で学んだことを押さえながら、今回学ぶことを追加していきます。

## 子どものノート

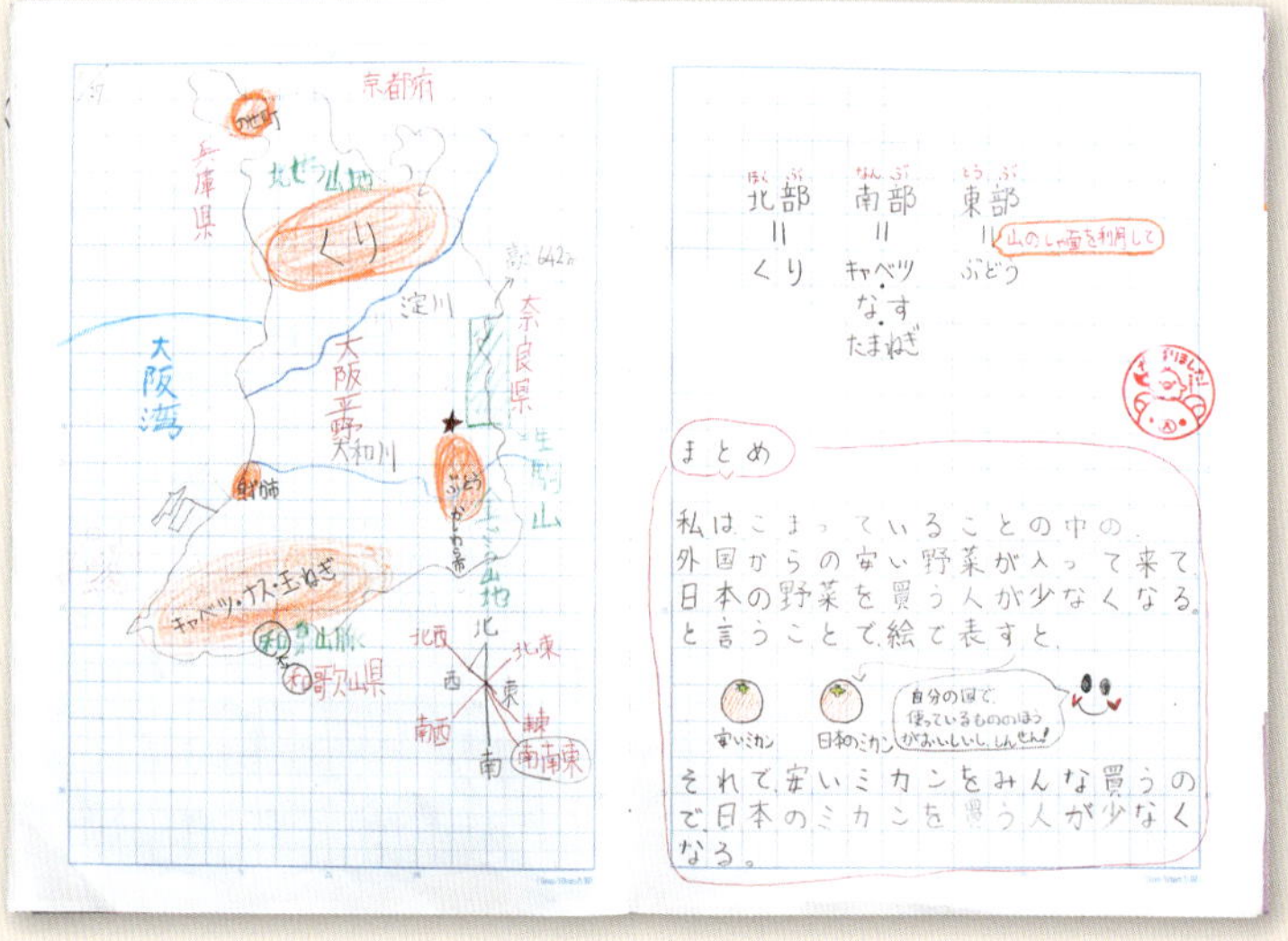


子どもたちにも実際に地図を描かせ、自分が住んでいる場所がどんな地形をしているのか、学習させています。

## 板書の役割とは？ 5つのポイントと型を知ろう

板書は、学校教育制度が整えられた明治時代から使われています。視聴覚機器が発達した現在でも、授業に欠かせないものになっているのはなぜでしょうか。

それは、使い方が簡単であるうえ、板書を活用することで、学習内容を確認したり、発展させたりするために子どもたちの心を板書に集中させ、一緒に学ぶことができるからです。板書の役割として、次のことが挙げられます。

### 情報をすぐに得られる

学習に関する内容や情報を板書することで、子どもたちが今、学習していることや、これから何を学ぶかについて理解することができます。

耳からの情報では忘れてしまうこともありますが、板書では情報を視覚化しているため、子どもたちにしっかり届きます。

### 一点に集中できる

学級全員の子どもたちが、同時に学び合うことができます。座席がどこであっても、教師の説明を確認しながら、一人ひとりが中心となり、板書に集中することができます。説明を聞き逃してしまった場合があっても、板書を確認すれば、授業の内容や進み具合は確認することができます。

### 説明がよりわかりやすくなる

学習内容を文字や絵、図などで示すことで、子どもたちの理解が深まります。想像する力を鍛えたり、複数のものを比べたり、イメージを視覚化することで、より具体的に考えることができるようになります。

### 頭の中を整理できる

学習のめあて、ねらいに向けて学習するべきことを整理することができます。

また、子どもたちの理解や納得具合、発言に応じて内容を整理し、示すことができます。

### 強調できる

チョークを太くしたり、色チョークなどを使いながら、大切にしたいところを強調して、重要な部分を示したり、確認をしたりすることができます。

この5つのポイントを踏まえて、板書の型を教師がもっておけば、子どもたちがノートに写す場合も安心して取り組めます。子どもたちのためにも板書の型をもつことをおすすめします。

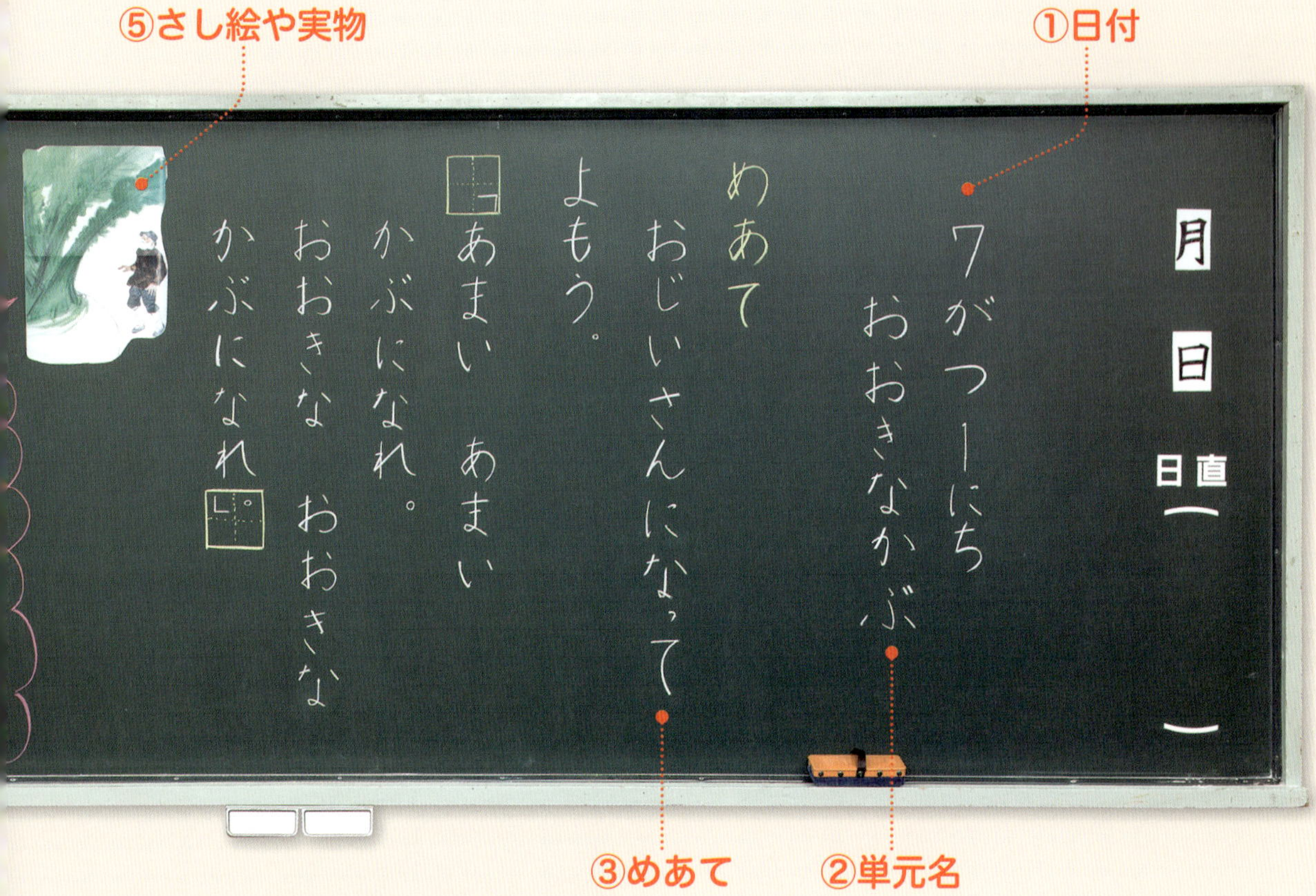
⑤さし絵や実物
①日付
月
日
日直
（　）
7がつ1にち
おおきなかぶ
めあて
おじいさんになって
よもう。
あまい　あまい
かぶになれ。
おおきな　おおきな
かぶになれ
③めあて
②単元名

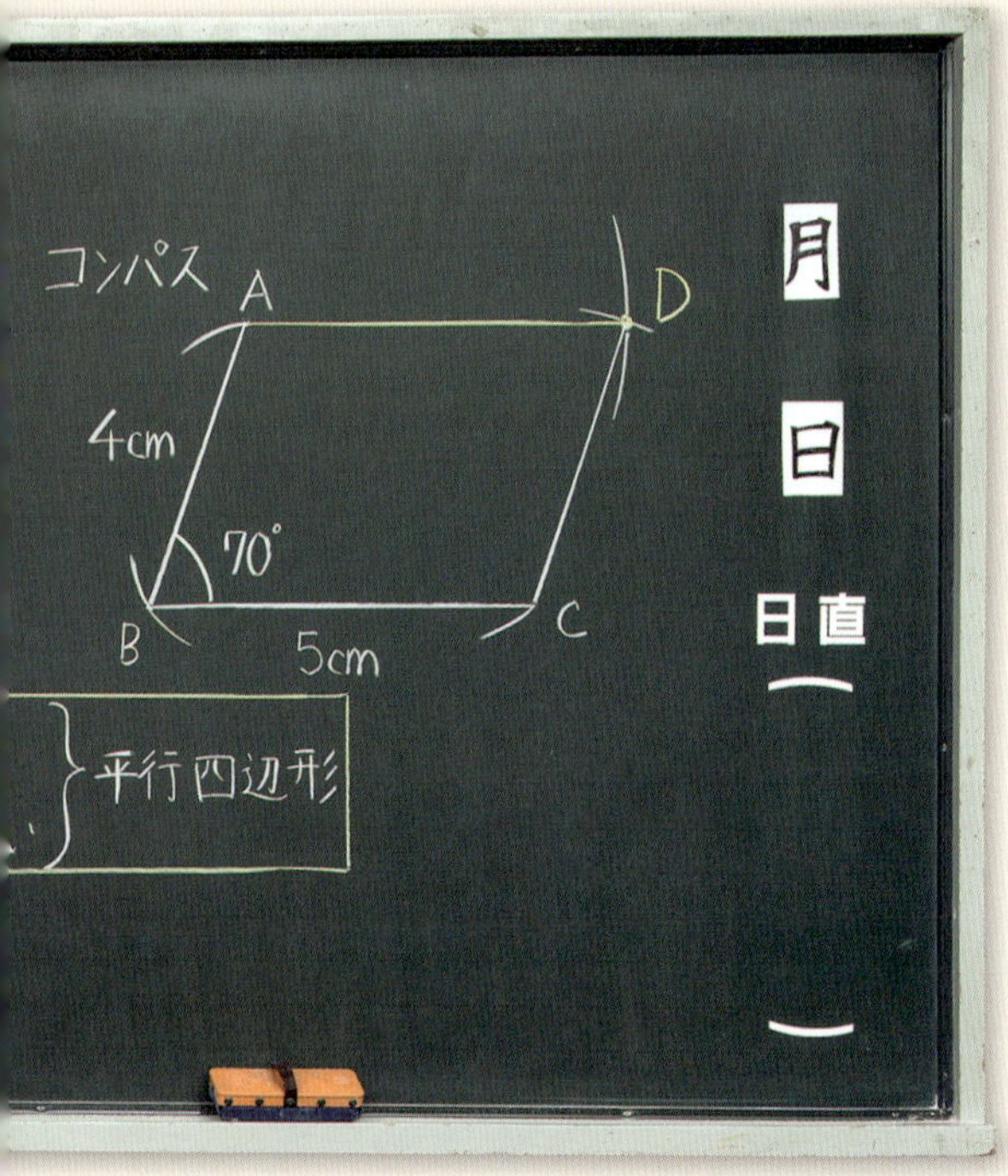
月
日
日直
（　）
コンパス
A
D
4cm
70°
B
5cm
C
平行四辺形

左記の6つの項目は、どの教科でも共通している型の要素です。

**「板書の型」例**

①日付を書く。
②単元名を書く。
③めあてを書く。
④子どもの意見を書く。
⑤さし絵・実物・図形を貼る。
⑥振り返りを書く。

国語「大きなかぶ」（1年生）

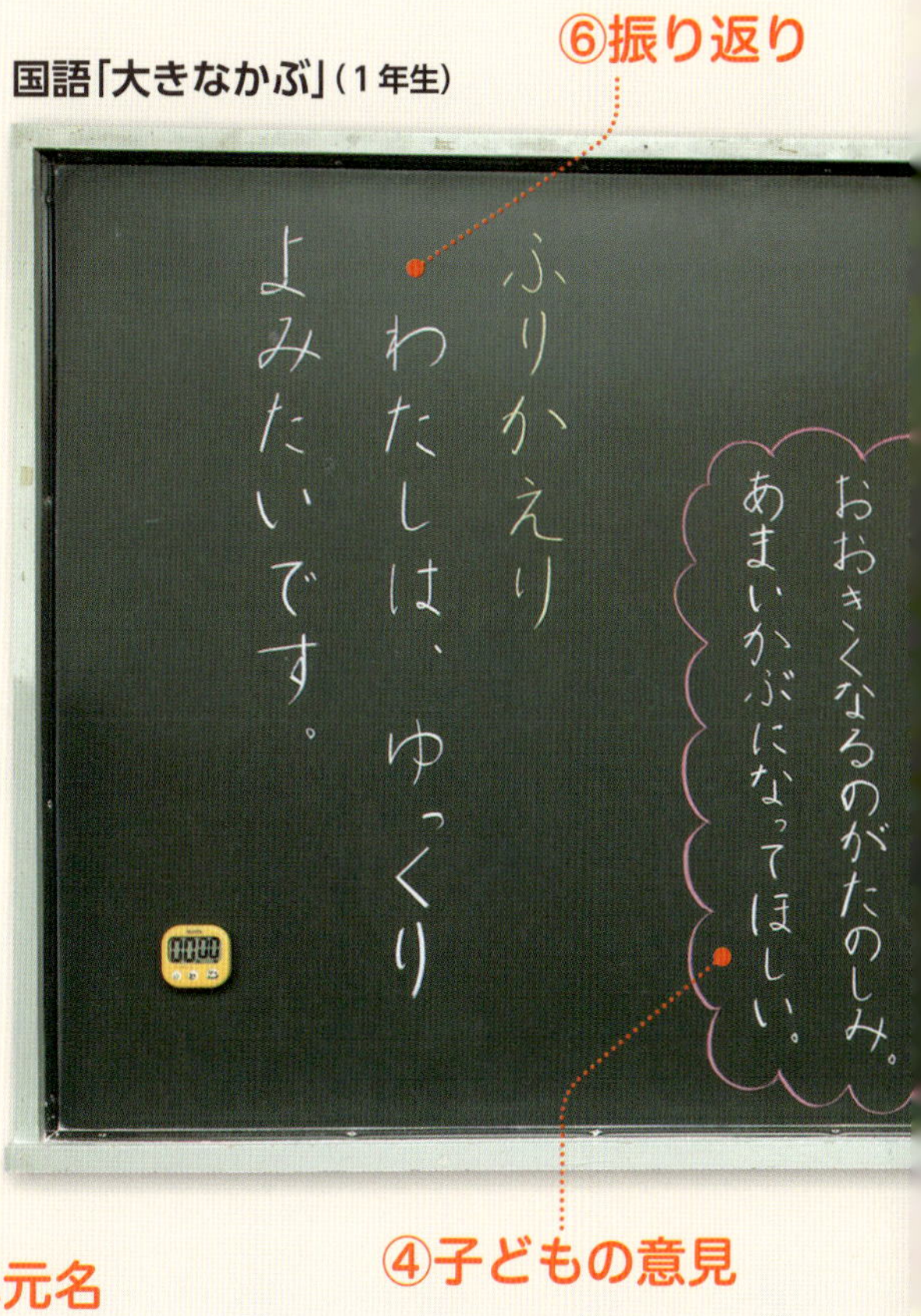
⑥振り返り
おおきくなるのがたのしみ。
あまいかぶになってほしい。
ふりかえり
わたしは、ゆっくり
よみたいです。
④子どもの意見

算数「垂直と平行四辺形」（4年生）

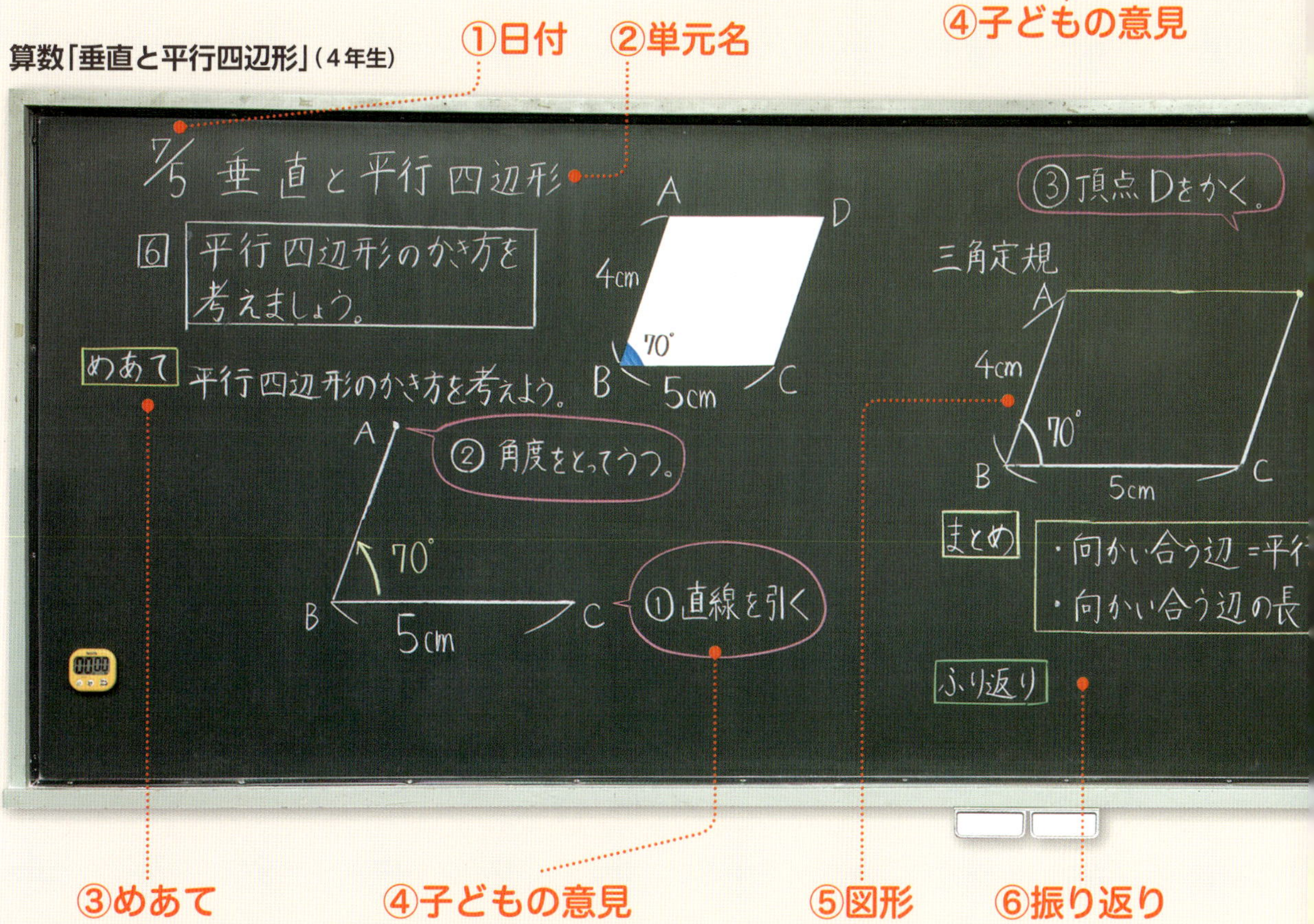
①日付
②単元名
7/5 垂直と平行四辺形
6 平行四辺形のかき方を考えましょう。
めあて 平行四辺形のかき方を考えよう。
A
D
4cm
70°
B
5cm
C
③頂点Dをかく。
三角定規
②角度をとってうつ。
①直線を引く
まとめ
・向かい合う辺
・向かい合う辺の長
ふり返り
③めあて
④子どもの意見
⑤図形
⑥振り返り

**算数「かけ算」（２年生）**

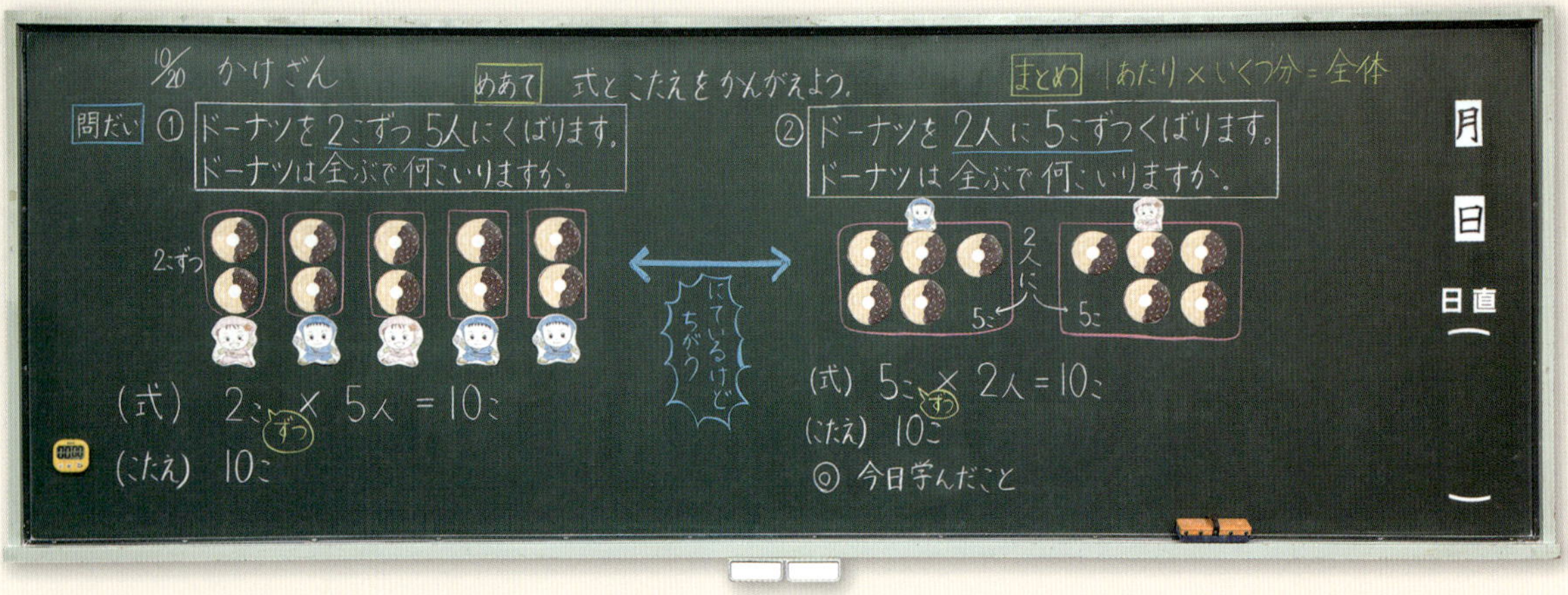
10/20 かけざん
めあて 式とこたえをかんがえよう。
まとめ 1あたり × いくつ分 = 全体
問だい ① ドーナツを2こずつ5人にくばります。
ドーナツは全ぶで何こいりますか。
② ドーナツを2人に5こずつくばります。
ドーナツは全ぶで何こいりますか。
2こずつ
にているけどちがう
2人に
5こ
5こ
(式) 2こ × 5人 = 10こ
ずつ
(こたえ) 10こ
(式) 5こ × 2人 = 10こ
ずつ
(こたえ) 10こ
◎ 今日学んだこと
月
日
日直

## 授業での板書の位置づけと教師の心構え

以前、イチロー選手が小学生の子どもたちに野球を教えている様子をテレビで見たことがあります。小学生の「どうやったら野球が上手になりますか？」という素直な質問に、「バットやグローブなどの道具を大切にすることだよ」と、イチロー選手は答えていました。

フォアボールで1塁に行くとき、他の多くの選手はバットを放り投げていく様子をよく見ます。しかし、イチロー選手はバットをやさしく置いてから走っていきます。また、打って1塁に行くときもバットを投げずにさっと置きながら走ります。イチロー選手は、バットやグローブをいつも使えるように準備しておくこと、そして、その道具を使えることに感謝すること、これが野球がうまくなるコツだとアドバイスしたのです。

教師も同様に、授業にとって欠かせない黒板を大切にしたいものです。チョークの跡が残っている黒板、チョークの粉だらけの黒板消し、そのような状態のものを目にすると、非常に悲しくなります。

次の授業のために準備された黒板は、目の前の子どもたちのことを考えられる、あたたかい、心のこもった教師の姿が見えるものです。

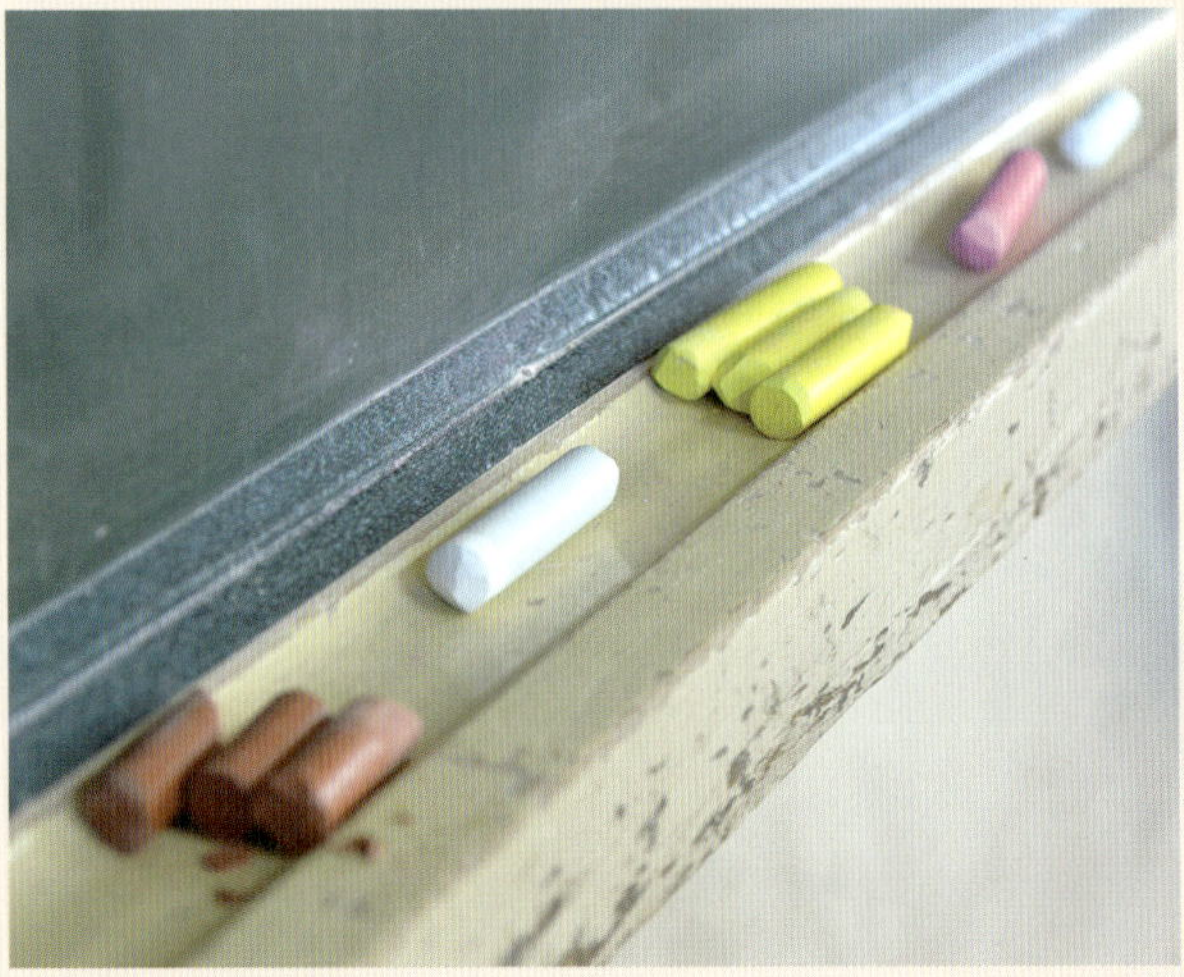

算数「わり算」（4年生）

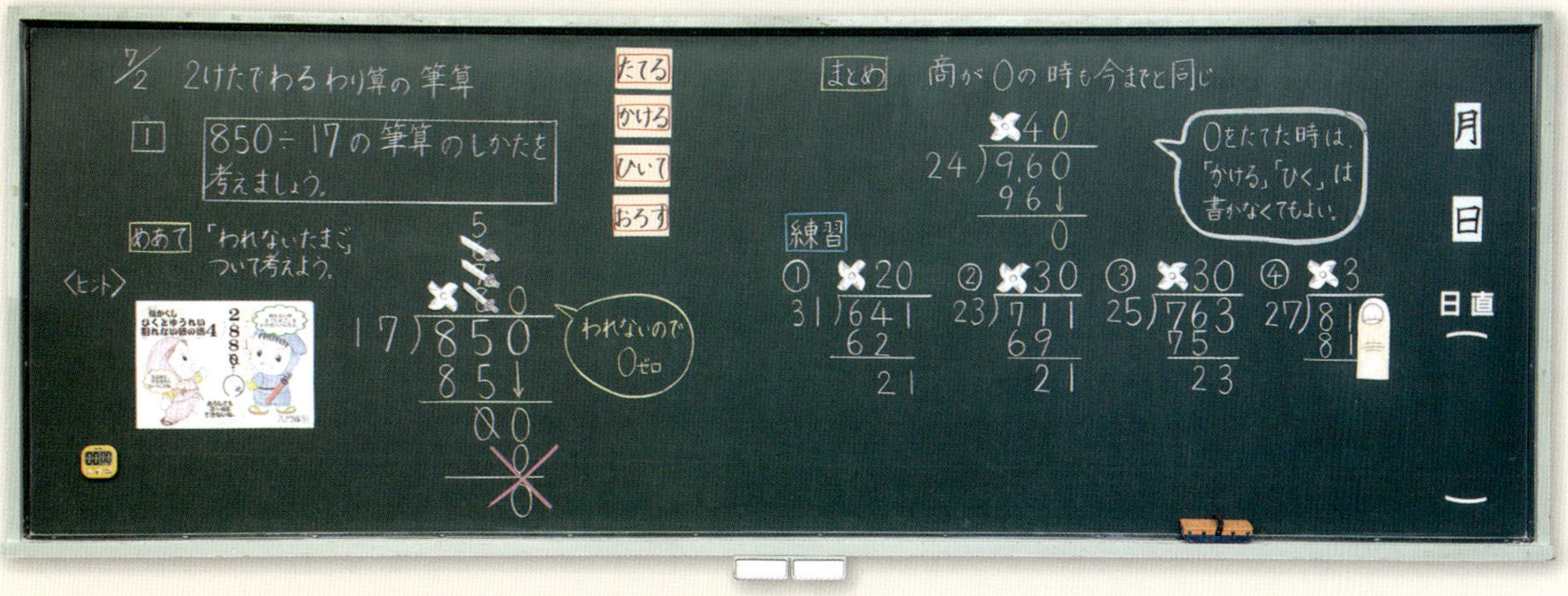


# 板書を上手に活用し、子どもの考えを引き出す

## 子どもに自信を与え、考えや意見を引き出す

子どもたち全員が手を挙げて意見を凛々しく言っている姿は、教師にとって理想です。しかし、現実は難しいものです。私も全員が意見を言ってくれたら、どんなに素晴らしいだろうと思いますが、そういう姿を追い求めることで、つい子どもを強引に引っぱり出しているように思い、悩んでいました。そんなとき、校長先生からの「言えない子、発表していない子でも、ノートに意見を書いていたら板書してあげたらいいよ」という言葉が心にしみました。

もし、板書した意見が間違っていたとしても、書いてもらった子どもは、先生に書いてもらったことで自信がつくのではないでしょうか。そして、友達の意見と「比べる」ということをします。その際、書いてもらった子どもほど、他の子どもと比較しながら考えることができます。

テクニックではなく、子どもを受けとめる板書、子どもの自己肯定感を高める板書とはどういうものなのかということを、この校長先生から学びました。

## ほかのものと比較して、子どもの考えを引き出す

板書のよさの中には、「比較して考えやすい」という点が挙げられます。教師が「比べなさい」「比較して、気がついたことを言いなさい」と言わなくても、書き方を工夫するだけで、子どもたちは気がつきます。

比較することで、違いが明確になり、それぞれの特徴が際立つようになります。そこから、決まりごとなども発見することができます。

## 貼り物を動かしながら、考えを引き出す

算数「わり算の筆算」は、4年生の重要な学習内容の一つです。なかなかイメージしにくいわり算を、実際に具体物を使って動かしながら考えるよう

**生活「トマトの観察」（2年生）**

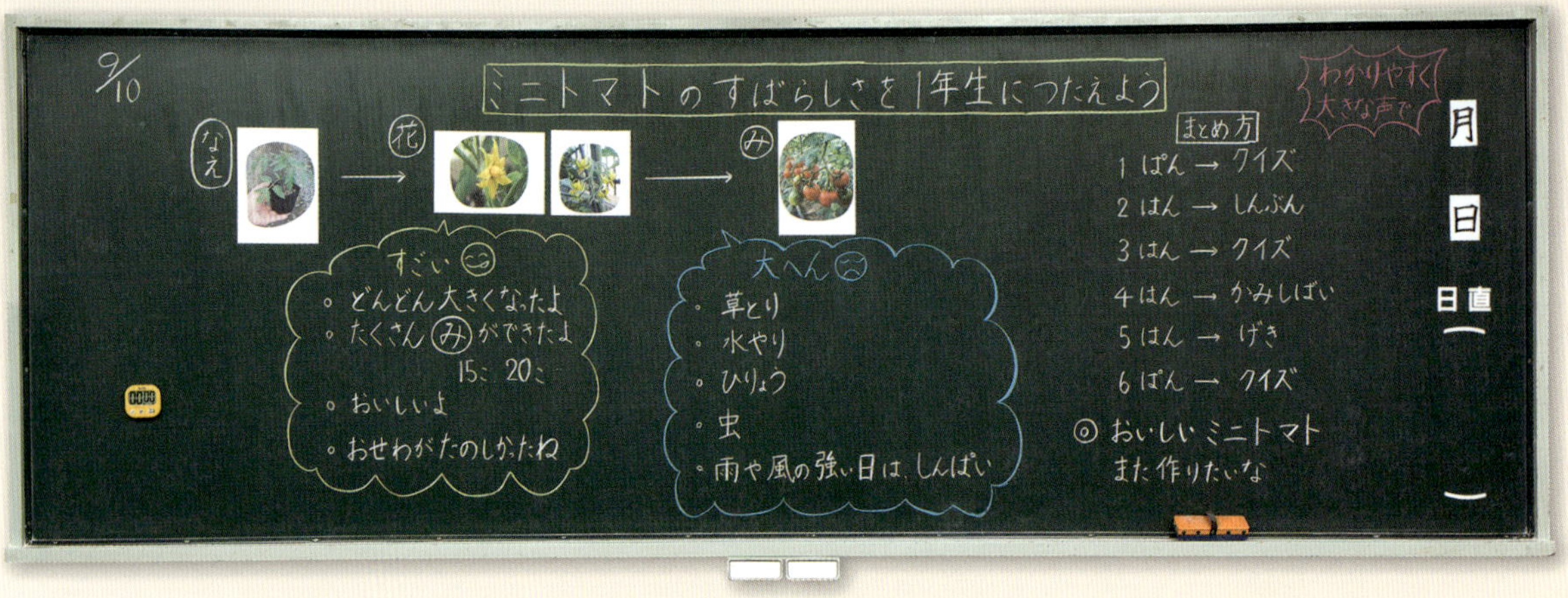
9/10
ミニトマトのすばらしさを1年生につたえよう
なえ
花
み
すごい
。どんどん大きくなったよ
。たくさんみができたよ
15こ 20こ
。おいしいよ
。おせわがたのしかったね
大へん
。草とり
。水やり
。ひりょう
。虫
。雨や風の強い日は、しんぱい
まとめ方
1ぱん → クイズ
2はん → しんぶん
3はん → クイズ
4はん → かみしばい
5はん → げき
6ぱん → クイズ
◎おいしいミニトマト
また作りたいな
わかりやすく
大きな声で
月
日
日直

にしています。具体物に触りながら理解することで、深い学びにつながることも多くあります。

2年生の生活科などの過程を学ぶ授業では、例えば、わざと写真を違う順番で出すことで、子どもに考えるきっかけをつくります。貼り物を動かしながら、疑問をもち、学びを深めていくことがねらいです。「なんだか、ちょっと変だな」「おかしいぞ」と常に思える子どもたちになってほしいものです。

## 板書を上手に活用し、子どもの考えを引き出す

私は子どもたちに授業で話し合いたい内容についてアンケートをとり、いちばん多かった意見を中心課題にして、授業を進めることがあります。この授業で重要なことは、子どもたちの意見を《拡散》させたり、《集合》させ、子どもたちの意見を深めること。そして、そのためには板書が欠かせません。

ここでの《拡散》とは、子どもの意見をとにかく出させるという意味です。そして、《集合》とは、意見を拡散して互いに刺激し合い、そこから意見を深める、という意味です。

このとき、意見を出すだけでは、その授業の核が見えにくくなってしまいます。国語「世界一美しいぼくの村」（4年生）では、黒板の中心に「バハール　春」と書いて、矢印で流れを示しています。このようにしておけば、「バハール　春」をもとに意見を《集合》させることができます。

教師はどんな授業でも、楽しく、明るく深まる授業、教材の核に迫る授業を追い求めていくべきだと思います。

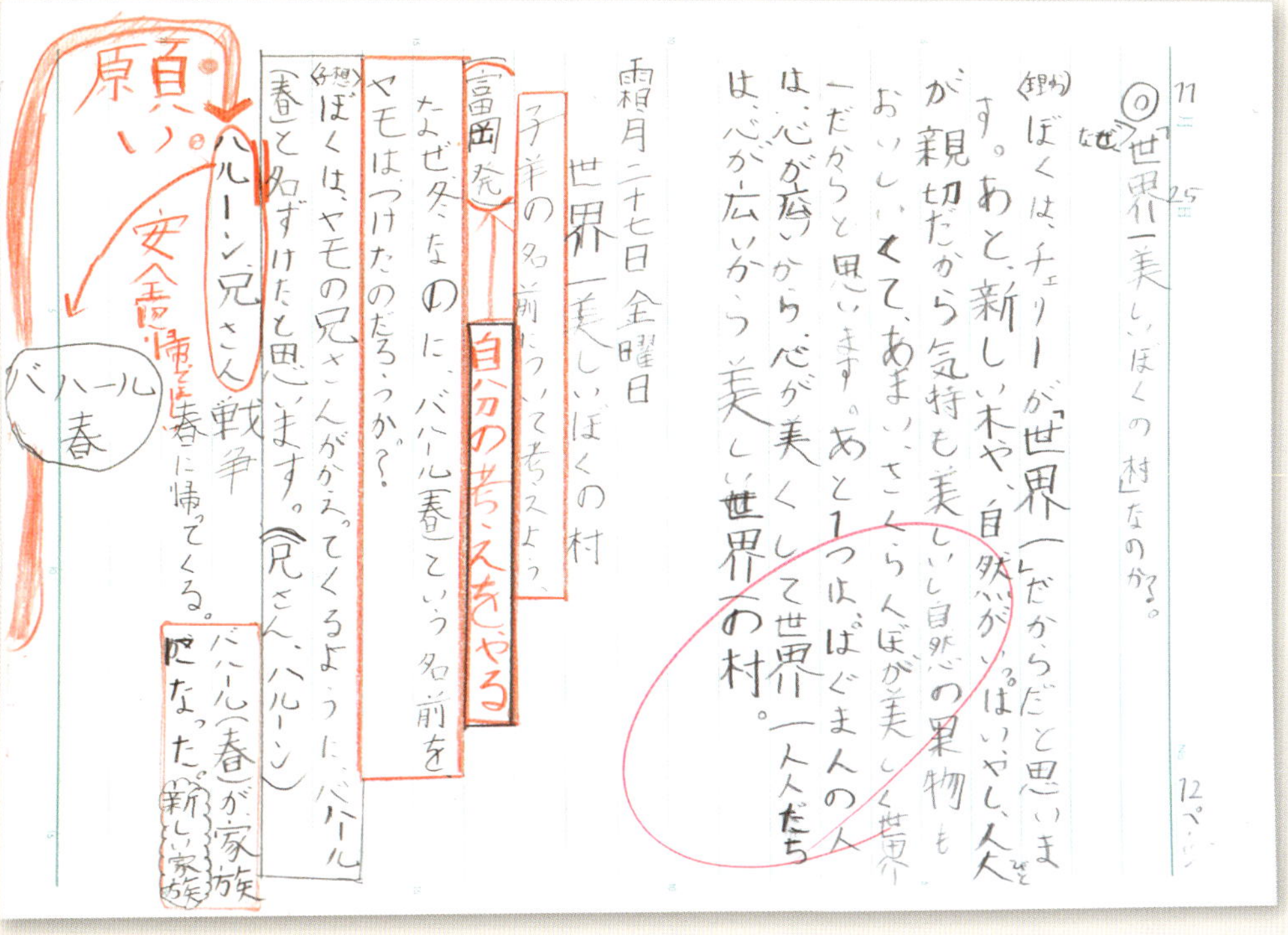


この実践は、教師の臨機応変さが求められますが、このような子どもの意見交流をもとにした授業ができるようになるためには、板書計画を書き、授業を行うという習慣を身につけることが重要です。

COLUMN

# 教材研究と板書計画は、教師の姿が表れるもの

**「板書計画のない教材研究はいくらやっても意味がない。**
**板書計画ができてはじめて授業準備ができたのだ。**
**自信にあふれた板書は、子どもの心をウキウキさせる」**

『「愛すること」を教える授業づくり・学級づくり』久保 齋（小学館）より

私は、新任の頃から尊敬する先輩教師の久保齋先生に上の言葉を言われてきました。そのおかげで、研究授業をする際は、「教材研究→学習指導案の作成→本時の展開の作成→板書計画の作成→授業（本番の板書）」という流れが自然に身につきました。

学習指導案は、いわば授業の設計図。授業の質を高め、授業の方向を定めるために書くものです。多くの教師が学習指導案を書くことに苦労し、悩ませられる仕事の一つではないでしょうか。もちろん、私も苦労し、悩んできた一人です。

しかし、私たちを悩ませるこの学習指導案づくりは、教師にとって非常に大切な作業です。書くことで教材の内容が深く理解できたり、改めて子どもたちの実態を捉え直したりすることができます。そして、その理解を授業に結びつけてくれるのが、板書計画だと私は思います。

板書計画の大きな役割は、教師の頭の中の授業のイメージを具体化することです。板書計画をもとに本時の展開を考えていくことで共通理解が得やすいうえ、板書計画を見るだけで、その１時間の授業の核を見つけることができるようになります。板書計画を見ると、教師がどんなねらいをもち、どんなことを子どもたちに身につけてほしいのかがわかります。板書計画は、それほど教師の考えを表すものなのです。

9．本時の展開

| 学習活動 | 指導上の留意点や評価や支援 |
|---|---|
| （1）あらすじを確認する。<br>（2）本時のめあてを確認する。<br>サーカスにいるじんざについて考えよう。 | |
| （3）第１場面を音読する。 | ・物語の雰囲気がつかめるような音読になっているか。 |
| （4）今のじんざについて考える<br>サーカスにいるじんざはどんなライオンですか？<br>・年とっているライオン<br>・夢で草原の中を風のように走っている。<br>・一日中眠っている。<br>・自分の番が来たらのそりと立ち上がる。 | ・じんざについて書いてある文を根拠に自分の考えを言えるようにする。 |
| （5）挿絵を元に考える。<br>じんざは、今どんな顔をしていますか？<br>・つらそう　・だるそう<br>・普通　・真剣でがんばっている<br>・悲しそう<br>・元気なさそう | ・一場面の挿絵を元に考えさせる。<br>・根拠「なぜかというと」を元に発言できるように指導する。 |
| （6）ふかめる<br>ずっとこんな顔をしているの？<br>・違う<br>・アフリカにいる時は、たくましい顔<br>・嬉しそうな顔<br>・元気そうな顔 | ・夢の中でのじんざと今のじんざを比較して違いを考えられるようにする。 |
| （7）「〇〇じんざ」あてはまる言葉を考える。<br>書く | ・今日学習したことをまとめて考えられるようにする。<br>・根拠をくわしく書けるようにする。 |

5

**国語**
**「サーカスのライオン」**
**（３年生）の学習指導案**

実際の板書は56～57ページに、子どものノートは58ページに掲載しています。

第1章　基礎講座

# しっかり身につけておきたい板書の基本

子どもを伸ばす板書が書けるようになることが、板書の基本。
子どもたちが成長するための
板書における押さえるべきポイントを紹介します！

# しっかりとした、きれいな文字を書くための板書の書き方を確認しよう

01 月 日 Board

## 1 チョークの使い方

### Q 色はどうする?

色覚障害をもつ子どものことを考えて、板書では、白と黄色のチョークを中心に使いましょう。赤色などの色チョークは、色弱の子どもには、見分けられなかったり、見えづらいことがあるので、線や図に使いましょう。

**●白色チョーク＝鉛筆**

いちばんよく目立ちます。基本的に、板書はこの色を使います。

**●黄色チョーク＝赤鉛筆**

重要な語句のときに使います。1時間の板書の中で、3か所程度使うと見やすいです。

**●赤色チョーク**

矢印や線、囲み、記号などを書くと

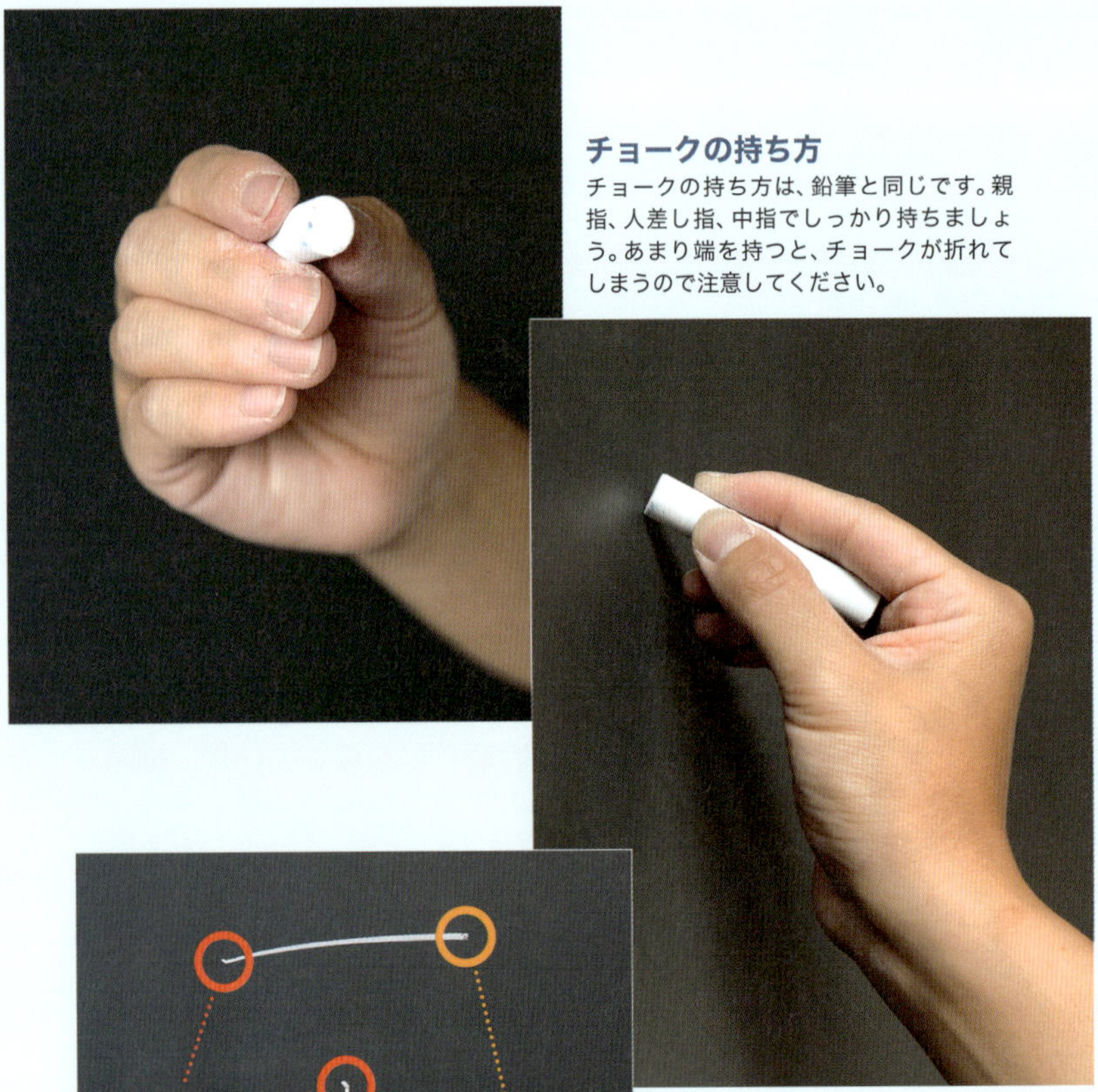

**チョークの持ち方**

チョークの持ち方は、鉛筆と同じです。親指、人差し指、中指でしっかり持ちましょう。あまり端を持つと、チョークが折れてしまうので注意してください。

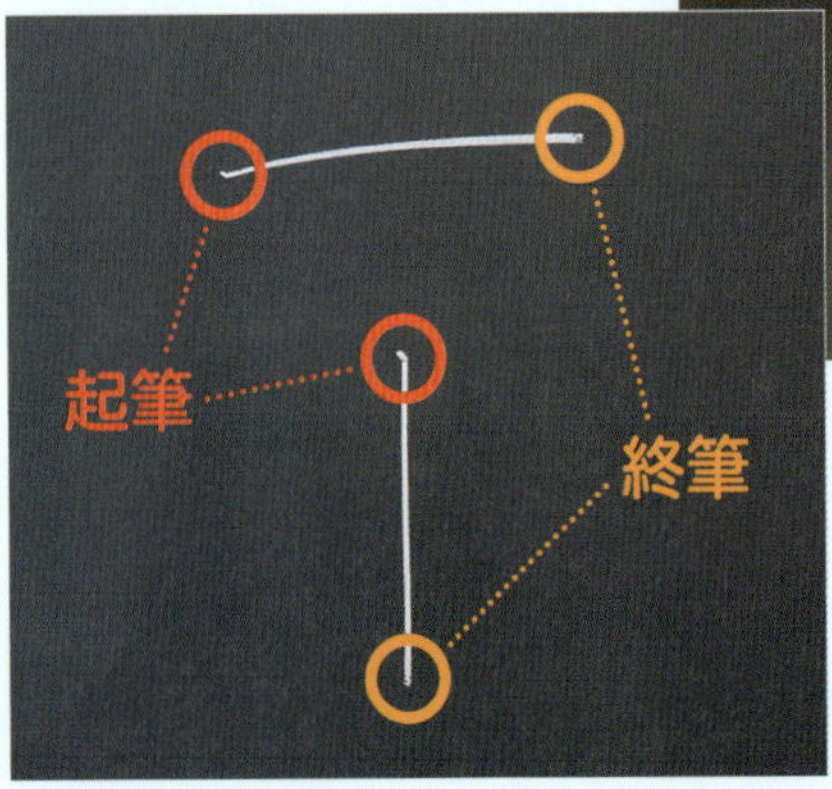


**起筆と終筆**

起筆、終筆のイメージがわかない場合は、習字の時間を思い出してください。筆で書いた文字は、起筆、終筆の部分がしっかり意識されています。

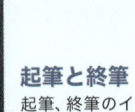

**四分六の構え**
右足は黒板に向け、左足は黒板と並行に置くことが四分六の構えのポイントです。

きに使いましょう。

**◉青色・緑色チョーク**

ビーカーに入れた水や、植物を表すときなどの彩りとして使います。目立ちにくいことを利用しましょう。

> **Point**
> 子どもたちがノートに写すことを考えて、板書とノートの色使いのルールをあらかじめ決めておくとよいでしょう。

### Q チョークの持ち方って?

チョークは、3本の指でしっかり固定して使いましょう。

チョークは回しながら使うと、きれいな文字が書けます。同じ面ばかり使っていると、線が太くなってしまいます。

筆圧をかけて、しっかりした文字を書くためには、起筆のところでちょっと止まる、また終筆でもぴしりと止めることを心がけましょう。整った文字が書けるようになります。

## 2 板書をするときの姿勢

### Q 姿勢はどうする?

板書をするときの理想の姿勢は、「四分六の構え」です。この構えは、大西忠治氏の『授業つくり上達法』（民衆社）で次のように紹介されています。

**「私は黒板に向かうとき、完全に黒板にからだを向けきってしまわず四分だけ黒板に、そして六分は子どもの方へからだを開くようにつとめるのである。つまりからだを斜めにして板書するのである。」**

この「四分六の構え」であれば、体をひねるだけで板書も、子どもたちの様子の確認も簡単にできます。また、この言葉は、構えの説明だけでなく、教師の指導を子どもが受け止めてこそ、指導が成り立つことを教えてくれ

**正対している構え**
自分の正面で板書を進めると、子どもたちには文字が見えにくくなってしまうので気をつけましょう。

**ヒザを曲げた構え**
板書に合わせて少しずつひざを曲げ、しゃがんで書きましょう。子どもからも文字がよく見えるようになります。

ています。

しかし、いきなりこの構えは難しいので、まずは、黒板に正対して書けるようになりましょう。黒板の右下隅に板書する場合は、右側に体をズラすなど、自分の体で板書の文字を隠さないように気をつけましょう。

正しい姿勢が身につくまでは、大変かもしれませんが、教師にとっても子どもにとっても、正しい姿勢がいちばん板書しやすく、見やすい板書となるのです。

## 3 書くスピード

### Q 子どもにとって、ベストなスピードは？

**教師の板書のスピードが、子どもたちの書く標準スピードになります。**子どもたちは、先生の板書のスピードに合わせて、ノートの取り方を身につけていきます。

4月当初、ノート指導を始める際は、子どもが書くスピードについてこられているのか、書き写すことができているのかを確認しながら、ゆっくり丁寧に板書しましょう。

筆速の目安としては、

- **低学年…分速20字程度**
- **中学年…分速25字程度**
- **高学年…分速20字程度**

『いい授業の条件』青木幹勇（国土社）を参考にしてください。

**Point**
低学年の子どもたちには、「カタツムリの歩く速さで書くよ」と生き物などに例えて言うと◎。

### Q 焦らないコツは？

「学校あるある」の話だと思いますが、「子どものノートは1ページ目がいちばん美しい」ということが多いのではないでしょうか。最初というのは、子どもも教師もゆったりとした気持ちで迎えられるものです。しかし、実際に指導をしていく中で、「子どもの発言はどこまで写させるのか？」「どうしたら、速く書けるようになるのか？」と疑問でいっぱいになり、子どもも困惑してしまうのです。

焦らないためには「ノートでどんな力をつけるのか。ねらいをはっきりさせる」ことが重要です。

ノートをきっちり写すことをめざすのであれば、子どもたちの意見を板書せずに、できるだけすっきりと、書きやすいように板書計画を立てます。そして、クラスのみんなが書けるようになってきたら、次のステップを考えます。つまり、新たなねらいを考えるのです。授業で「子どもがどんどん意見を言えるクラスにしたい」というねらいにしたいと思えば、子どもの意見を板書して、ノートに写すということにチャレンジさせてあげたらいいのです。

このように、ねらいをはっきりさせれば、焦らないで板書することができます。先生が黒板に自分の意見を書いてくれたということは、子どもにとって大きな勇気をもらっていることにもなります。

## 4 板書のレイアウト

### Q 板書の準備はどうすればいい?

子どもたちが考えていく道筋をつくるのが板書ですので、45分間の思考の過程が板書で表現されなくてはいけません。そのためには、事前に板書計画を立て、板書する内容を整理しておくことが大切です。その際、1時間の授業ではできるだけ消し直さないでよいような板書計画にしましょう。そうしておけば、学習の初めから終わりまで板書として残っているので、学習を振り返ることが容易にできます。また、板書計画では、書く内容だけでなく、どのようなレイアウト、どのような文字の配置にすると、子どもはより理解しやすいのかということを意識しておく必要があります。

### Q 縦書きのレイアウトは?

小学校では、国語は縦書きで使います。下の図のように、基本は右から左、上から下に書きます。

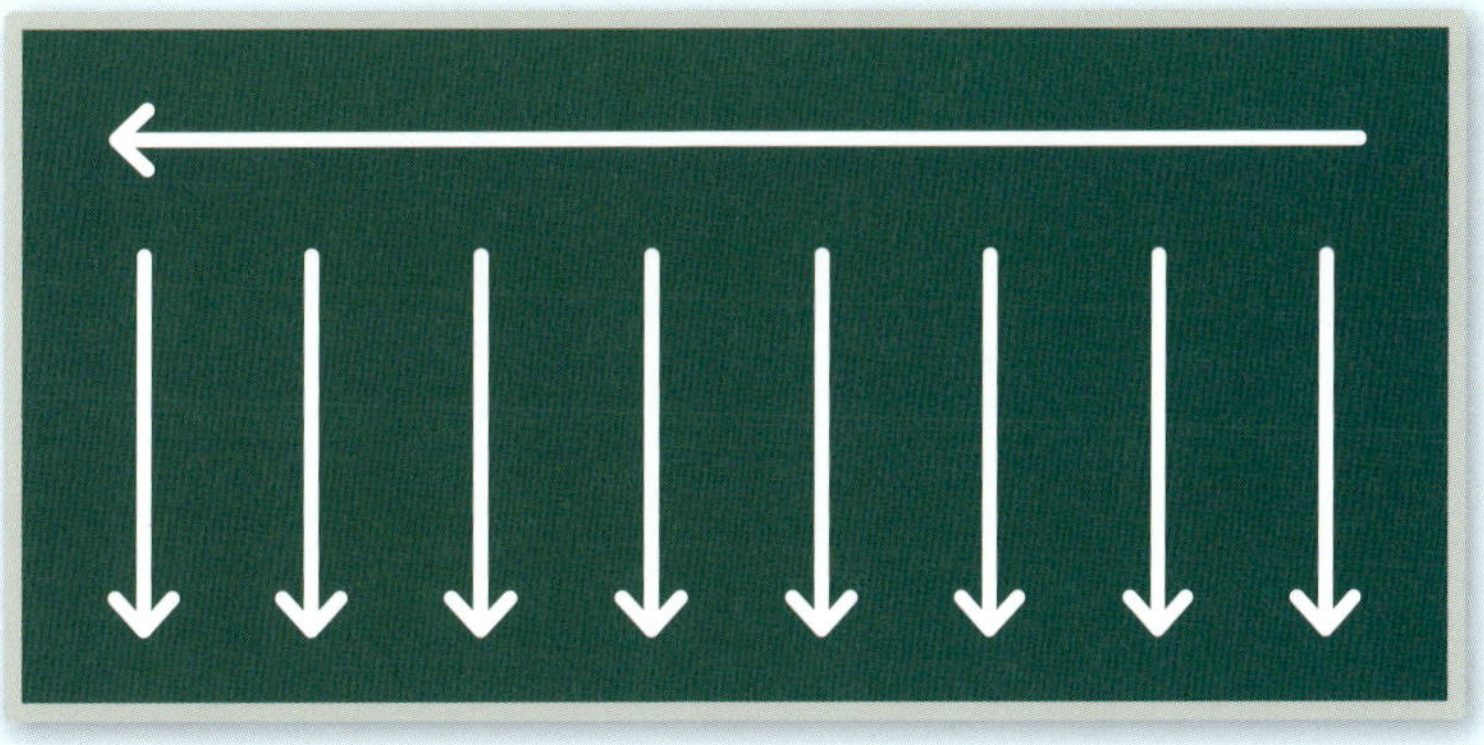

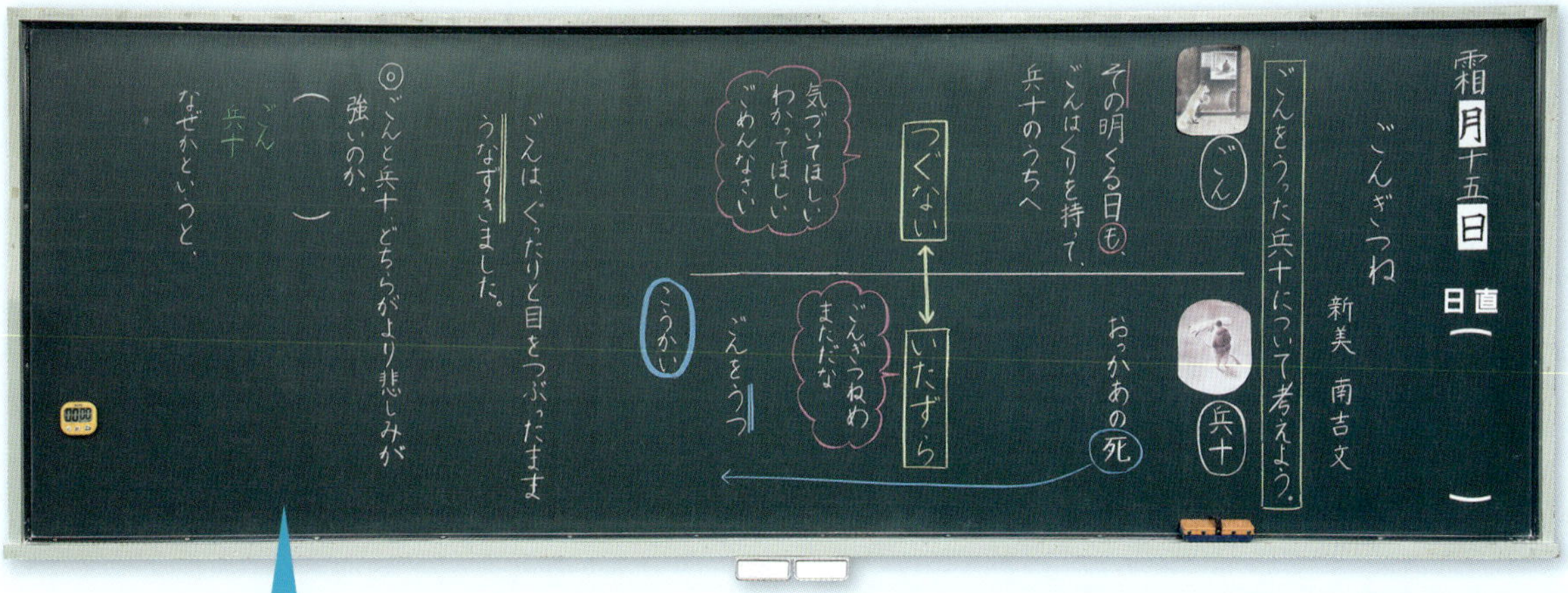


「めあて」と「まとめ」を書くスペースは常に意識しておきましょう。途中までは2段で、最後は1段など、レイアウトは学習内容に合わせて変えていきます。

## Q 横書きのレイアウトは？

算数や理科、社会は横書きで行います。基本は、左から右に書きます。

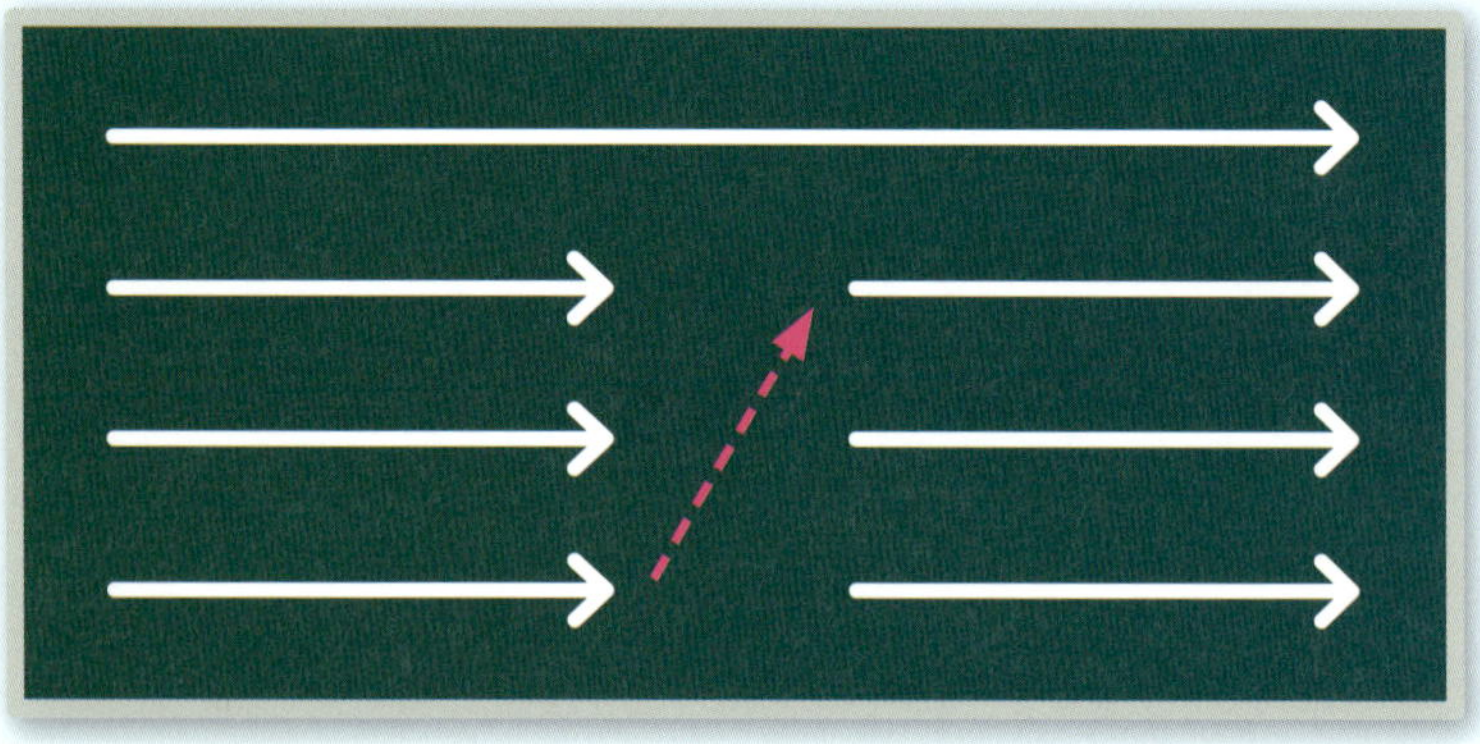

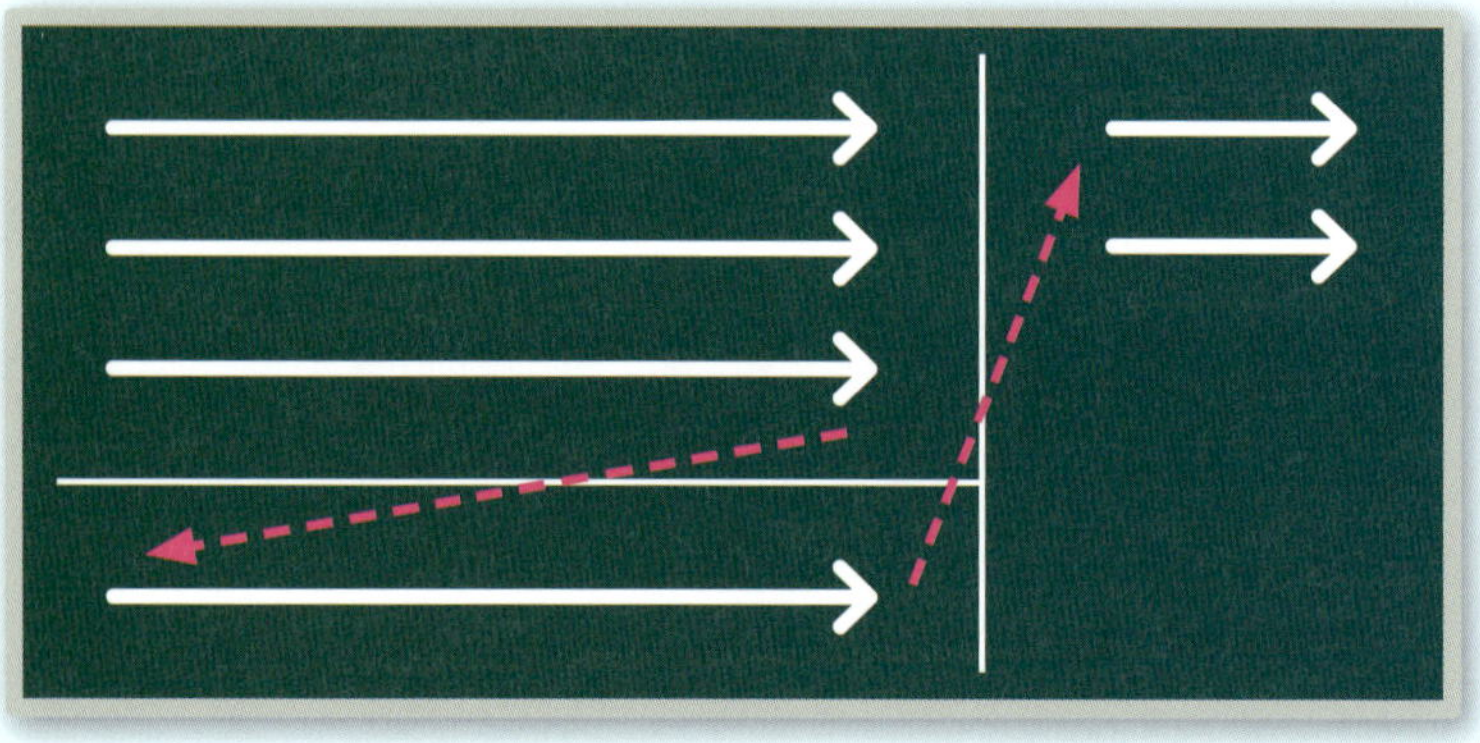

黒板を2：1で使ったり、線を引いて、黒板を３つに分割して使います。

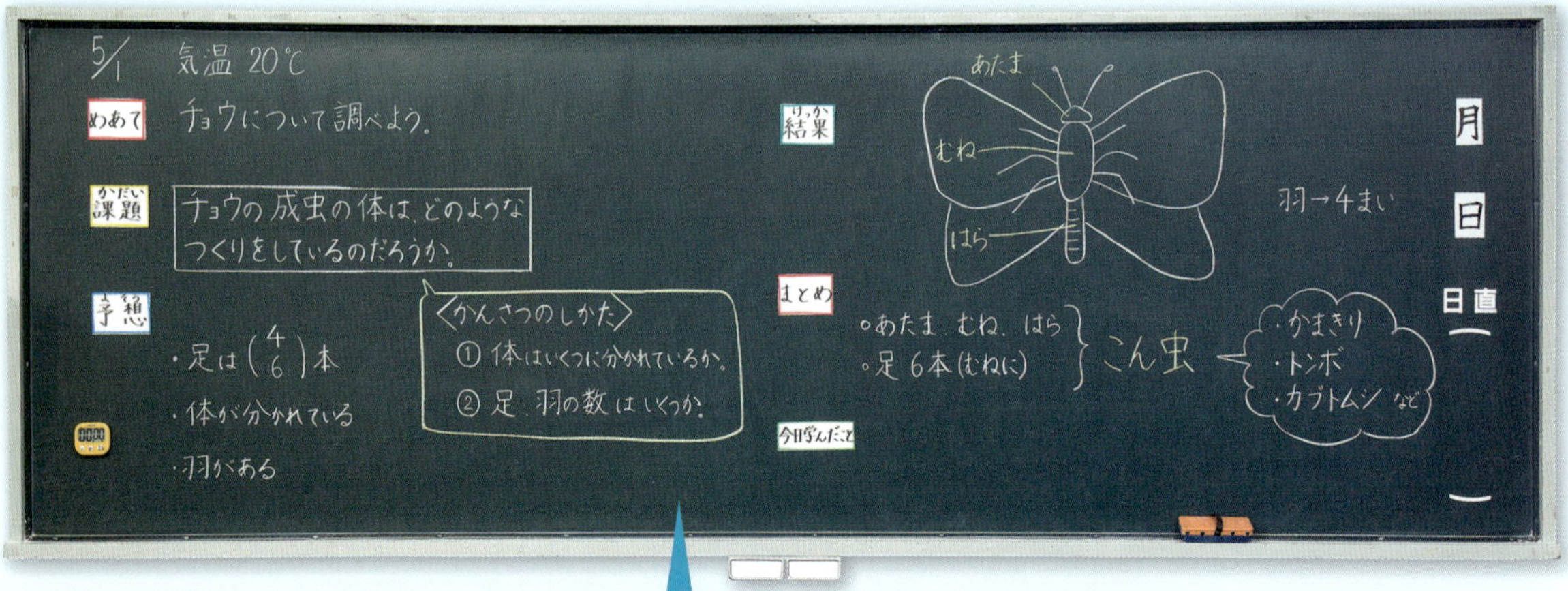

5/1 気温 20℃
めあて
チョウについて調べよう。
課題《かだい》
チョウの成虫の体は、どのようなつくりをしているのだろうか。
予想《よそう》
・足は（4 6）本
・体が分かれている
・羽がある
〈かんさつのしかた〉
① 体はいくつに分かれているか。
② 足、羽の数はいくつか。
結果《けっか》
あたま
むね
はら
羽→4まい
まとめ
○あたま、むね、はら
○足 6本（むねに）
こん虫
・かまきり
・トンボ
・カブトムシ など
今日学んだこと
月
日
日直

横書きの基本のレイアウトです。「めあて」「課題」「予想」などの区別がはっきりわかります。

板書で学習を振り返るためには、単元名、課題、まとめなどをきちんと板書することが大切になります。理科や算数などは定番の形を決めておくのもよいです。また、大事な言葉は、文字を大きくしたり、太くしたりするなど、強調するとよいでしょう。学習の足跡が見える板書になります

子どもたちにとって、板書を写すことは、根気のいる作業です。そんな子どもたちのやる気をなくさないようにするためには、「詰め込みすぎない」「縦や横に書き続けない」ことが大切です。

子どもたちの様子を見ながら、レイアウトを工夫してみてください。

## 5 板書をきれいに書くポイント

よい板書をするためには、わかりやすい板書計画を立てるだけでなく、わかりやすく見せるポイントを理解しておくことも大切です。板書が読みにくくなってしまったときは、黒板に対して斜めに立って書いていたり、時間を気にして、急いでしまったり……と、いろいろな理由が挙げられます。

子どもたちが「見やすい」「わかりやすい」と感じるポイントを押さえて、板書を進めましょう。

### Q どうすればきれいに書ける?

どうしても見にくい板書になってしまうという場合は、書き方やまとめ方など、どこかに改善点があるはずです。板書が苦手だな、と感じる方は、まず次のチェックポイントを確認してみてください。隠れた自分のクセが見つかるかもしれません。

**●体が黒板に近すぎませんか?**

腕を自然に伸ばして、持ったチョークが黒板に届くところに立つようにしましょう。そして腕全体を使って書いていくようにします。5文字ほど書き終えたあとに、書いた文字全体を見渡すようにしていけば、体が黒板から離れるようになります。

**●黒板のレイアウトを決めていますか?**

黒板全体のスペースをどう使うかをあらかじめ考えておきましょう。余白をうまく使うことで、見やすくなります。

**●急いで書いていませんか?**

ゆっくり書きながら、字の大きさがそろっているか、字が水平にそろっているかを確認しながら、書き進めましょう。右に書き進めるにしたがって、右下がり、または右上がりになりがちです。

**●チョークを鉛筆のように使っていませんか?**

チョークの持ち方は鉛筆と同じですが、使い方は毛筆に近いと思います。習字の時間に、筆で大きな文字を書いた感覚を思い出してください。

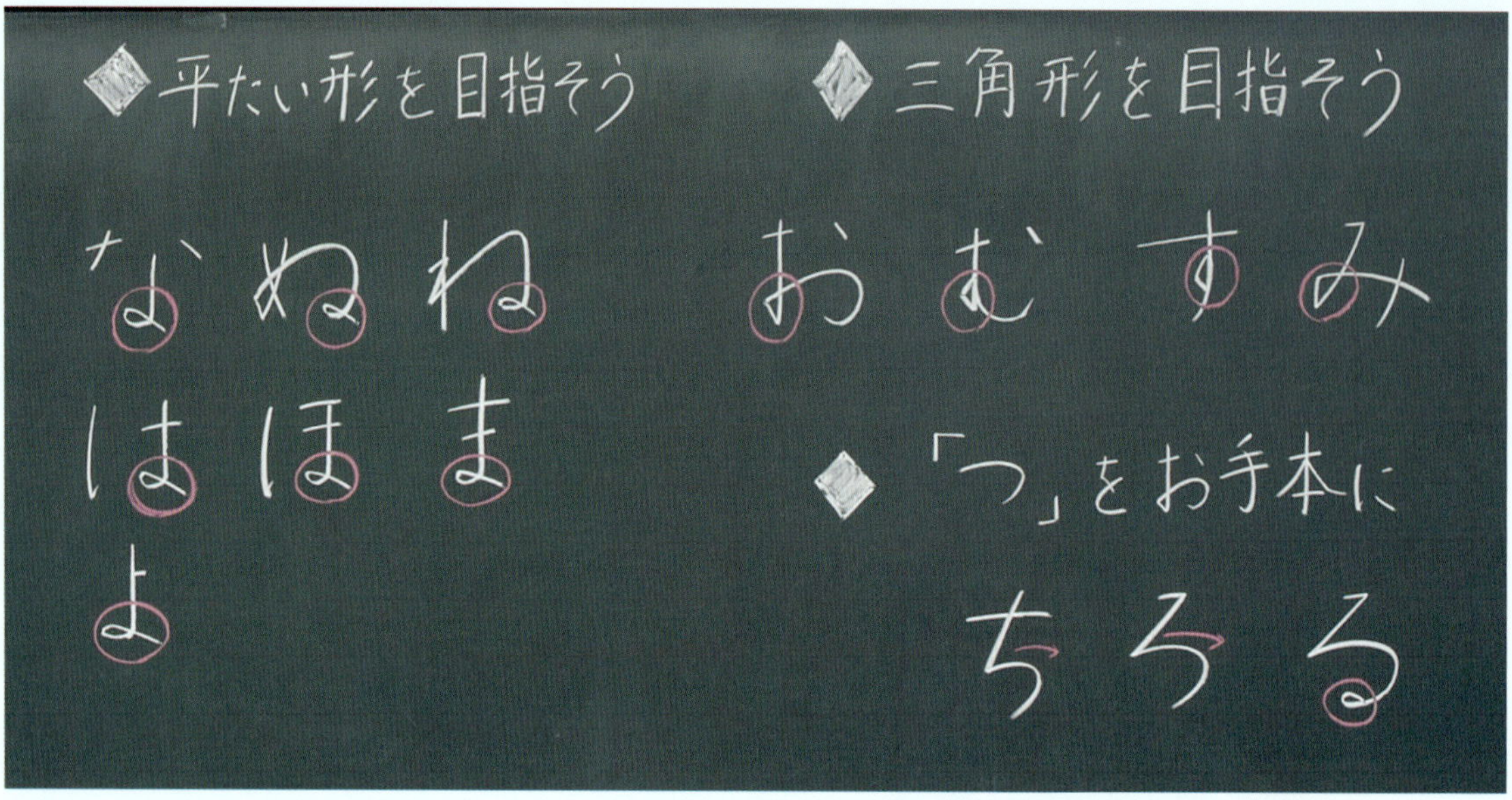


## Q 文字を書くときに意識すべきことは？

手書きの文字はあたたかい雰囲気をつくることができるので、私は教室の掲示物や学級通信も手書きにしています。文字は相手にやさしさを伝えるツールでもあるので、読みやすく、好感をもたれる文字を書けるようになりましょう。

ちょっとした工夫によって、丁寧な雰囲気が生まれます。

### 止め、はね、払いを意識する

止めでは、確実に止めましょう。そして、はねは短く切らず、線がだんだんと細くなるイメージ。払いもはねと同じで、力の抜き加減で調節しましょう。

### 文字のパーツの隙間をなくす

漢字の偏やつくりなどの間に隙間をあけてしまうと、読みにくい文字になってしまいます。

### 正しい書き順（筆順）で書く

漢字の正しい意味を伝える際に、書き順は大切です。また、漢字の書き順はそれぞれ理にかなっていて、それぞれに意味があります。小学生のときに間違った書き順で覚えてしまった漢字は、自分で気がついて直さない限り、そのまま子どもに教えてしまいます。

授業で学習するときは、書き順を確認しておきましょう。

### 漢字は大きく、ひらがなは小さめに書く

一文字のバランスだけでなく、文の全体のバランスも大切です。漢字は大きめに、ひらがなは小さめに書きましょう。このポイントを押さえて文を書くと、ぐんと読みやすくなります。少し複雑な漢字は、いつもの漢字のサイズよりも少し大きく書くといいですよ。

### 数字は斜めに書く

文字は、横線など少し右上がりのイメージで書くと美しい文字に見えます。数字も同じです。数字も少し斜めに書くことで美しい文字に見えます。

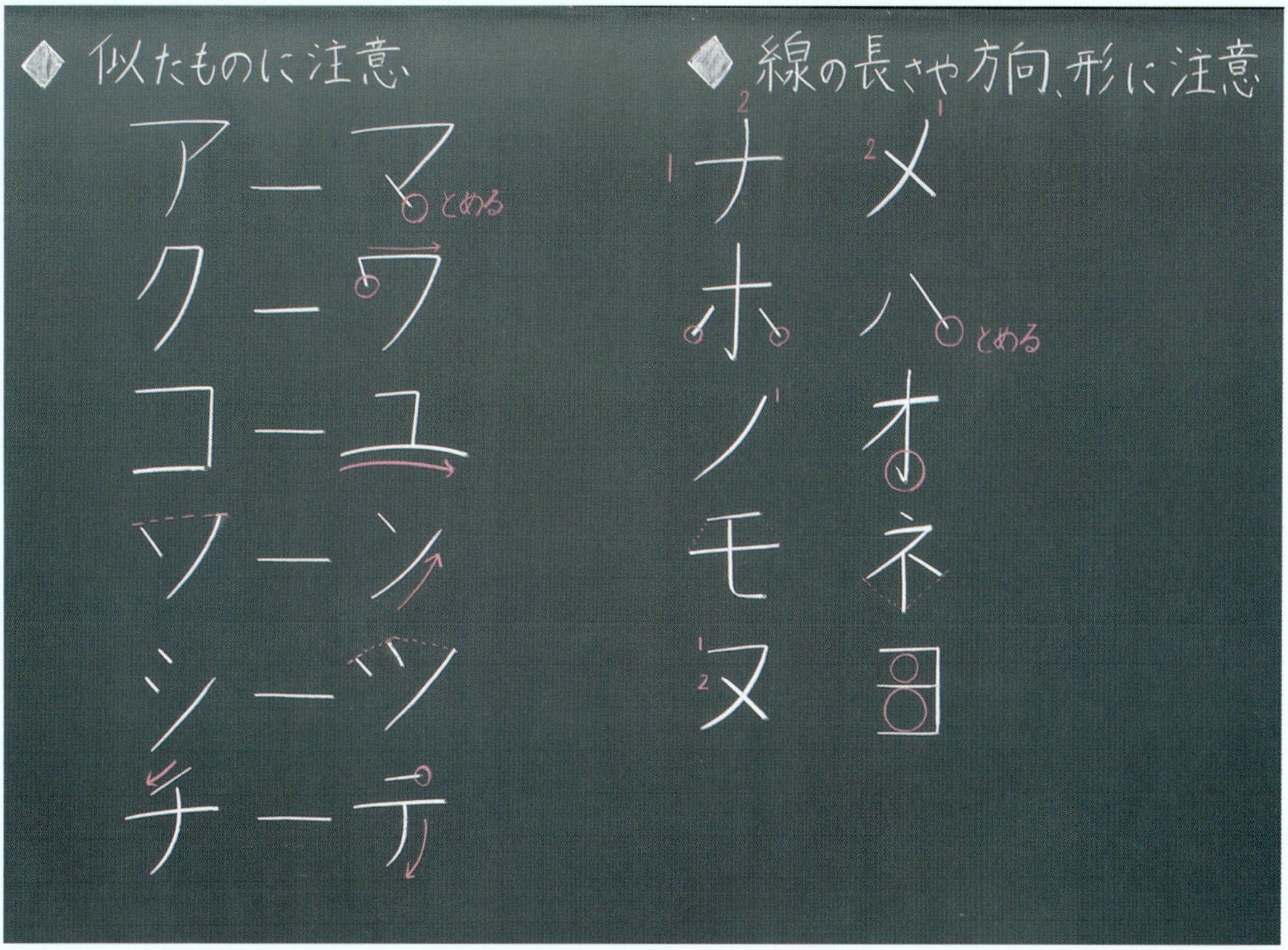

## 6 ひらがなをきれいに書く

小学生のときから、私のノートの文字は、当時の担任の先生の文字に似ています。毎日黒板に書く先生の文字を見ているうちに、脳に刻まれていたのかもしれません。だからこそ、教師になった今でも、美しい文字を毎日書きたい、という思いが強くあります。

しかし、新任の先生や若い先生には、美しい文字を書くことを求める前に意識してほしいことがあります。それは、読みやすい文字をめざすこと。読みやすく見せるコツがあるのです。

### Q 読みやすい文字を書くには?

小学生の最初に学習するのが、ひらがなです。漢字と違い画数も少ないので、ポイントを押さえるだけで、読みやすいきれいな字に変身します。

**●「な」「ぬ」「ね」のポイントは、平たい形**

「な」「ぬ」「ね」の円を描く部分を平たい円になるように書きましょう。

文字全体のバランスが整いやすくなり、読みやすい文字になります。これらの文字のバランスがとれない子どもたちがいたら、ぜひ、このポイントを教えてあげてください。

**◉「お」「む」「す」「み」のポイントは、三角形**

「お」「む」「す」「み」で共通している部分は、くるっと小さく円を描くこと。「三角形になるように書く」が合言葉です。

**◉「ち」「ろ」「る」は、「つ」をお手本に**

似ている形の部分をお手本にするだけでも読みやすい字に変わります。このほかにも、「も」は「し」をお手本に、「あ」「め」「ぬ」は「の」をお手本にしてみてください。

## 7 カタカナと数字をきれいに書く

### Q カタカナのポイントは？

カタカナは、似たものに注意しましょう。いちばん多い間違いが、「ソ」と「ン」です。「ソ」は1画目と2画目が直線になります。ちょっと長さを変えるだけで、印象が随分変わってしまうのがカタカナです。

カタカナはひらがなと違って、漢字の一部分を省略してつくられています。

カタカナは、

- **横画**
- **縦画**
- **折れ**
- **左払い**
- **右上払い**
- **反り**
- **曲がり**
- **点**

で構成されており、漢字はこれに

- **右払い**

が加わります。

### Q 数字を書くときに気をつけることは？

数字は書き順に注意しましょう。特に「5」は、間違えがちな数字です。

## 8 板書計画の立て方

### Q 板書計画の大切なことは？

研究授業などで指導案を書くことがありますが、その指導案をより具体化してくれるものが板書計画です。2つのポイントを紹介します。

**◉学習の始まる前に教材研究をしよう**

板書計画を立てるうえでやらなくてはいけないこと、それは教材研究です。教材研究をすることで、何を子どもに学ばせたいのかが、明確になります。

**◉「めあて」と「まとめ」を意識しよう**

一人ひとりの子どもがもっている疑問や課題を、「どのように学級のみんなに伝えて、みんなのものにしていくのか？」。そのためには、板書が不可欠です。板書を用いて、子どもに呼びかけたり、考えを引き出すことができます。例えば、めあてを何も言わずゆっくり書き始めると、子どもたち全員が「何を書くのか

**板書計画　国語**
**「あめんぼはにん者か」**
**（4年生）**

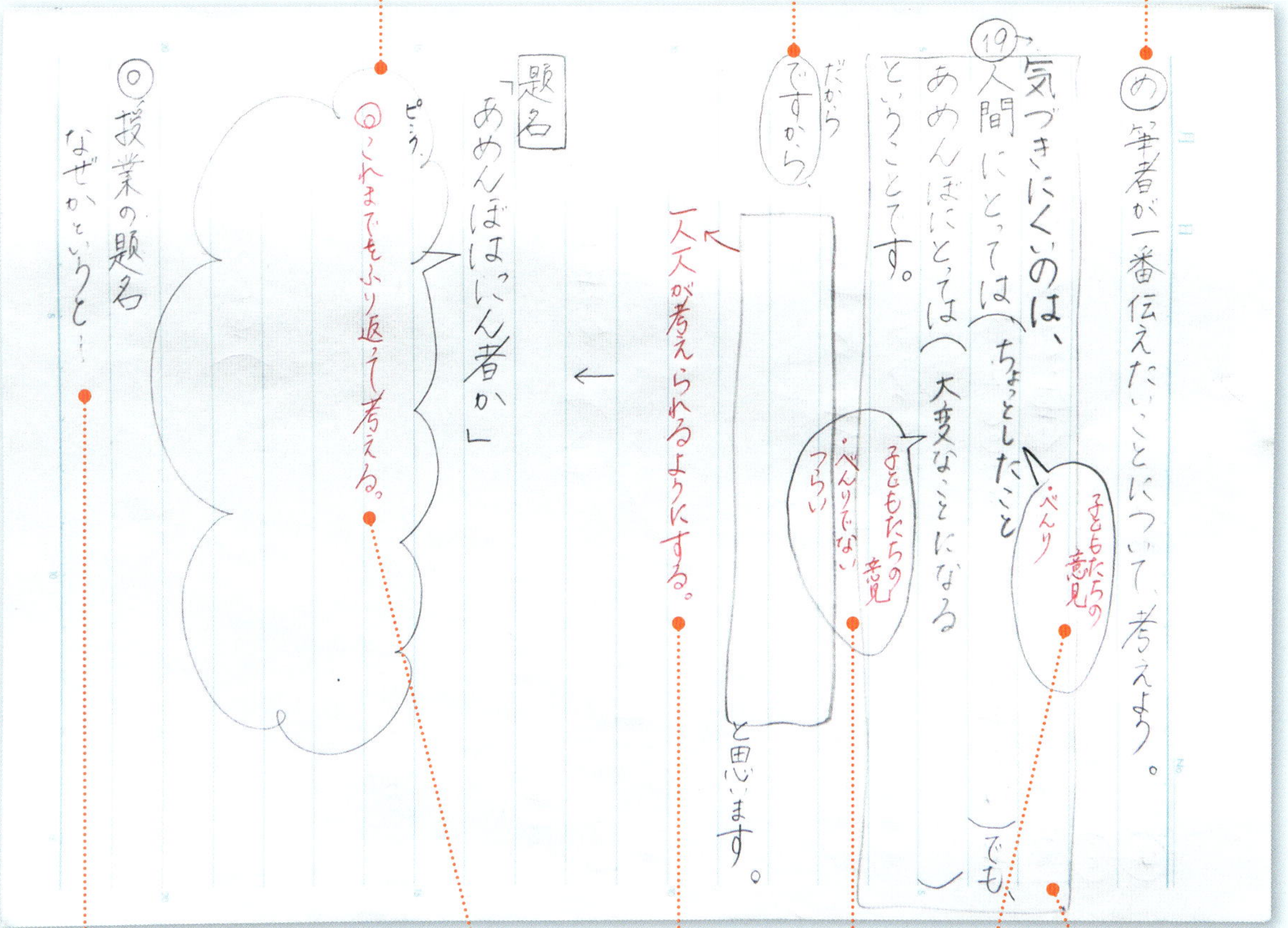


**Point 1**
この時間のめあてを書く。

**Point 2**
本文の視写をすることで、書いている部分に集中させます。

**Point 3**
学習の流れや考えのプロセスがわかるようにまとめています。

**Point 4**
想定した子どもたちの意見や、その部分で大切にしたいことを赤文字で書いています。

**Point 5**
雲形の吹き出しは、子どもたちの意見を書くスペースです。

**Point 6**
振り返りでは、この授業の題名を考えました。「なぜかというと……」というキーワードを記入しています。

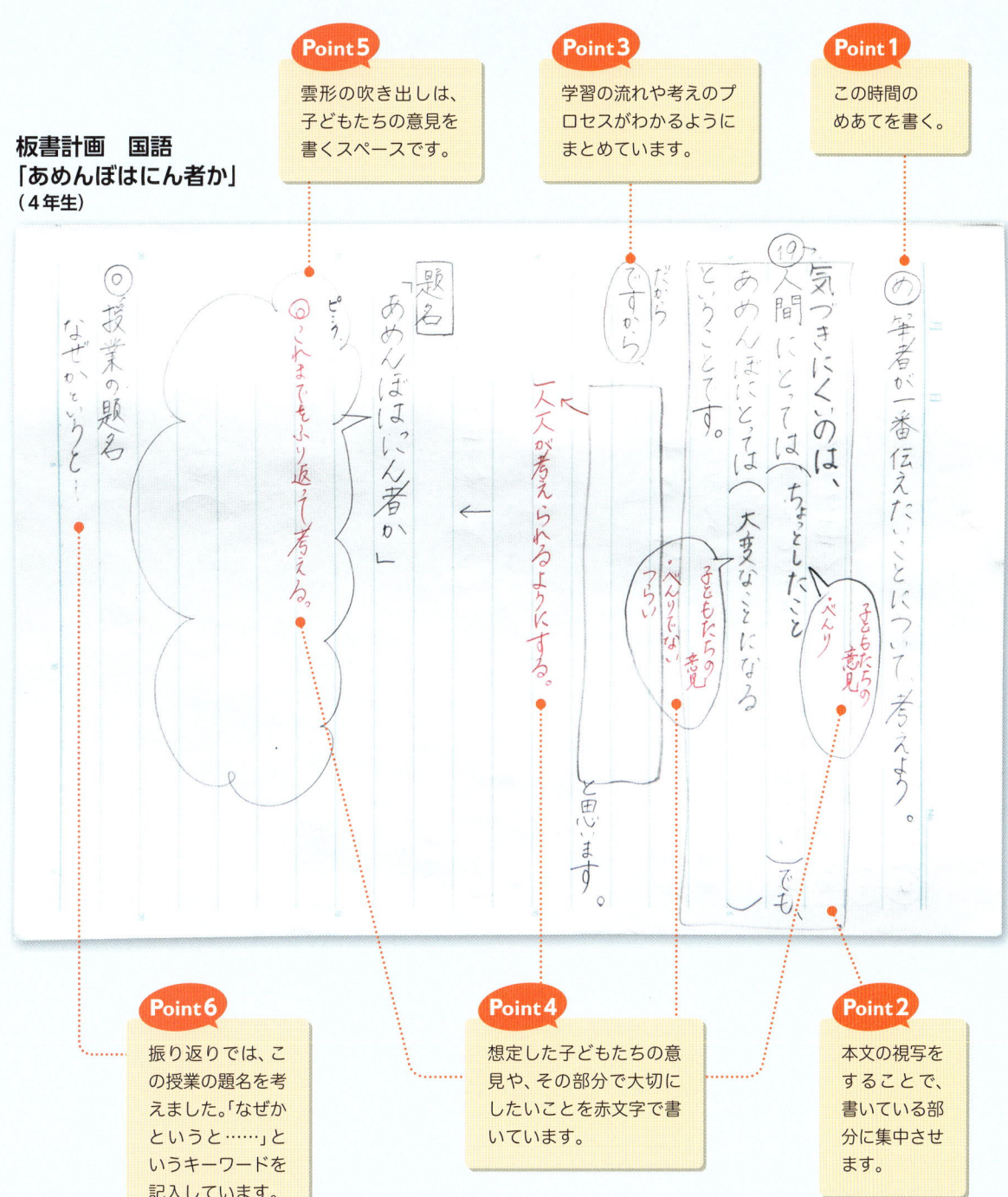

な?」と、じっとそこに注目することがあります。「静かにしなさい」と叱るよりも、黒板に挿絵をバン!と貼り出す、ゆっくり文字を書く、コンコンと黒板をノックしてみる……など、このような方法が子どもには伝わりやすいようです。

板書計画を立てるときは、必ず子どもの発言をどう活かすべきか、考えることが大切です。

### Q 板書計画はどうやって立てるといい?

板書計画をつくるとき、板書の型をつくっておきましょう。以下は私が常に意識している項目です。①と②は黒板に毎回書くようにしています。

**①日付**
**②単元名・教材名**
**③めあて（学習のねらい）**
**・子どもの反応**
**・貼り物**
**④まとめ（今日学んだこと）**

## 9 子どもが黒板を使うときのポイント

4月の最初の時間に、「黒板は、先生にとっての大切なノートです」と黒板の大切さを子どもたちに必ず伝えています。そのため、子どもたちが休み時間などに黒板を使って遊ぶことはありません。しかし、子どもというのは、黒板に書くことが好きです。どのクラスでも、授業中に「黒板に書いてくれる人?」と聞くと、たくさん手が挙がるはずです。子どもに黒板の板書に参加させ、学習意欲をくすぐりましょう。

### 黒板を線で区切る

漢字や計算練習、問題の考え方など、黒板に書いてもらう機会はたくさんあります。その際、子どもが書く範囲は線で区切りましょう。「なんだ、そんなこと……」と思われるかもしれませんが、子どもは黒板に書くことに

### さし棒を授業の演出ツールに

さし棒は、子どもたちに黒板の一点に集中してほしいときに使っています。授業の重要な部分で使うと子どもたちの記憶に残りやすく、授業の演出としても非常に役立ちます。少し大きな飾りがついているペンなどでも、子どもは喜びます。教室に1本準備しておくと、大活躍します。

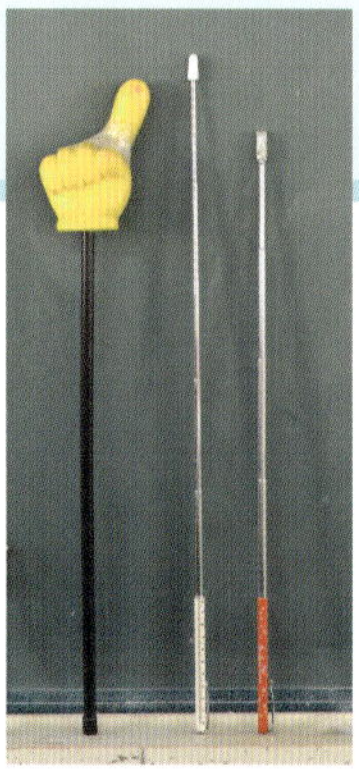

慣れていませんので、範囲を示してあげないと、どんどん広がって書いてしまいます。板書計画を崩さないためにも、しっかり区切りましょう。

## チョークで点を打つ

社会科や理科で、自分の意見を一人ずつ書いてもらうときなどは、チョークで点を打っておくと、子どもたちは書きやすく、あとからも見やすくなります。

また、「あなたはここね」と指で書くところを示すのも大切です。1番目の子どもが右端に書いていたら、2番目は左端のほうに、3番目の子どもは中央と指定しながら書かせれば、黒板前での混雑も解消されます。

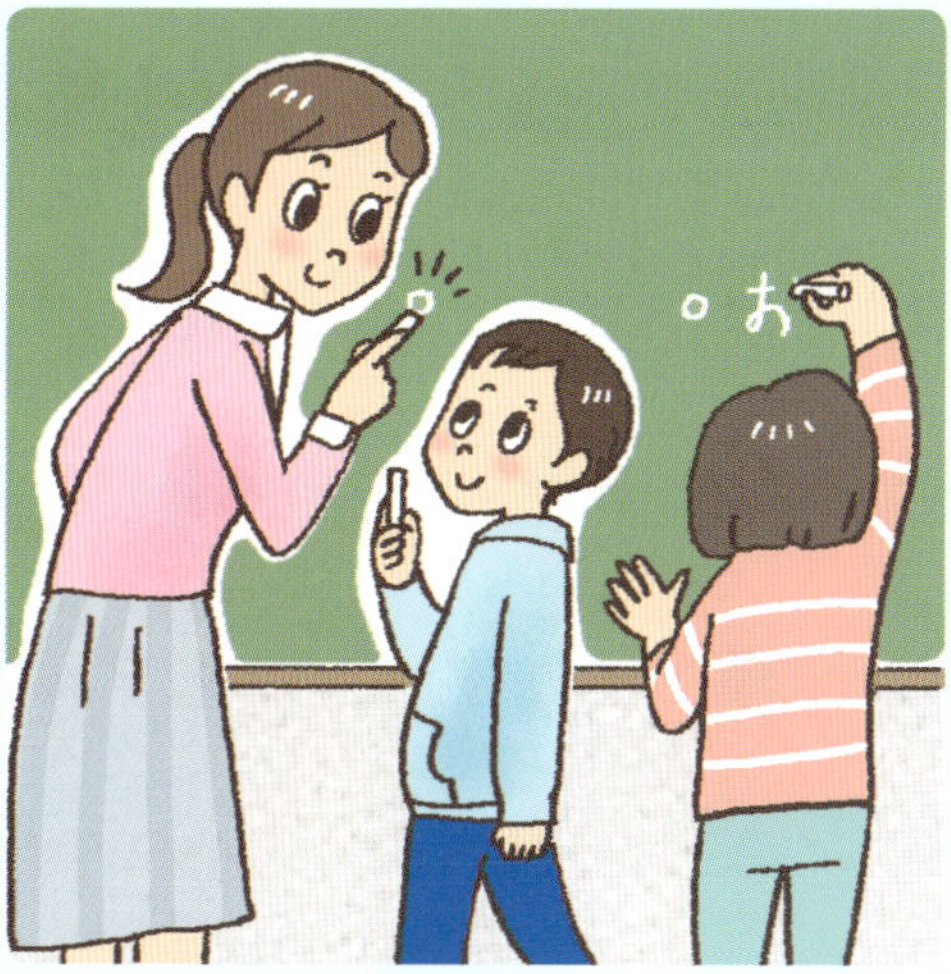

## クラス全員が黒板で書く機会をつくる

運動会の前日や音楽会の日など、全員で心を一つにしないと成功しないような行事の前がおすすめです。みんながひと言ずつ書く時間をとることで、子ども同士の《一体感》が生まれます。

子どもたちの「黒板に書きたい！」という気持ちと、黒板はみんなの注目を得やすいという点を活かして、子どもたちをより意欲的に授業に取り組ませましょう。

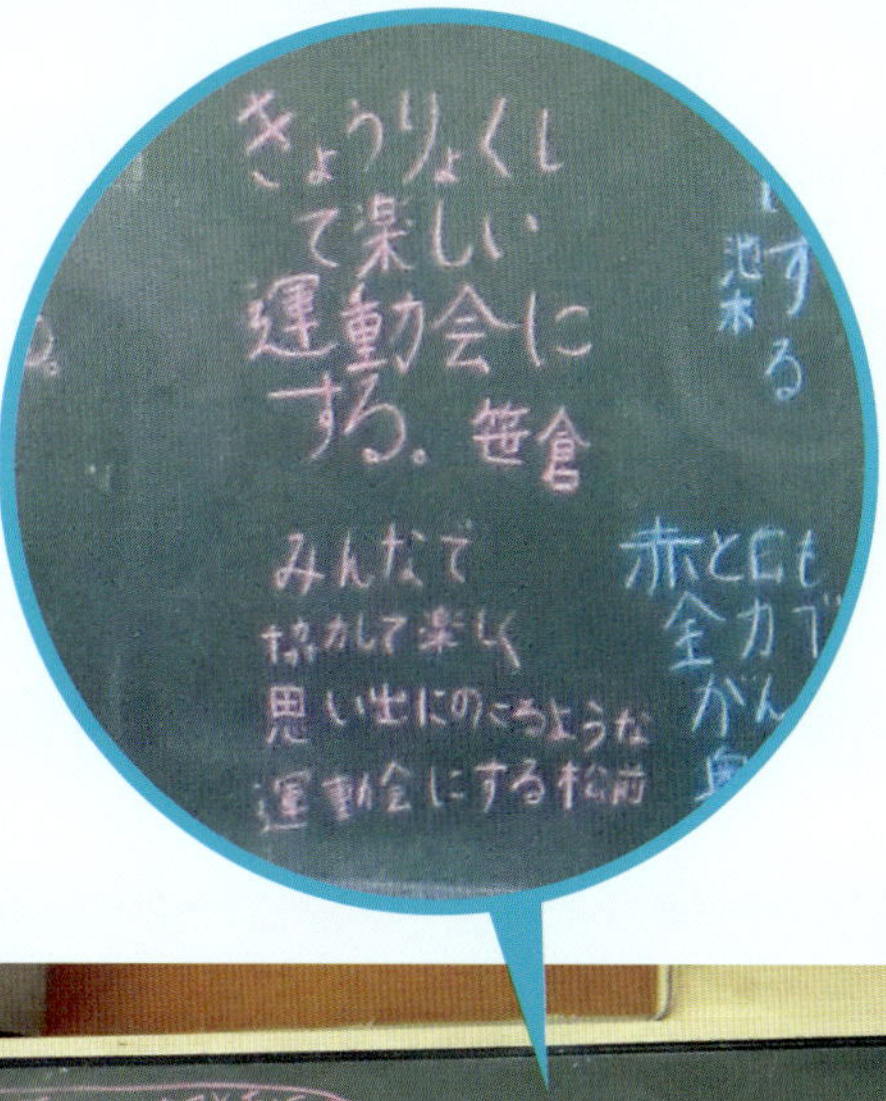

## 休み時間を使って黒板で書く練習をする

中学年以降になると、子どもたちだけで話し合う活動の機会が増えます。子どもたち自身が、板書を活用できるよう、休み時間に黒板の使い方を指導しましょう。

私のクラスでは話し合い活動の前に練習時間をつくると、子どもたちは「聞く」「理由」「相談」など、使いそうな文字に絞って、練習します。このときにチョークの使い方だけでなく、書き順を確認したり、文字のバランスの取り方を教えたりと、子どもたちの書く力も鍛える機会にしています。

練習時間には、ほかの子どもが教室の後ろから黒板を見て、「もう少し文字を小さくしても大丈夫」とアドバイスをすることも。

### 子どもたちの望む板書（中学生へのアンケートより）

①**大きさ**…読みやすい字で書いてほしい。
②**位置**…黒板の下や両わきに書かないでほしい。
③**色**…色チョークを使ってほしい。色チョークを何色も使い過ぎないでほしい。
④**濃さ**…字を濃く書いてほしい。
⑤**消し方**…書いてもすぐ消さないでほしい。
⑥**まとめ方**…要点だけ書いてほしい。番号・記号・箇条書きで整理してほしい。
⑦**順序**…初めから順に書いてほしい。
⑧**速さ**…ゆっくり書いてほしい。ノートする時間をとってほしい。

（「文部科学省」ホームページより）

COLUMN

# 自分の板書を
# カメラで撮影しておこう

今回この本を書くにあたって、25 枚もの板書を２日間書き続けました。その際、その書いた板書をカメラで撮影し、確認する、という作業をくり返しました。おかげで自分の板書を客観的に見ることができ、非常に勉強になりました。板書を練習する時間がない方は、授業後に板書を撮影しておくだけでも非常に役立つと思います。

私は、自分の板書を振り返る際、下記の点をチェックしています。

**□授業と板書の流れ**

- 授業の流れと自分の板書がズレていないか。
- 学習の中心を、板書にまとめることができているか。

**□文字の大きさ**

- 後ろの席の子どもがきちんと読める文字だったか。

**□色の使い方**

- 色チョークを使い過ぎていないか。
- 大切なことが、ひと目でわかる板書になっているか。

**□文字の量**

- 子どもの意見をキーワードにして書いているか。
- 板書計画どおりに書けているか。

また、自分の板書の振り返りのためにも、デジカメで板書を撮った場合は、時系列ごとにパソコンで整理しておくと便利です。

02 月 日 Board

# 守るべきルールはこれだ！ 板書の掟 6ケ条

## 掟 その1 文字の大きさ

学年によって変わってきますが、いちばん後ろに座っている子どもが、見える文字の大きさを心がけましょう。授業中の机間巡視というと、子どもの書きぶりに注目するものですが、**最低でも1時間に1回は、教室の後ろに移動して、自分の板書を振り返って見てください。**文字の大きさは、自分で文字が小さいと感じない限り、なかなか直せないものです。どのくらいの大きさで書くと見やすいのか、おおよそのサイズを確認しておきましょう。

### 全員が見える大きさで書く

板書の文字が大き過ぎると、書くべき内容を1時間で書くことができなく

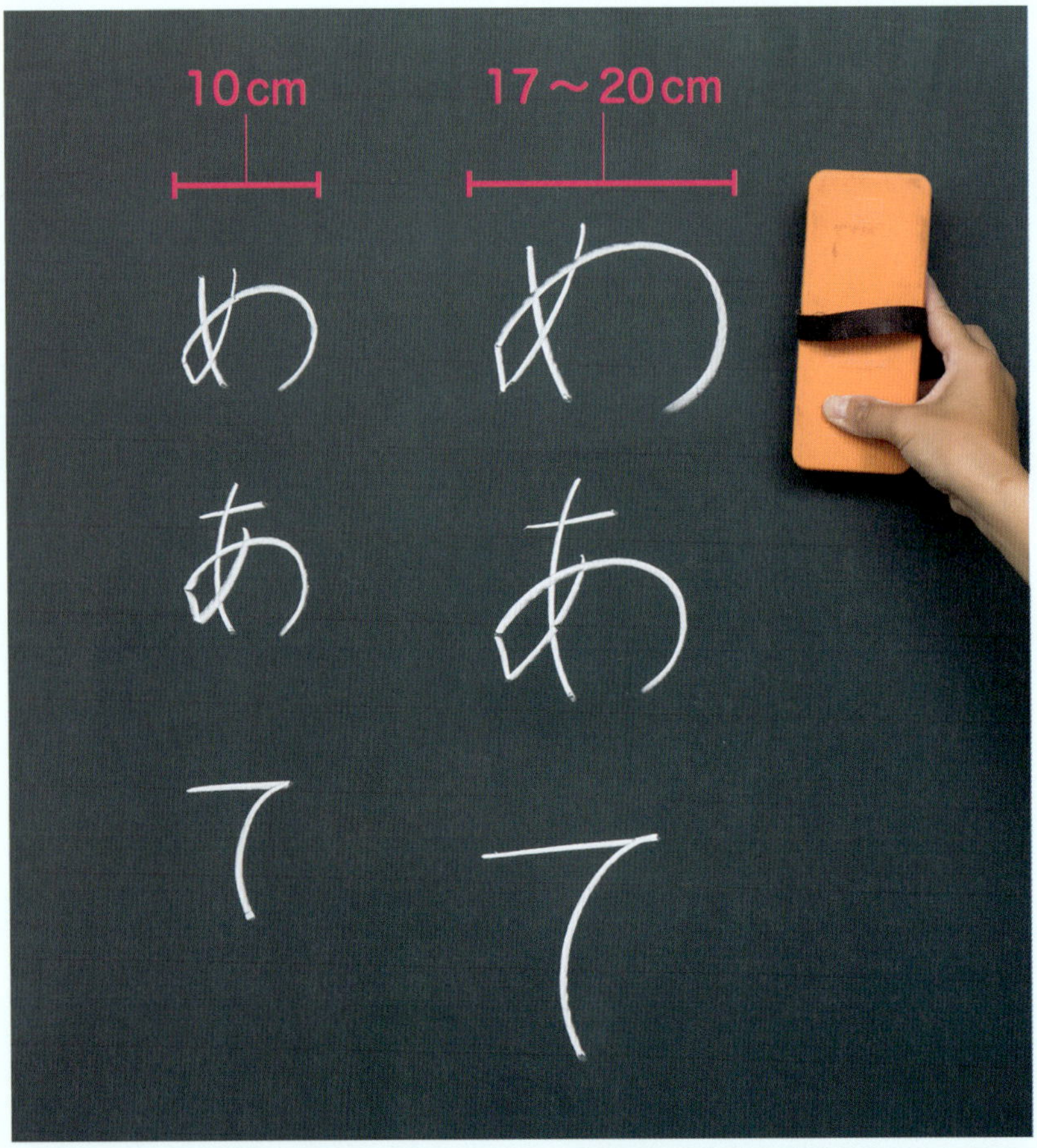


文字の大きさの目安は、低学年では17～20cm。黒板消しと同じくらいの文字の大きさです。高学年では10cmを目安に書きましょう。

なります。また、文字が小さ過ぎると、後ろに座っている子どもには見えにくくなり、やる気をなくさせてしまうので注意しましょう。

### メリハリをつける！

「ここは、大事にしてほしい！」という部分は、少し大きめに、または太めに書くと、子どもたちに見やすく、印象に残りやすくなります。

太く書くためには、短めのチョークが必要です。短くなったチョークも、いくつか手元に置いておきましょう。

## 掟 その2 吹き出しと囲み

板書で強調させたい部分が出てきたときは、吹き出しや囲みを使います。吹き出しは、国語などで登場人物の気持ちを予想して書くときに使うイメージが強いかもしれませんが、どんな科目でも使える便利なものです。**色や形、線の太さ、この3つが違うだけでも印象が大きく変わります。**自分が書きやすいスタイルを、いくつかつくっておきましょう。

短くなったチョークを横にして吹き出しを書くと、いつもの吹き出しとは違う雰囲気に変身します。吹き出しの枠も赤色、吹き出し内に書かれている文字も赤色となると見にくいので、吹き出し内は白色チョークを使うようにしています。

吹き出しや囲みの太さを変化させたり、色を変えて対比させたりすると、わかりやすくなります。

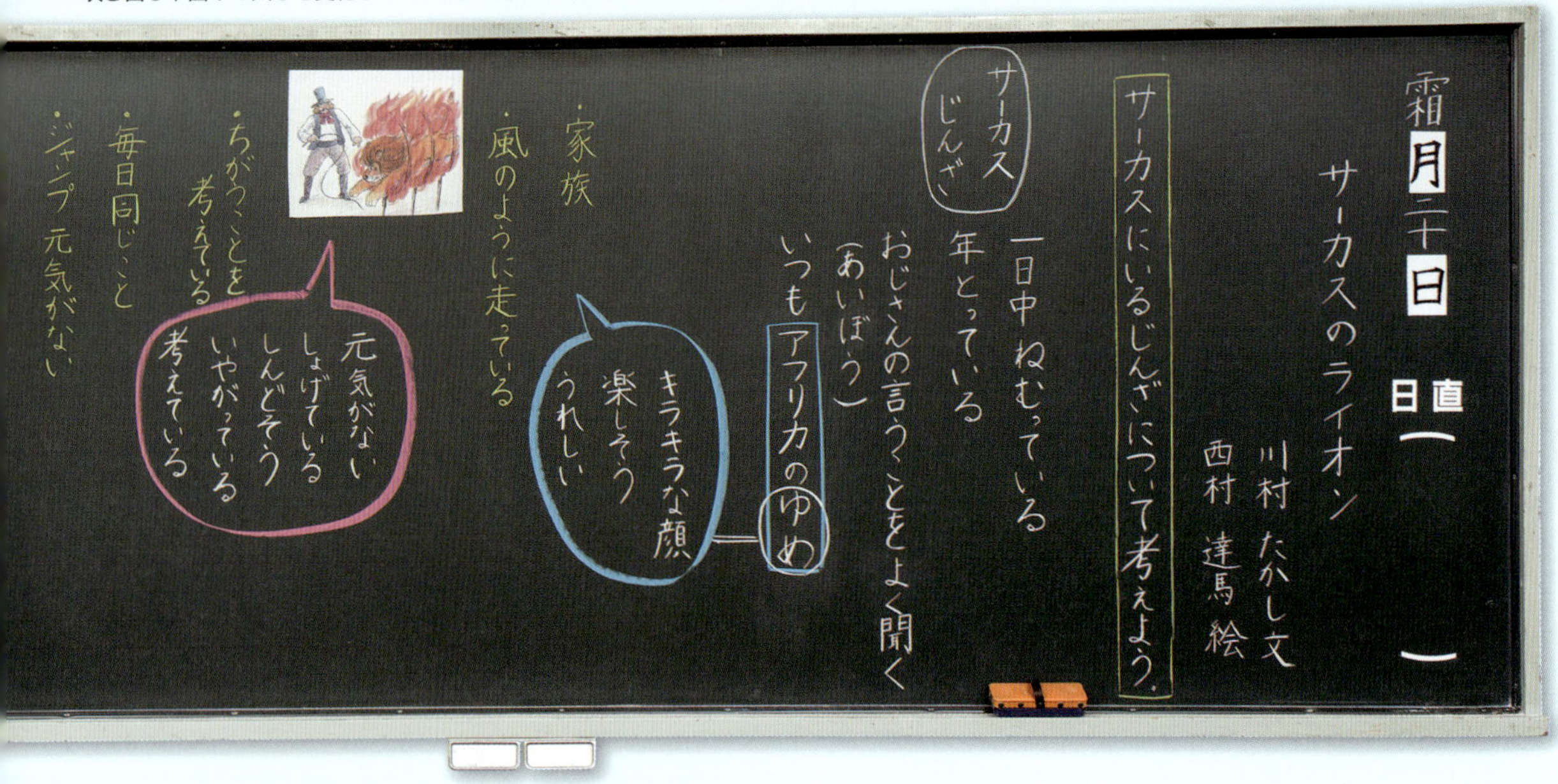


## イメージの手助けに

登場人物や、子どもたちの意見を書くときに、吹き出しの中に書くと、わかりやすくなります。

チョークの色使いも、工夫をすることで、より整理された板書になります。ある程度、自分の中で色のルールを決めておくと、迷うことなくスムーズに書けるようになります。

## 強調するために囲む

授業において、キーワードになる言葉や、強調したい言葉は囲むことで子どももひと目で気がつけるようになります。

最初のめあてやまとめは、毎回同じ色で囲んでおけば、悩むことなく書き写すことができます。

国語「サーカスのライオン」
（3年生）

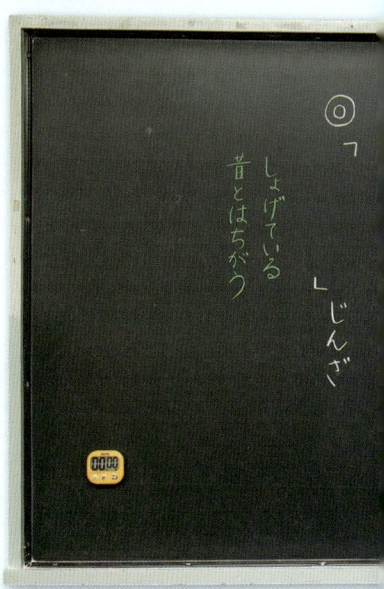


### 拡大図として使う

細かい部分を拡大して見せたいときに、吹き出しを拡大図として使います。

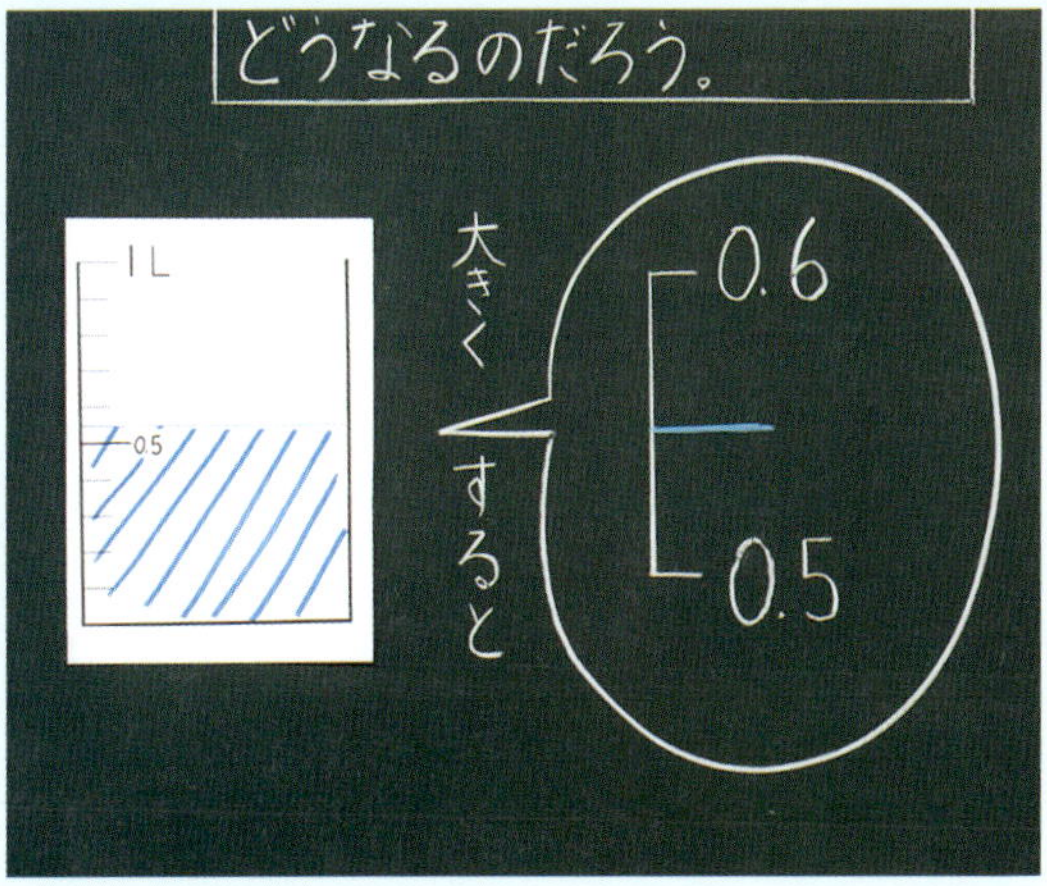


## 掟 その3 貼り物を使う

貼り物とは、画用紙や模造紙で作った掲示物のことです。掲示物を作るとよいものは、授業で毎時間掲示する公式や、くり返し使う用語、教科書に載っている写真や表、地図など。これらを貼り物にしておけば、授業もスムーズに進めることができますし、子どもたちの視線を自然と黒板に集中させることもできます。

### 貼り物を利用することで、何度も使える

挿絵、写真、図表、地図など、教科書に載っているものを拡大コピーしておくと、貼ったり、はがしたりして何度も使うことができます。また、板書をまとめたものを模造紙などに書いておけば、いつでも何度でも使うことができます。

手書きの板書とは違った変化が生まれますので、子どもにとってもよい刺激となります。

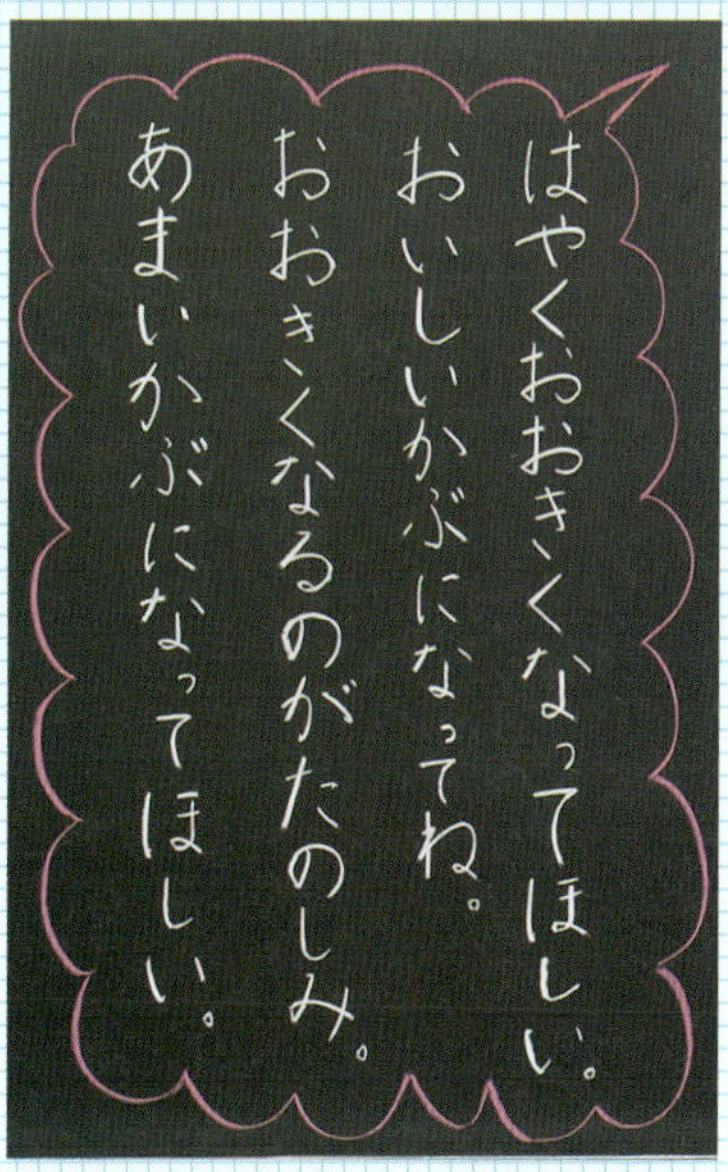


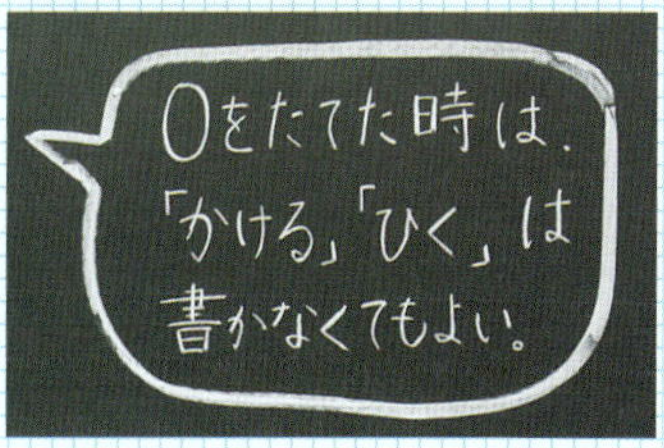


### どこにでも動かせる

貼り物は、書きにくい黒板の上のほうにも動かすことができ、貼る位置を移動するだけで子どもには刺激になります。また、子どもたちに動かしてもらいながら発言してもらうことなども

できます。

動く貼り物を教室に貼っておけば、休み時間などに子どもたちは遊びながら学ぶこともできます。

## 手間を省ける

くり返し使う用語や掲示することが決まっている用語、例えば、**課題、予想、結果、めあて、まとめなどは、画用紙を短冊型に切って文字を書き、貼り物を作っておくと便利です。**

また、授業で必要になるキーワードなども模造紙や画用紙に書いておくのもよいでしょう。

貼り物は、100円ショップに売られているシールつきのマグネットを利用しています。このマグネットがあるだけで、すぐに貼り物を作れます。

子どもたちがつまずきやすい2桁のわり算は、「割り算忍者」と呼ばれる貼り物を活用しています。

### ネームプレートはご注意！

クラス全員分のネームプレートは、学期はじめの係決めや、委員会を決める際には大いに役立ちますが、たまに宿題を忘れた子どもの記録のために黒板の端にメモ感覚で、このネームプレートを貼ってある教室を見ることがあります。1日中貼られている子どもの気持ちはどうなるのでしょうか。そんなネームプレートを見るたびに、心が痛くなります。

また、保管の仕方にも工夫が必要です。100円ショップのホワイトボードや、金属製のふたなどに全員分を貼っておくなどして、黒板は広く使えるようにしましょう。

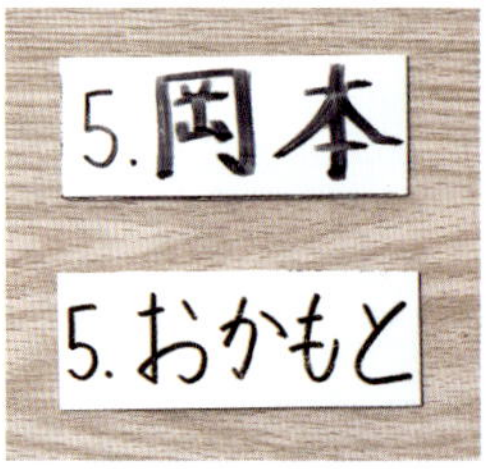


ネームプレートは、板のマグネットに油性のマジックで名前を書くだけ。大きさは縦4cm×横10cmくらいを目安にしてください。

## 掟 その4 箇条書き

板書がすっきりしていて、見やすくなるいちばんの近道は、箇条書きで書くことです。箇条書きをすることで、情報が整理され、教師の書く負担がぐんと減ります。同時に、子どものノートに写す負担も減ります。

ここでのポイントは余白です。この余白のとり方は、ノート指導でも重要になってくることなのですが、欲張って詰め込まないよう注意しましょう。

では、余白をとるために、どういうことを意識すればよいのでしょうか？

### 行頭に意識する

行の頭に、「○」「◎」「●」「■」「◆」「△」「・」などを入れましょう。

教師の気分で変えることなく、1年間ある程度決めておくほうが、子どもたちも安心してノートに書くことができます。

私のクラスでは、「◎」は振り返りのみで使うようにしています。子どもたちは慣れてくると、「◎」を書くだ

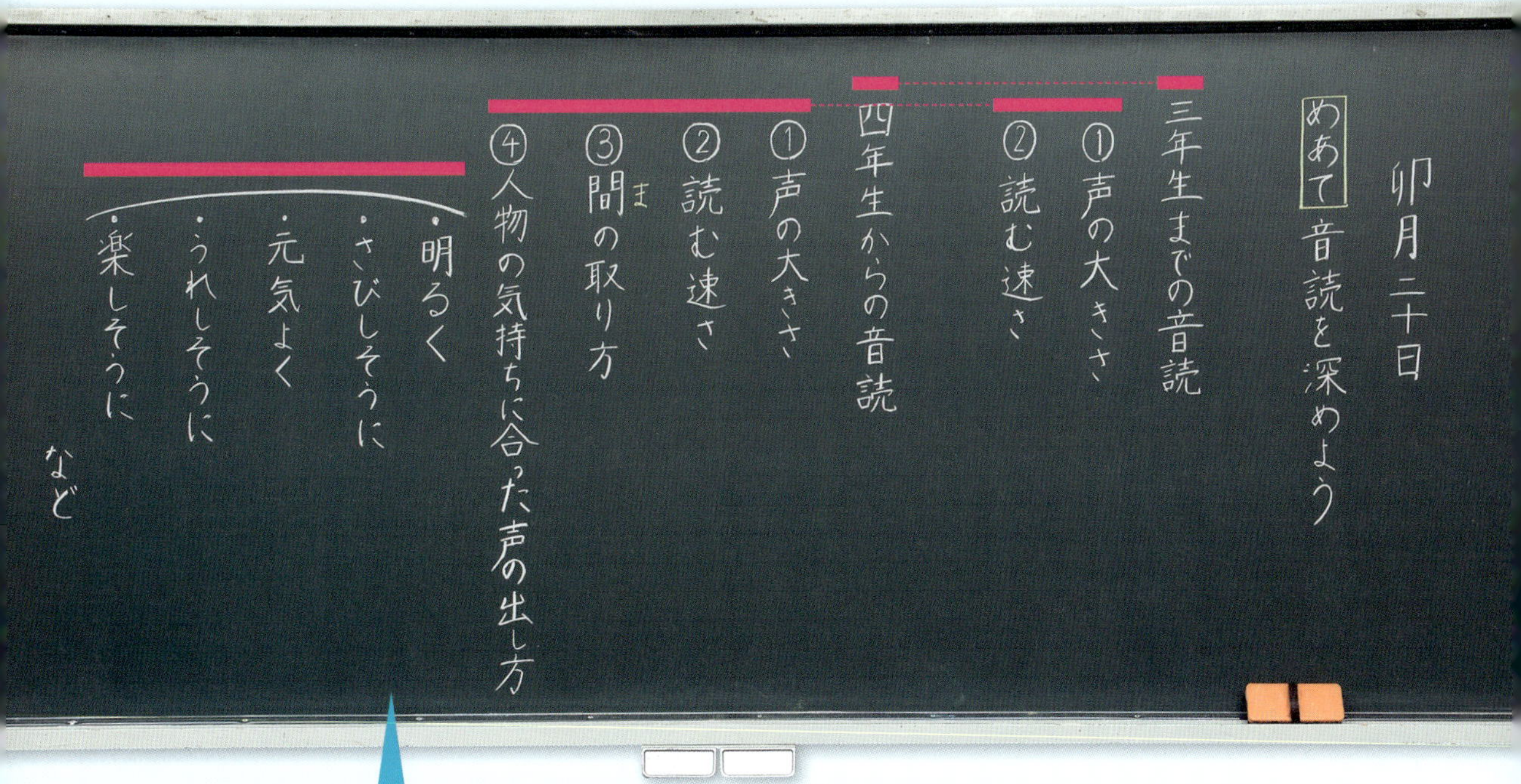
卯月二十日
めあて 音読を深めよう
三年生までの音読
①声の大きさ
②読む速さ
四年生からの音読
①声の大きさ
②読む速さ
③間《ま》の取り方
④人物の気持ちに合った声の出し方
・明るく
・さびしそうに
・元気よく
・うれしそうに
・楽しそうに
など

同じ項目ごとに、それぞれ行頭をそろえることで、どこからどこまでが同じまとまりなのか、子どもたちがパッと見てわかるようになります。

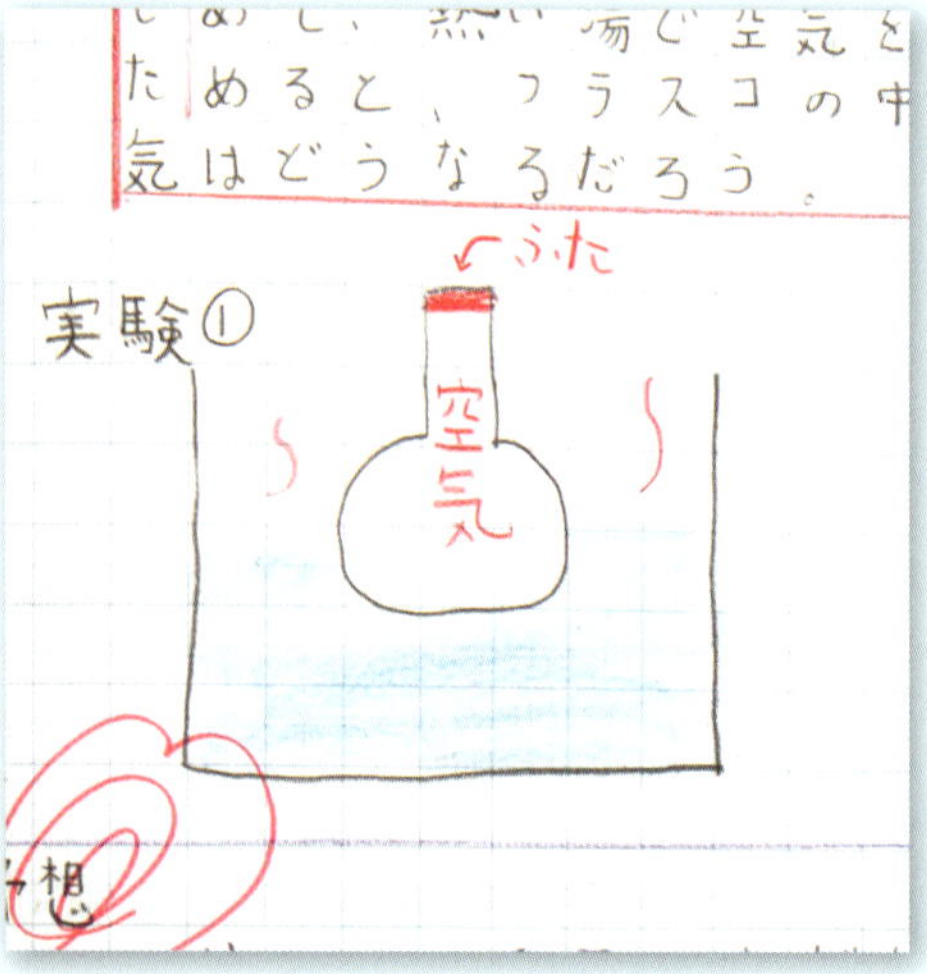


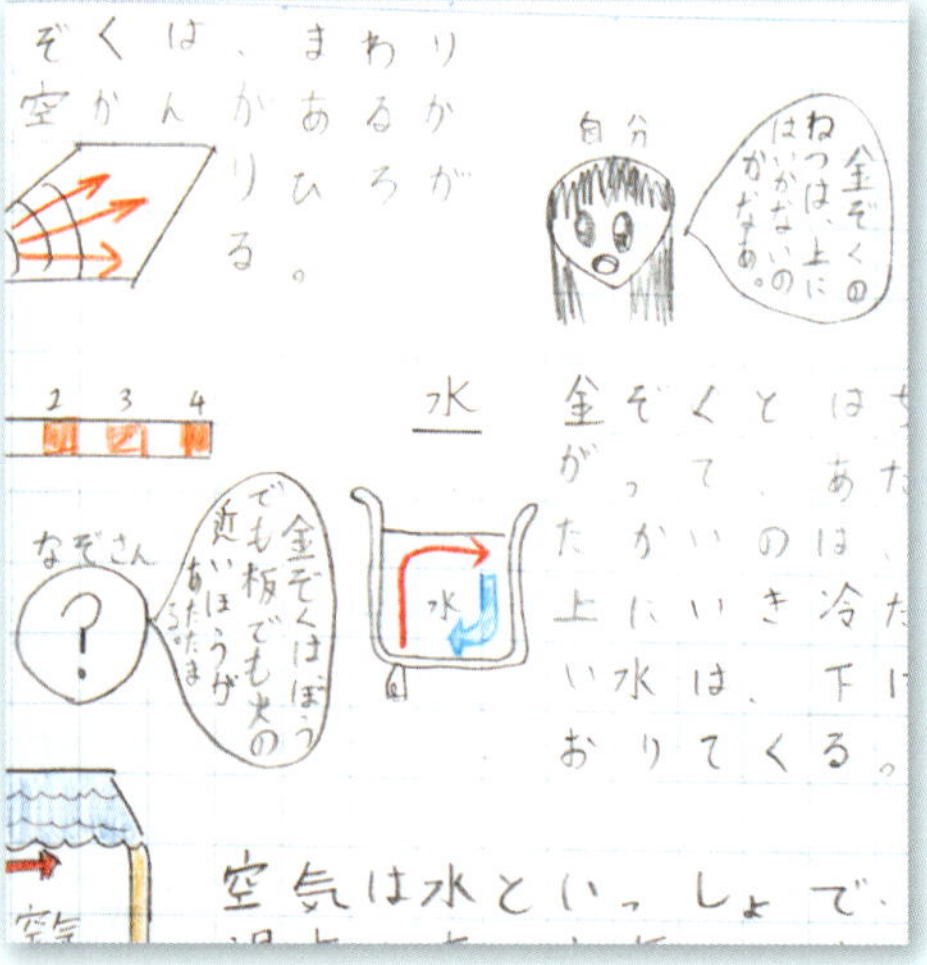


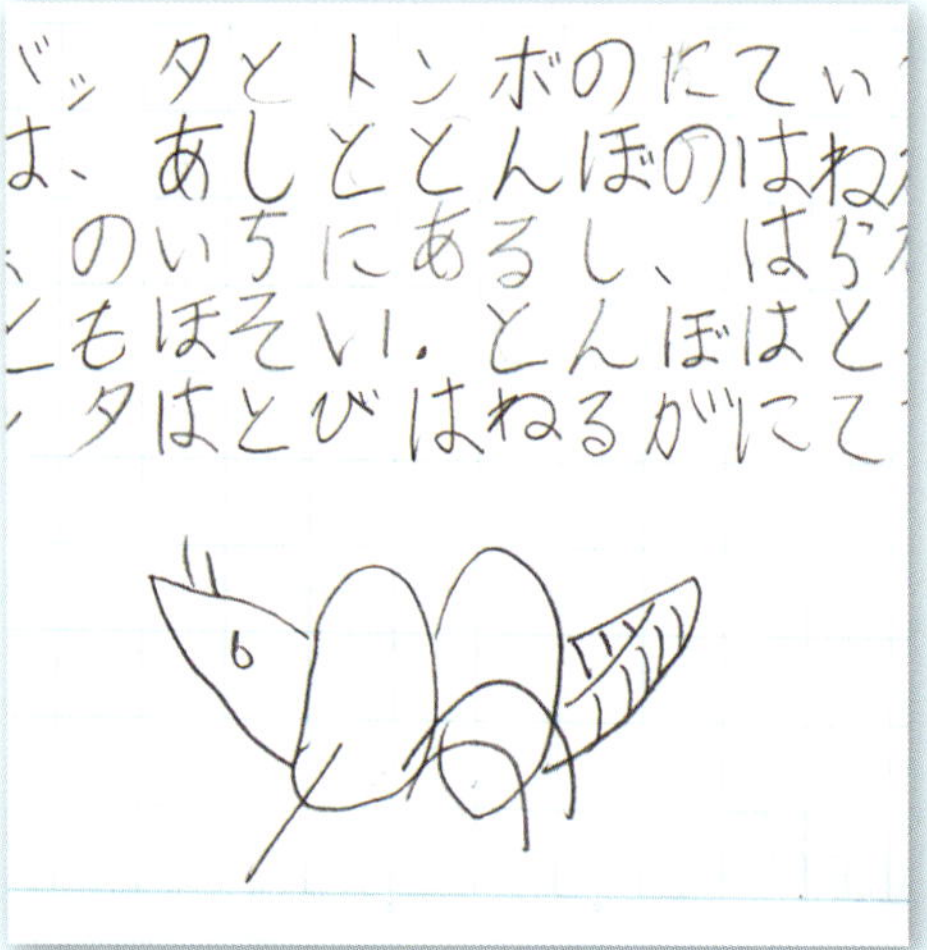


けで、振り返りのスペース、と考えるようになります。

### 短いキーワードにして書く

教師がダラダラと長い文章を書くと、書くこと自体が流れ作業になってしまうことがあります。身につけてほしいポイントを絞って、板書するように心がけましょう。そのためには教材研究が欠かせません。

### 順序関係は数字で表す

「①②③……」とまとめることで、流れをひと目で理解することができます。

## 掟 その5 絵や図を使う

低学年であっても高学年であっても、子どもがパッと見て、「今、何を学習しているのか」がわかる板書をめざさなくてはいけません。学習内容によっては、イラストや図でイメージを視覚化することで、理解が深まります。文字と同様に、**美しい絵をめざすのではなく、《わかりやすい絵》をめざして描きましょう。**

### 絵はシンプルに！

素早く描けるように、「特徴をとらえて簡単に」を目標にします。3年生の理科で昆虫の学習をしますが、「頭、

**算数「面積」**（4年生）

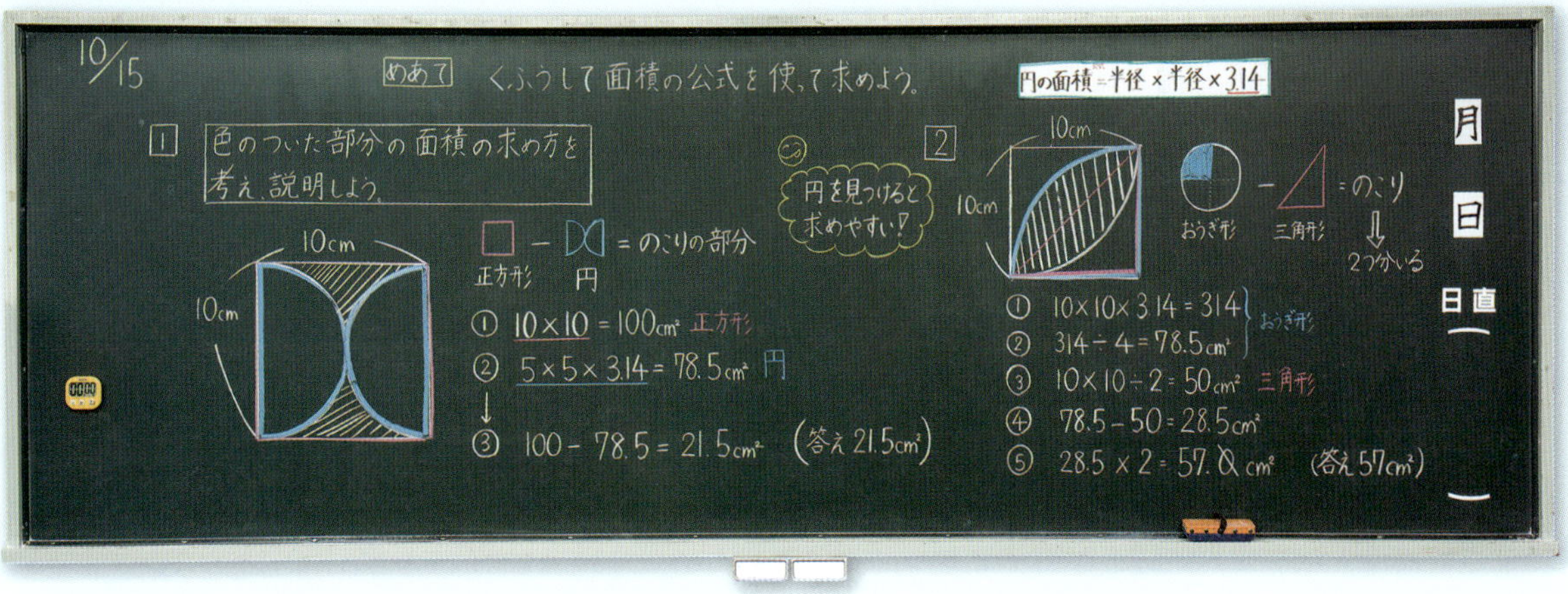


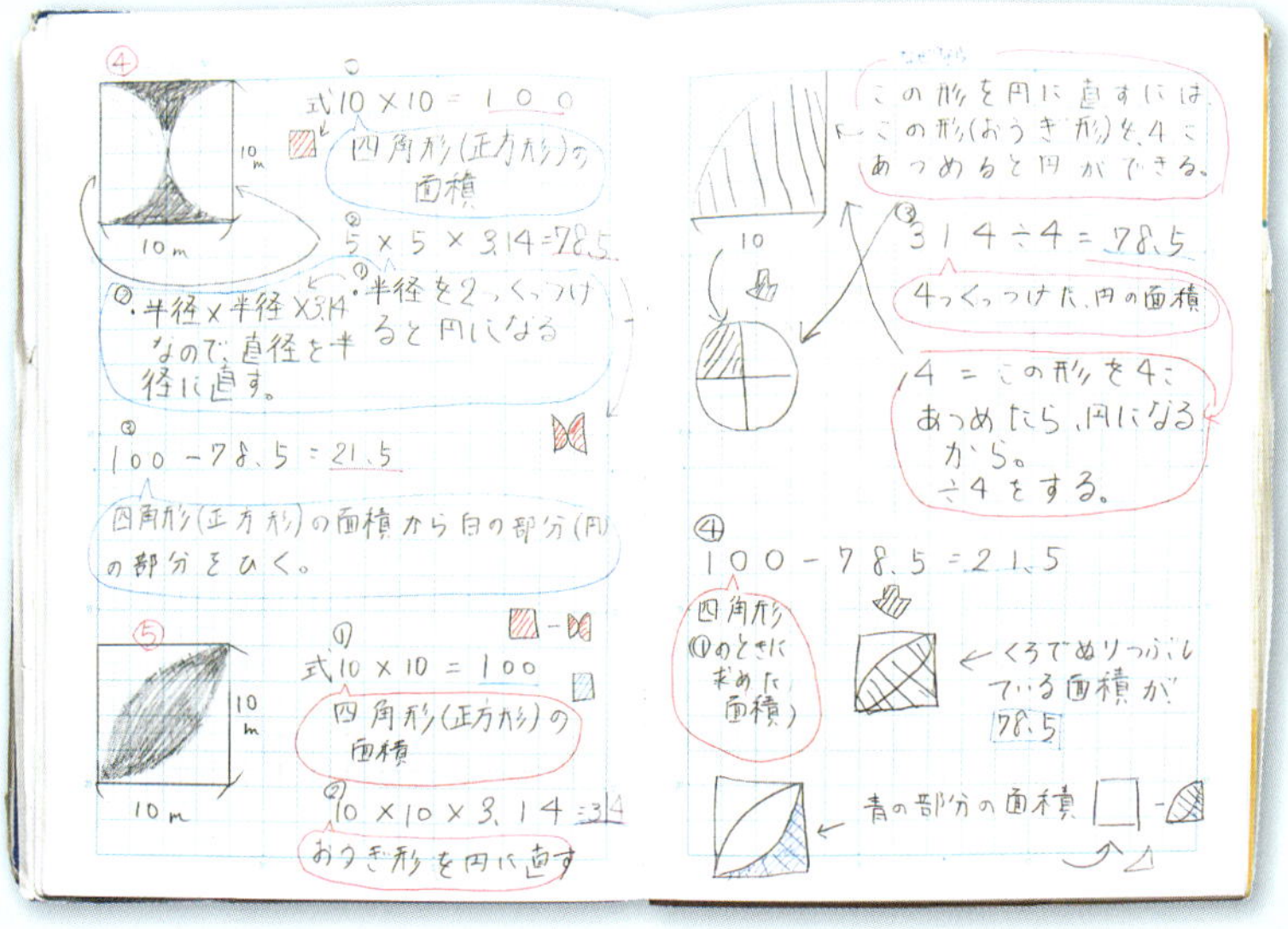

むね、はら、足六本」と言いながら、リズムよく、さっと描けるようなイラストをめざしましょう。

## 算数の図形・文章題に追加する

子どもたちは、板書をもとにノートを書きます。文章題などでも、子どもたち自身で図にしたり、絵にしたりしながらイメージをして解けるようになることが大切です。はじめは、板書に書きながら、じっくり書き方も説明してあげましょう。

## キャラクターをつくる

授業を進めていて、学習の大切な部分をさっと吹き出しにして書くことがあります。その際、私はクラスのキャラクターである「ポイントちゃん」がコメントしているように書いています。「ポイントちゃん」の使い方に慣れてくると、子どもたちのノートにはだんだん自分のオリジナルキャラクターが出てきます。そして、子どもたち自身がキーワードになる言葉を探して書くようになります。

「時間をかけずにさっと描く」。これを合言葉にしたキャラクターは、子どもは大好きです。

ポイントちゃん

### 見やすい大きさに！

文字と同じように、絵や図も教室のいちばん後ろに座っている子どもから見える大きさで描きましょう。

## 掟 その6 黒板は美しく保つ

きれいな黒板は、教師にとっても書きやすく、子どもたちにとっても見やすくて読みやすいものです。毎日目にするものなので、子ども任せにするのではなく、教師自身も意識して美しい状態を保つよう、努めましょう。

### 消し方は上から下へ

黒板を消すときには、チョークの粉が下に落ちるため、上から下へ向かって消すことが基本です。また、消す際はゆっくりと力を入れながら行うことが大切です。

**①全面を使って上から下へ消す。**

**②少し浮かして上から下へ消す。**

横書きの場合は、一度上から下へ消したあと、左右に消すと美しくなります。

このように、2回同じ場所を消すようにすると、きれいに消えます。

### 黒板消しもきれいに

黒板を消すときは、きれいな黒板消しを使いましょう。チョークの粉がある程度付着した場合は、黒板に汚れを広げないよう、黒板消しクリーナーできれいにします。

### チョーク置き場の粉はこまめに片づける

掃除時間を使って、定期的に片づけましょう。小さいほうきで粉を集めて取ったあとに水ぶきで拭くと、よりきれいに取ることができます。

### 濡れたぞうきんで拭く

絵の具や墨などの、なかなか落ちな

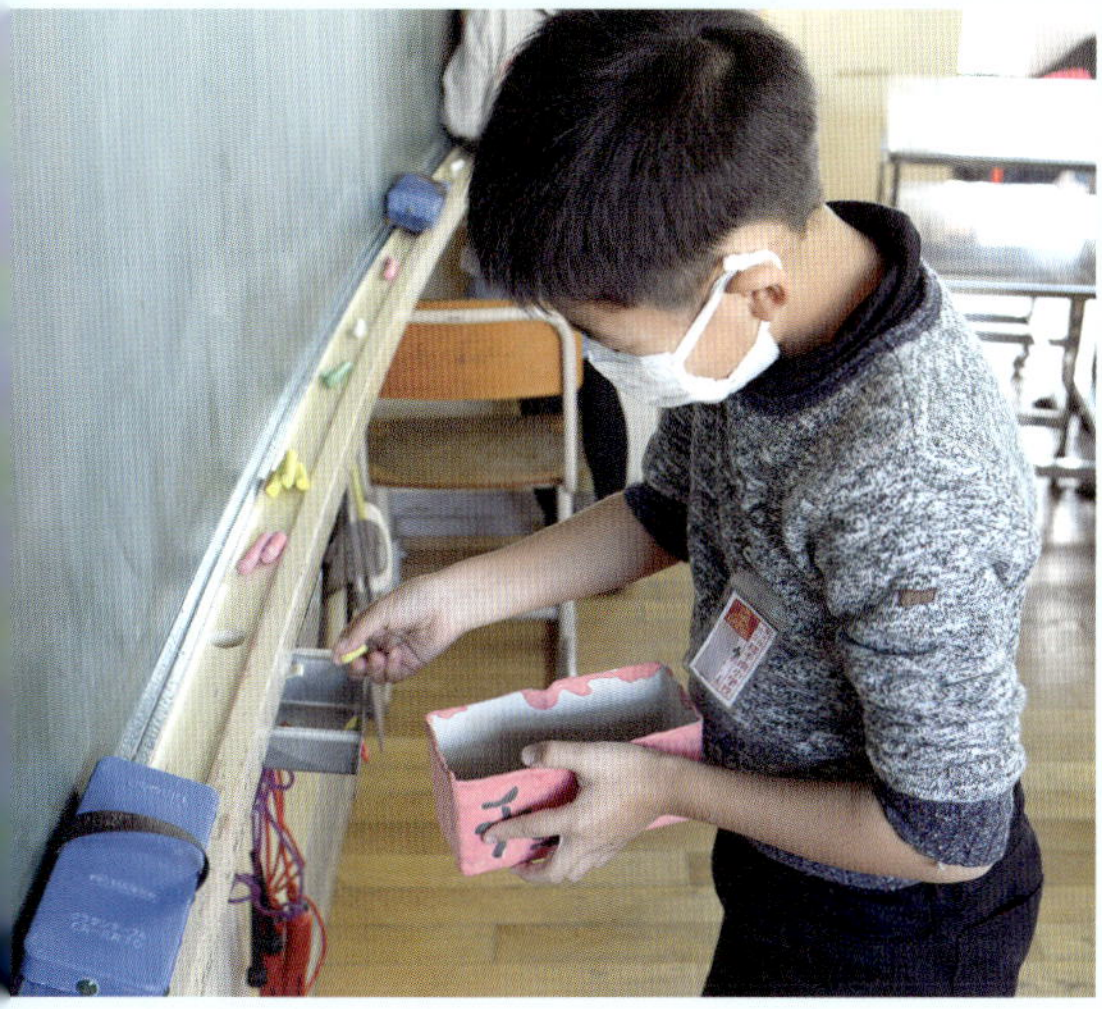

い汚れには、濡れた雑巾が効果的です。固くしぼったぞうきんで拭くことにより、汚れをきれいに拭き取ることができます。

しかし何回もくり返し拭くと、黒板が傷んでしまうことがありますので気をつけましょう。

どんなに子どもが発言をする、よい授業であっても、黒板が汚れているようでは、子どものためにはなりません。子どもが黒板を消す学級であっても最後は担任の目で美しく保たれているか、確認をするようにしましょう。

## 黒板消し係は必要!?

**「これから黒板係をつくりません。毎日同じ人が、チョークの粉だらけになるのはかわいそうなので、これからは日直さんがやってください」**

６年生のときの担任の先生の言葉です。何気なく言われた言葉ですが、なぜか心に残っています。

**「美しい黒板を見るたびにやる気が出ます。ありがとう」**

私の高校時代の倫理の先生の言葉です。その倫理の授業時間の前だけは、全員が意識して黒板を美しく消していたことを覚えています。この先生は、授業を始める前に必ず黒板を褒めてから、授業に入っておられました。

この２つのエピソードが自分の中で消えずに残っていましたので、私は毎年、「黒板消し係」はつくっていません。気がついた子どもたちが毎回消してくれることが多いです。もちろん、板書が消されていない場合は私が消します。そういう気持ちで毎日いますので、子どもたちが授業後に「消していいですか？」と言って消したあと、そっとチョークを色別に分けてくれている姿を見つけるたびに、感激しています。

「ありがとう」という言葉を心から伝えることができます。

# 低学年の板書は、正しく、大きく、ゆっくりと！

## 板書は子どもたちのお手本 学びの土台を固めよう

低学年は、先生の書いたものをお手本にして覚えていく時期。子どもたちにとっては、板書も教科書の一部です。教師の姿がお手本とされていることを常に意識しましょう。

また、低学年のうちは特に、板書を正しく写すことができているか、机間指導をしながら板書を進めることも大切です。

先生が1文字1文字を確認しながらゆっくり板書し、**子どもたちに、ノートには正しい文字を書くという意識をもたせるようにします。**

### 正しく書く

ひらがなやカタカナ、漢字の字形、筆順、句読点の書き方や使い方など、黒板に書く文字はすべて正しく書きましょう。

### 大きく書く

黒板のどこに何が書かれているのか、ひと目でわかるように、できるだけ大きく書くようにしましょう。教室のどの席からでも、ひと目で理解できることがポイントです。

### ゆっくり書く

板書を写す作業に時間がかかる低学年では、先生の板書のスピードが、子どもたちが板書を写すスピードになります。

学年が上がるにしたがって、ゆっくり書いたり、速く書いたりする場合も出てきます。しかし、**授業で大切にしたいポイントを学習するときの板書のスピードは、子どもに合わせること。**子どもたちが次々に発言したり、速いスピードで理解を深めたりする場合は、板書も子どもたちのスピードに合わせて進めることが大切です。箇条書きにする、要約してまとめるなど、臨機応変に対応しましょう。

低学年の場合は、ゆっくり、丁寧に文字を書きましょう。

### 視覚的に訴える工夫を

低学年の子どもたちは、文字ばかりの板書では何が大切なのか、まったく理解できません。色チョークを使ったり、教科書の絵を拡大コピーして貼り、物を準備するなどして、子どもたちの興味・関心を引き出す意識をもつことが大切です。

**Point 3**

低学年の子どもたちは、「かぎかっこ」をどこに書いたらよいのかわからず、混乱することがあります。毎回、点線で四角を書いて、どの部屋に書くのか、お手本を示しましょう。

**Point 1**

1年生は、「マスいっぱいに、丁寧な文字で書くことができる」ことを目標にします。

## 国語「大きなかぶ」（1年生）

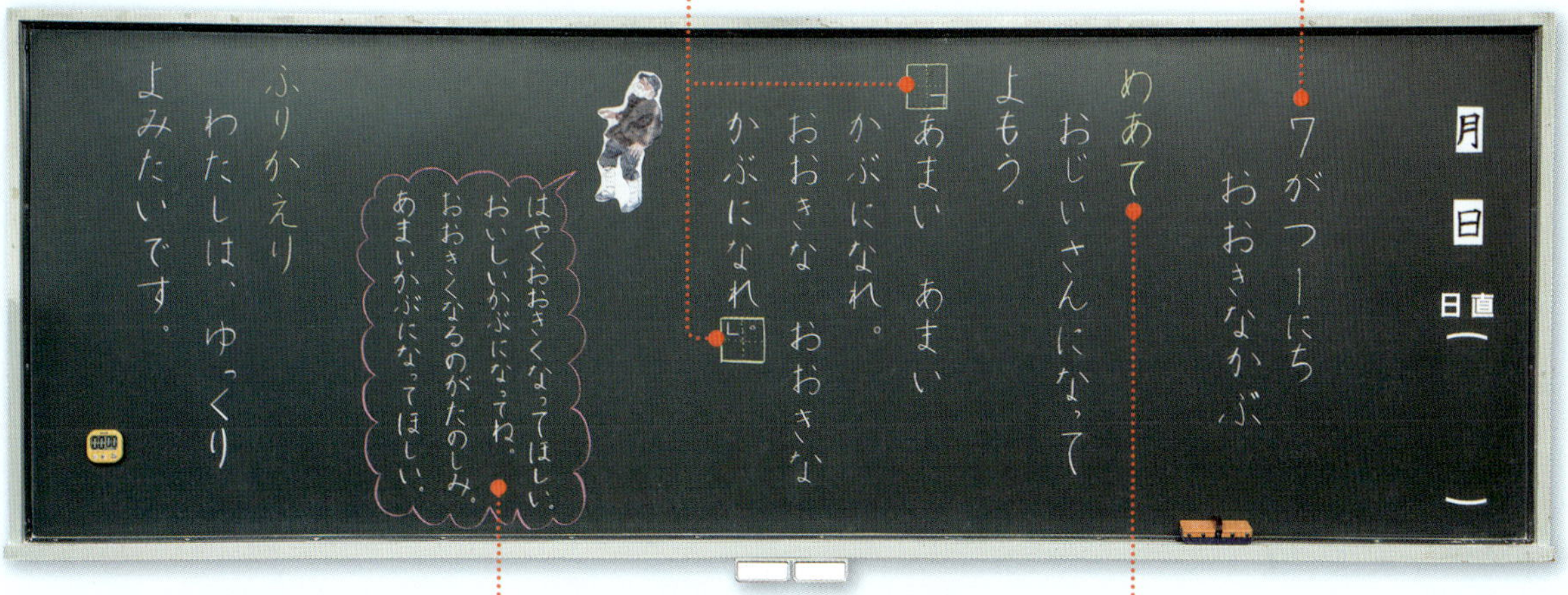
月
日
日直
7がつ一にち
おおきなかぶ
めあて
おじいさんになって
よもう。
あまい　あまい
かぶになれ。
おおきな　おおきな
かぶになれ
はやくおおきくなってほしい。
おいしいかぶになってね。
おおきくなるのがたのしみ。
あまいかぶになってほしい。
ふりかえり
わたしは、ゆっくり
よみたいです。

**Point 4**

子どもたちの意見や気づいたことは、吹き出しの枠をつけたり、チョークの色を変えたりして、ほかの板書とは扱いを変えます。雰囲気が変わることで頭の中が整理され、理解が深まります。

**Point 2**

「めあて」「振り返り」の文字は、教師は黄色のチョークで、子どもたちは赤鉛筆で書くようにします。慣れてきたら、定規を使って四角で囲むように指示しています。

## 算数「かけ算」（2年生）

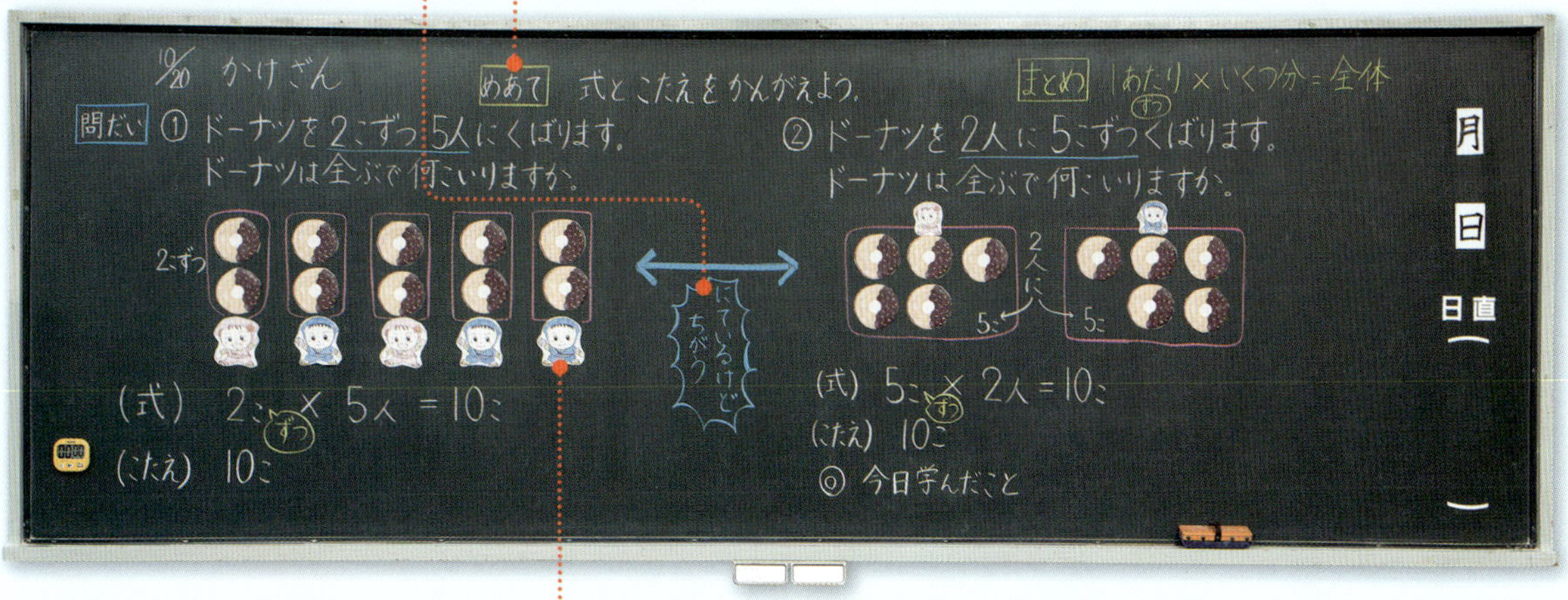
10/20 かけざん
めあて 式とこたえをかんがえよう。
まとめ 1あたり×いくつ分＝全体
ずつ
問だい ① ドーナツを2こずつ5人にくばります。
ドーナツは全ぶで何こいりますか。
② ドーナツを2人に5こずつくばります。
ドーナツは全ぶで何こいりますか。
2こずつ
にているけどちがう
2人に
5こ
5こ
(式) 2こ×5人＝10こ
ずつ
(こたえ) 10こ
(式) 5こ×2人＝10こ
ずつ
(こたえ) 10こ
◎ 今日学んだこと
月
日
日直

**Point 5**

低学年では、具体物を積極的に使うようにしましょう。問題文の意味と答えが視覚化されることで、子どもたちの理解を深めるだけでなく、イメージする力を養います。

# 中学年の板書は、ルールを決めて、わかりやすく！

## 毎日、同じパターンを使い、授業をひと目で理解できるように

低学年の頃はあんなに目を輝かせて授業に参加していた子どもたちも、中学年になると、学校生活にも慣れてきて、行いが雑になってくることがあります。これは、子どもたち自身が自分のことを「できない」「苦手」と客観的に見ることができるようになってきたため、やる気に格差が生まれるからです。そんな成長中の子どもたちに、これまでよりも難しくなった内容でも**「授業がわかる！」という喜びを積み重ねていきましょう。**

すべての授業をいくつかの板書のルールにあてはめると、子どもたちは何を学ぶのか、何をすべきなのかを考えられるようになるので、スムーズに取り組むことができます。

授業をシンプルにまとめ、作業や学習の目的を明確にすることをめざしましょう。

### 図や矢印を活用して書く

中学年では、それぞれの関係性や分類、比較して物事を見ることと、考えることがより求められるようになります。図や矢印を用いると、子どもたちの理解が深まります。

### わかりやすく書く

板書と同じスピードでノートに写すことができるようになるまでは、ゆっくり書きましょう。そして、文字の量も少なめに、シンプルにまとめて書き、ひと目でわかる板書をめざしましょう。

### 目的を明確にして書く

中学年では、めあてと振り返りに力を入れましょう。子どもたちに自分の言葉で振り返りを書かせたい場合は、要点を整理して簡潔にまとめる姿を、まず教師が子どもたちに見せることが大切です。

### ノートをまとめる時間をつくる

中学年になると、授業の最後に板書を見て、ノートをまとめる作業がだんだんできるようになります。

そのためにも、教師が「ノートまとめ」の時間をきっちり取ることが大切です。「自由に書きなさい」などと言うのではなく、どのように書くとよいか、板書を使いながら説明するようにしましょう。

**Point 1**

教科書どおりに黒板に書く際も、書き始める場所を少しズラすだけで、違いが視覚化されるようになり、わかりやすくなります。

## 国語「走れ」（4年生）

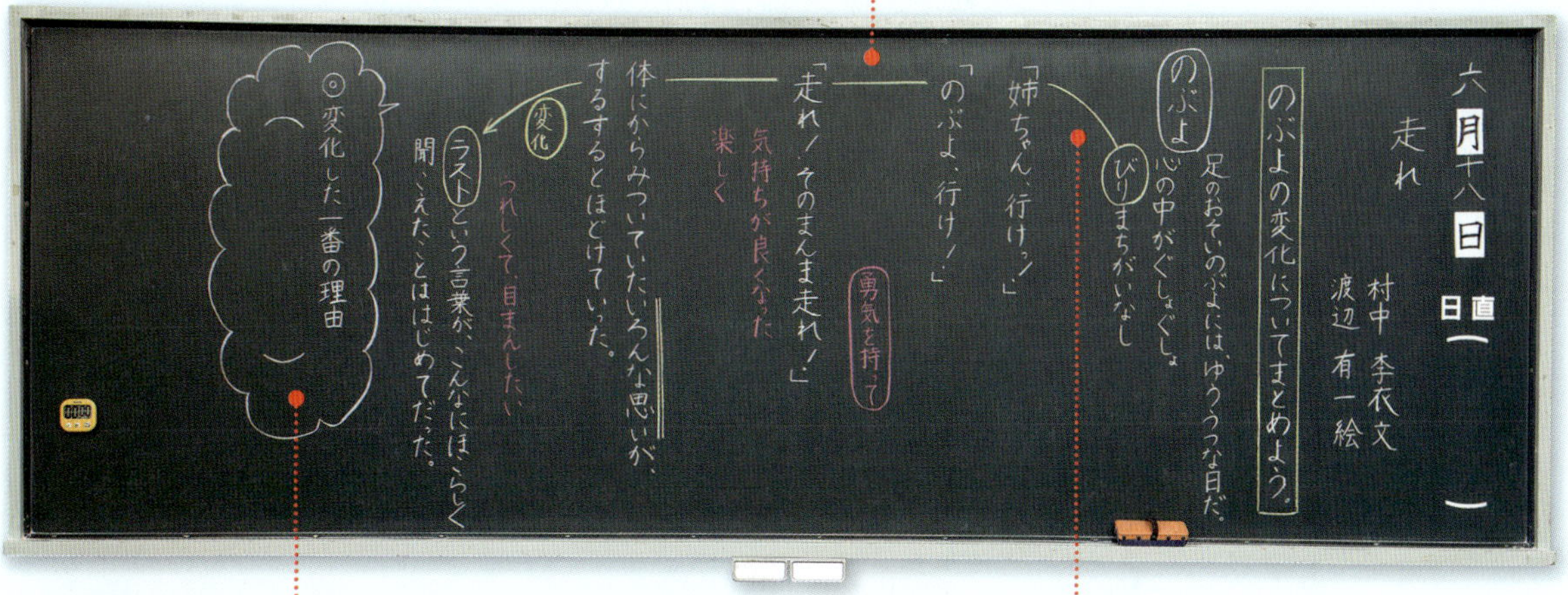
六月十八日
走れ
村中李衣 文
渡辺有一 絵
日直（ ）
のぶよの変化についてまとめよう。
のぶよ
足のおそいのぶよは、ゆううつな日だ。
心の中がぐしょぐしょ
びりまちがいなし
「姉ちゃん、行けっ！」
「のぶよ、行け！」
勇気を持って
「走れ！そのまんま走れ！」
気持ちが良くなった
楽しく
体にからみついていたいろんな思いが、するするとほどけていった。
変化
ラストという言葉が、こんなにほこらしく聞こえたことははじめてだった。
◎変化した一番の理由

**Point 2**

中学年では、教師からテーマを与え、振り返りを書くこともできるようになってきます。

**Point 3**

変化に注目するような授業では、矢印を使うことで理解がより深まるようになります。国語だけでなく、どの教科でも使えるテクニックです。

## 算数「小数」（4年生）

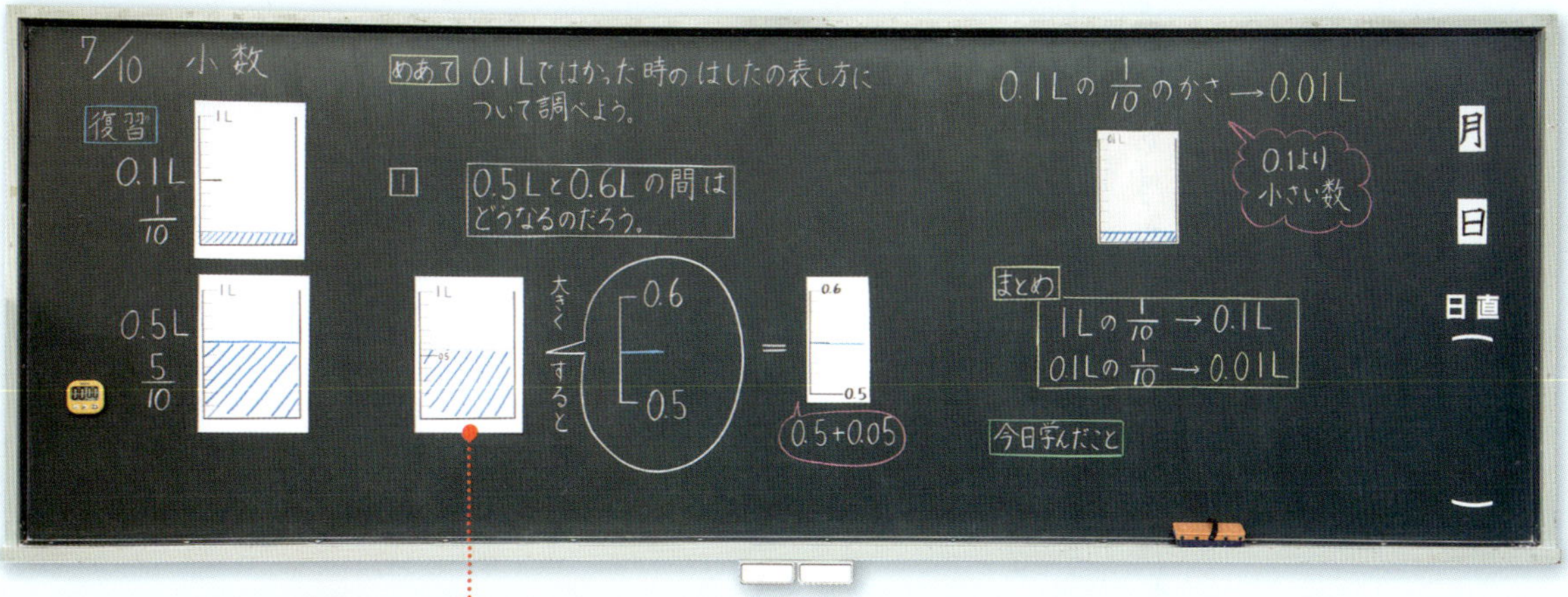
7/10 小数
復習
0.1L
1/10
0.5L
5/10
めあて 0.1Lではかった時のはしたの表し方について調べよう。
1 0.5Lと0.6Lの間はどうなるのだろう。
大きくすると
0.6
0.5
0.5+0.05
0.1Lの1/10のかさ→0.01L
0.1より小さい数
まとめ
1Lの1/10→0.1L
0.1Lの1/10→0.01L
今日学んだこと
月
日
日直（ ）

**Point 4**

具体物を積極的に使いましょう。資料を比較する際は、横に並べて貼るのがベストです。

05

# 高学年の板書は、子どもの発言を取り入れながら進める！

## 子どもたちの考えや意見をまとめ、これまでの授業の一歩先へ

子どもが授業後に自分のノートを見て、「今日はこんなことを学習したんだな」「こんなことがわかったよ」と実感できるようにするためには、日々の授業での板書の工夫が欠かせません。

板書やノート指導を充実させて、学習が蓄積されたノートという宝物を子どもとともにつくっていきましょう。

### 要点をまとめて書く

学習内容は、これまで以上に難しく、複雑になっていくため、要点をまとめて、わかりやすくまとめることが大切です。

私は、次の方法でまとめています。

- **表や図にする。**
- **順番に書く（番号をつける）。**
- **線で結ぶ（矢印をつける）。**
- **線で囲む。**
- **色を分ける。**
- **アンダーラインを引く。**
- **印や記号を書く。**

### 子どもたちの発言を視覚化する

子どもたちの発言の要点をまとめ、整理しながら書くことで、クラス全員で考える時間を生み出すことができます。子どもが積極的に参加できるような授業、板書が増えれば、子どもの学習意欲が高まります。

### 子どもたちの考えを引き出して書く

まず教材研究の際、教材の核になる部分をはっきりさせましょう。そして、そこからどのような授業を組み立てるのかを考えたうえで、板書計画を立てましょう。

高学年の板書計画では、考えを深めるために、４つのポイントを意識することが大切です。図や矢印を使いながら板書をつくりましょう。

- **情報や考えを分類・整理する。**
- **友達と意見を交流する。**
- **クラスの意見や情報や考えを関連づける。**
- **自分にとって大切なことを短い言葉でまとめる。**

このポイントが活かされているかどうかをチェックするためには、子どものノートを見ましょう。教師の想いが突っ走っていたり、授業のねらいから外れていると、ノートに表れます。

**Point3**

強調したい部分、教材の核になる部分を色を変えて囲みましょう。ひと目で大切なポイントが理解できる板書になります。

**Point1**

旧暦は中学年から使っています。

### 国語「海のいのち」（6年生）

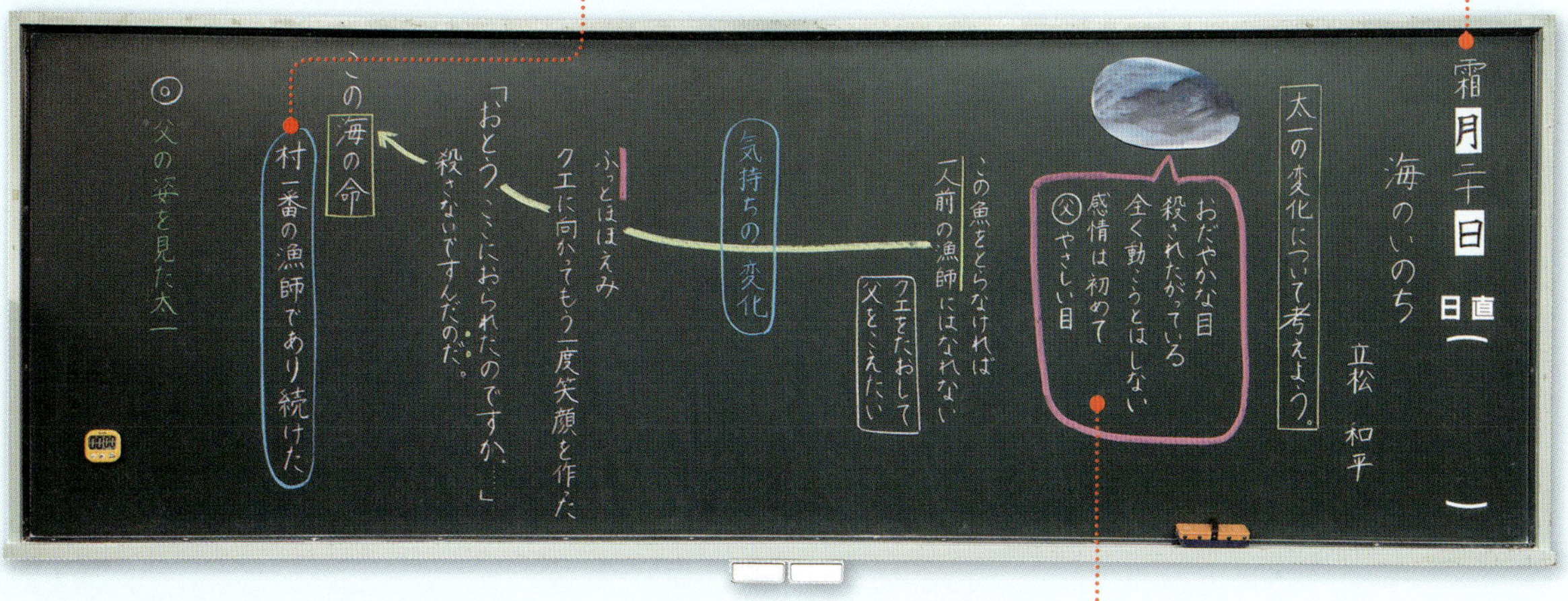


**Point2**

子どもたちの意見を箇条書きに書くことで、子どもたちの思考が整理されます。

**Point4**

常に使う公式は、単元を通して、同じ貼り物を使いましょう。

### 算数「面積」（6年生）

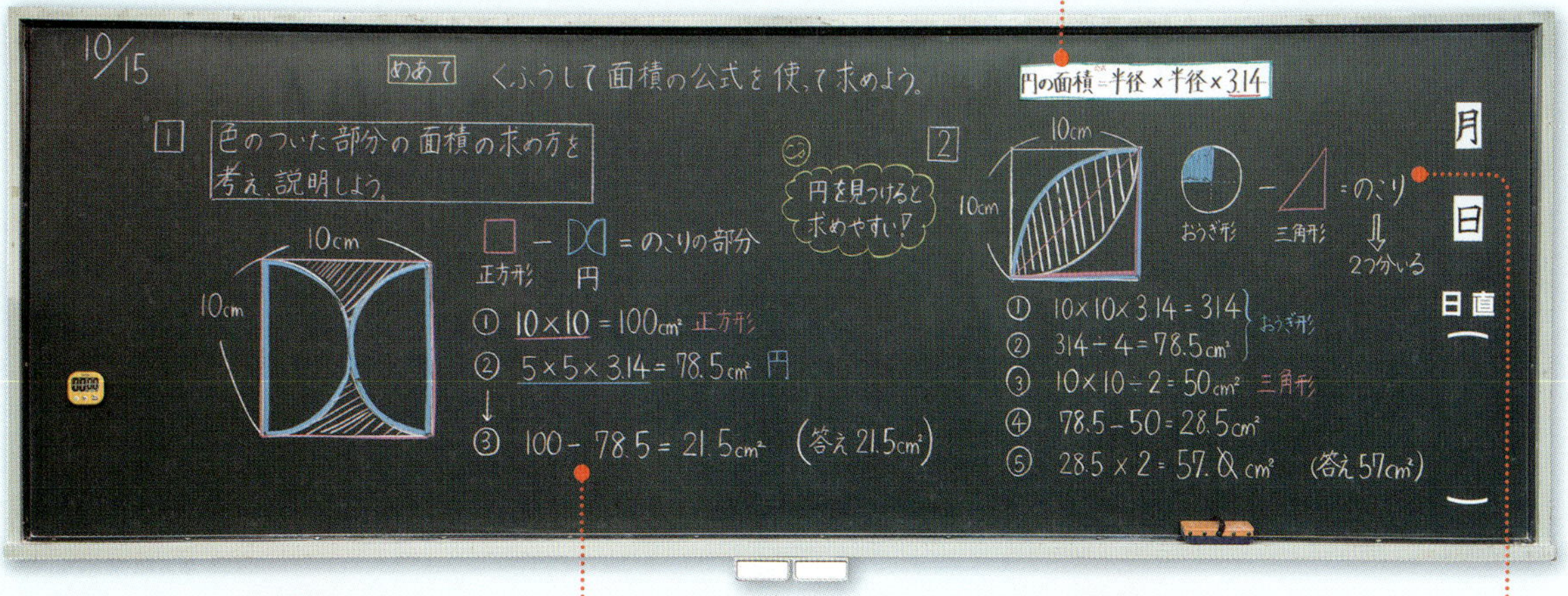


**Point5**

問題の解き方を説明するだけでなく、答えにたどり着くまでの過程を残しながら、板書を進めましょう。

**Point6**

簡単な図であっても、板書すると子どもの理解が深まります。

COLUMN

# ベテラン先生の板書から テクニックを盗もう

教員２年目のとき、他のクラスの前を通った際、ベテラン先生の板書が目にとまりました。同じ授業であっても、私の板書とベテラン先生との板書は明らかに違うのです。そのとき、ベテラン先生との差やテクニックが気になるようになりました。「とにかく追いつきたい！」という思いで、その日から、給食や休み時間など、ほかのクラスの前を通るたびに先生方の板書をチェックしていました。その頃の私の板書はこのような状態でした。

### ☞事実と子どもの考えが見分けられない

例えば国語だと、本文に書かれていたものなのか、それとも子どもの意見・考えなのか、授業に参加している子どもが区別ができない板書になっていました。

### ☞子どもの意見を勝手に解釈して書いていた

板書する前に、「○○さんだったら、今の意見をどんなふうに書く？」「キーワードはどうしようか？」と、子どもと一緒に考えることをせずに、私が子どもの意見をまとめて書いていました。

### ☞子どもの考えを書くだけで、授業を終了していた

「子どもたちの意見は、すべて板書しないといけない」と思い込んでいたので、板書することを優先して、授業を進めていました。

そのほかにも、板書のルールを決めていなかったため、意味もなく色チョークを使ったり、子どもたちには、板書をノートに自由に写させていたり、子どもにとってわかりやすい板書ではなく、自分にとって効率のよい板書をしようとしたり……、今思うと、恥ずかしくなってしまいます。

ベテラン先生の板書には「この授業で何を学ばせたかったのか」「板書を写すことで、どんな力を育んでいるのか」「どんな学級をめざしているのか」など、教師としての姿勢が散りばめられています。しかし、多くの先生は時間に追われて仕事をしているため、板書のテクニックを教えてもらえる時間はなかなかありません。

板書のスキルを上げたい方は、まずは、ベテラン先生の板書を見て，自分との違いを見つけたり、書くボリュームを確認することから始めましょう。積み重ねるうちに、ベテラン先生のもつ板書のスキルだけでなく、授業の進め方や子どもたちを観察する力、学級を経営するテクニックなど、多くのことが学べると思いますよ。

第2章　実践講座

# 子どもが変わる板書

第２章では、各学年における板書の特徴を紹介します。
板書のスキルを磨き、子どもの笑顔があふれ、
やる気が生まれる授業を行いましょう！

06 Board 月 日

# 板書は、子どもたちの文字のお手本 正しい筆順で、丁寧に

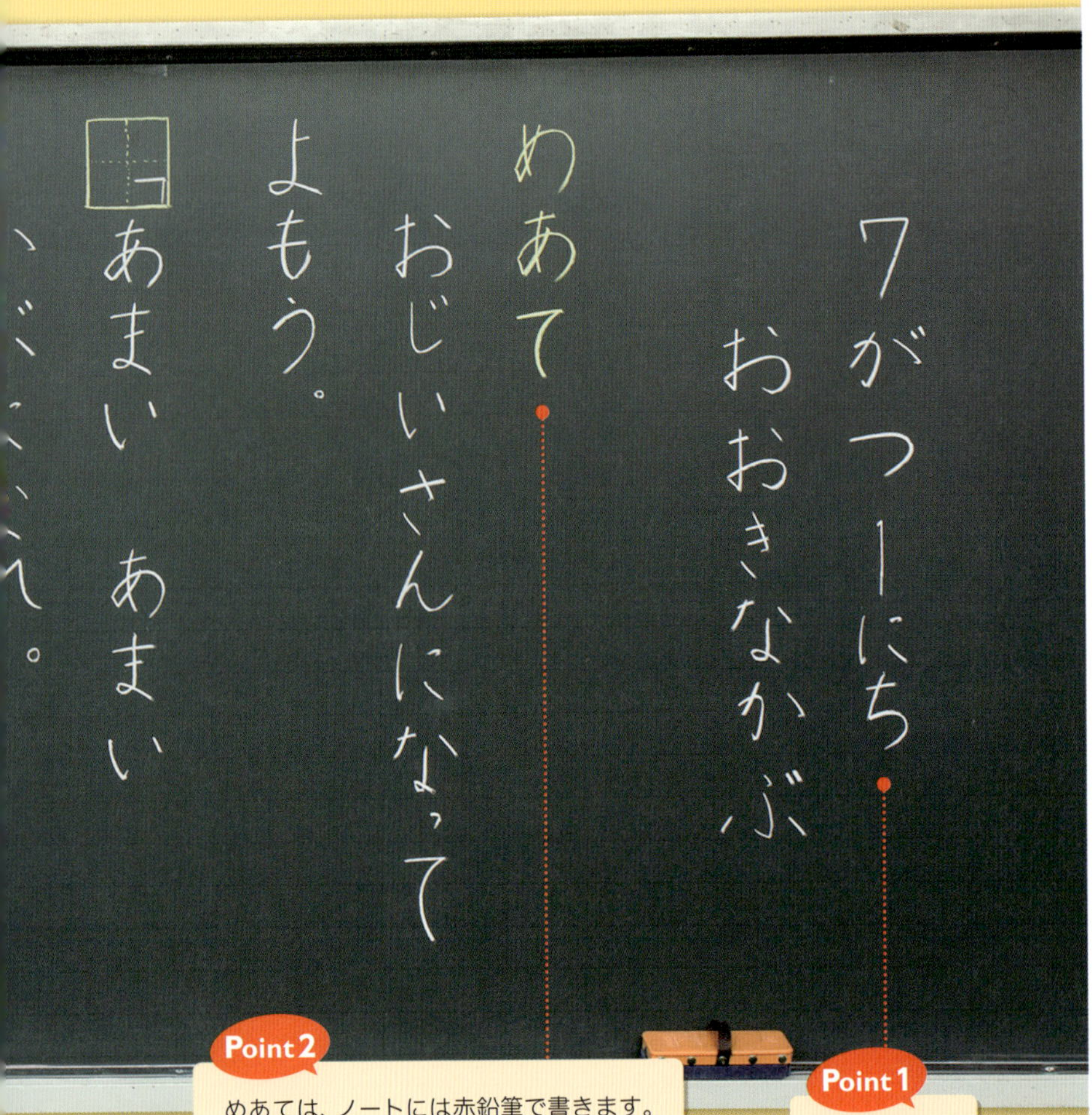


Point 1
日付は必ず書きます。

Point 2
めあては、ノートには赤鉛筆で書きます。ルールをつくることで、子どもは安心して学習に取り組むことができます。

## 子どもたちの様子を見ながら板書を進めよう

国語では、板書とノート指導をセットで考えるようにしています。

低学年の合い言葉は、「ゆっくり書いて、大きな字」です。

低学年の子どもたちにとって、学習の基礎である、文字を覚えること、ノートに書くことは、教師の板書が見本となります。文字の書き方や黒板の使い方など、この時期の教師の姿が、そのまま子どもたちの《教科書》となります。低学年では、この４つを大切にして板書をしましょう。

- 正しい字形で書く。
- 正しい筆順で書く。
- チョークは、白色と黄色が基本。

## 国語「おおきなかぶ」(1年生)

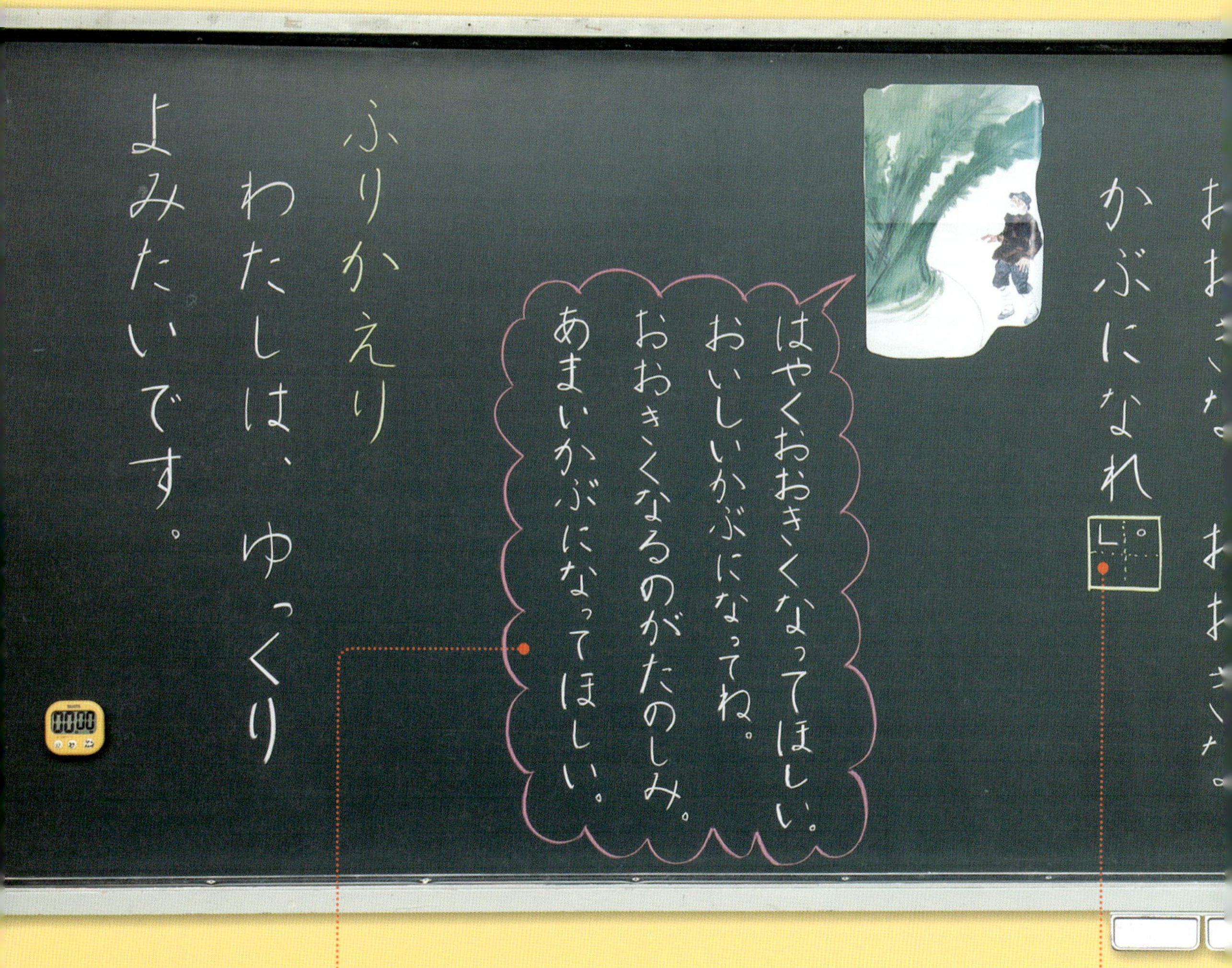
かぶになれ
し。
はやくおおきくなってほしい。
おいしいかぶになってね。
おおきくなるのがたのしみ。
あまいかぶになってほしい。
ふりかえり
わたしは、ゆっくり
よみたいです。

- **教科書の拡大コピーをした貼り物をたくさん使う。**

1年生は色鉛筆を使いこなせないので、ノートには鉛筆と赤鉛筆だけで書くようにします。ただし、ノートに写さなくてよい部分は、他の色のチョークを使うなどして、写す部分と写さない部分が区別できるよう、工夫しておきましょう。

**Point3**

かぎかっこもお手本を示し、みんなが同じ場所に書けたことを確認してから、次の文字に進むようにしましょう。かぎかっこの使い方は、1年生でマスターしておきたいものです。

**Point4**

吹き出しには、子どもたちの意見を書きます。この意見を踏まえて、音読につなげていきます。

06

# 物語の板書で子どもの論理的思考をはぐくむ

## 楽しく取り組める工夫をして板書に注目させる

中学年は、小学校生活にも慣れてきて、客観的に物事を見られたり、考えることができるようになる時期です。また、自分ができないことや、苦手なことが何なのか、ということについても自覚できるようになったり、個人差に気がつく子どもが増えてきます。

合い言葉は、「楽しく、わかりやすく」です。

- **意見の大切な部分だけを板書する。**

子どもが本文を取り出しながら意見を言っていたとしても、その意見から核になる部分だけを板書しましょう。

- **チョークの色にルールを決め、子どもと共有する。**

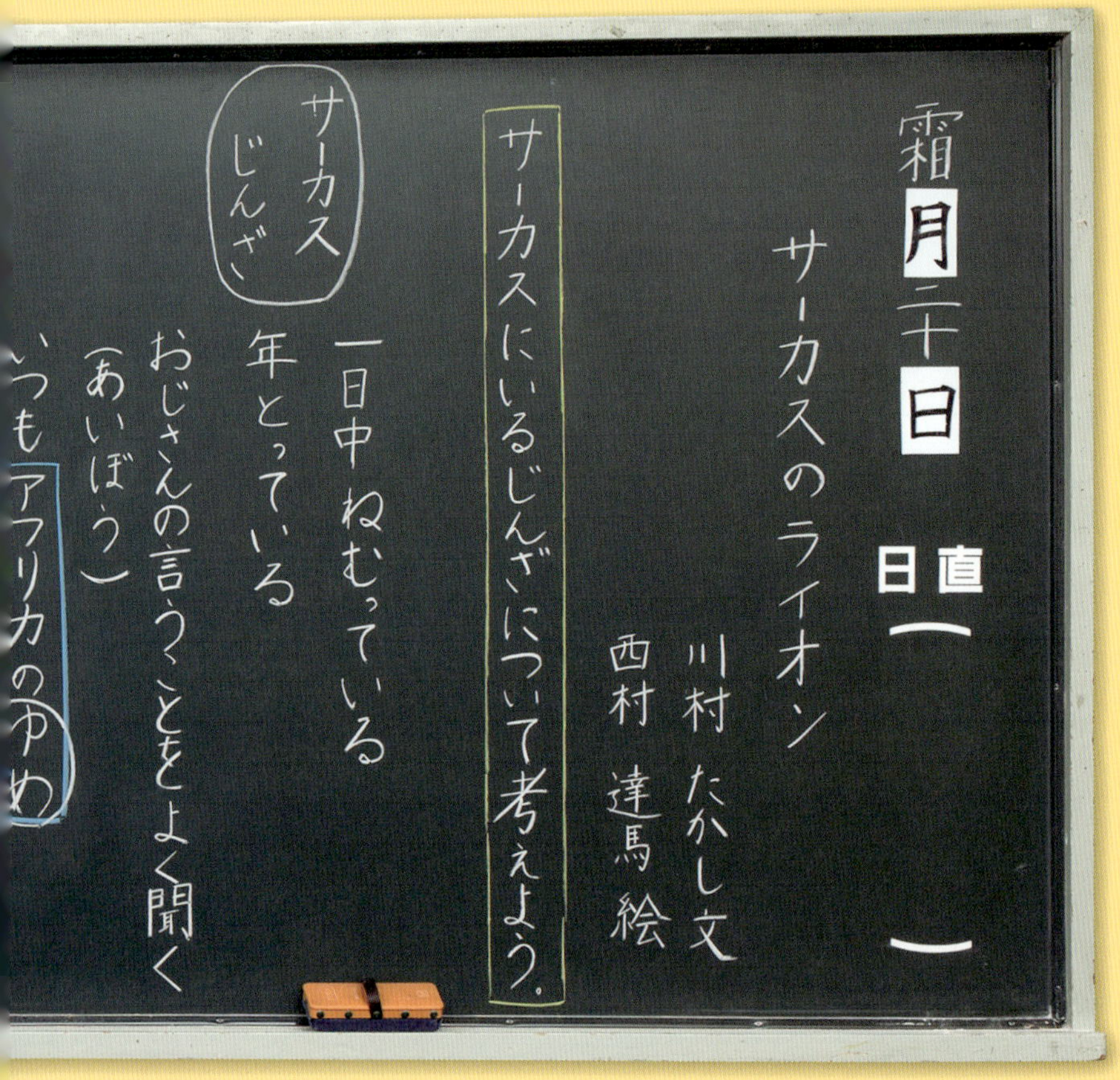


**Point 2**

色を変えた吹き出しにすることで、自然に比較しながら考えることができます。赤や青は見にくいので、文字はたくさん書かないようにしています。

**国語「サーカスのライオン」(3年生)**

**Point 1**
貼り物は、中学年でも大切です。考えの根拠の一つになることがありますので、拡大して授業で使うようにしています。

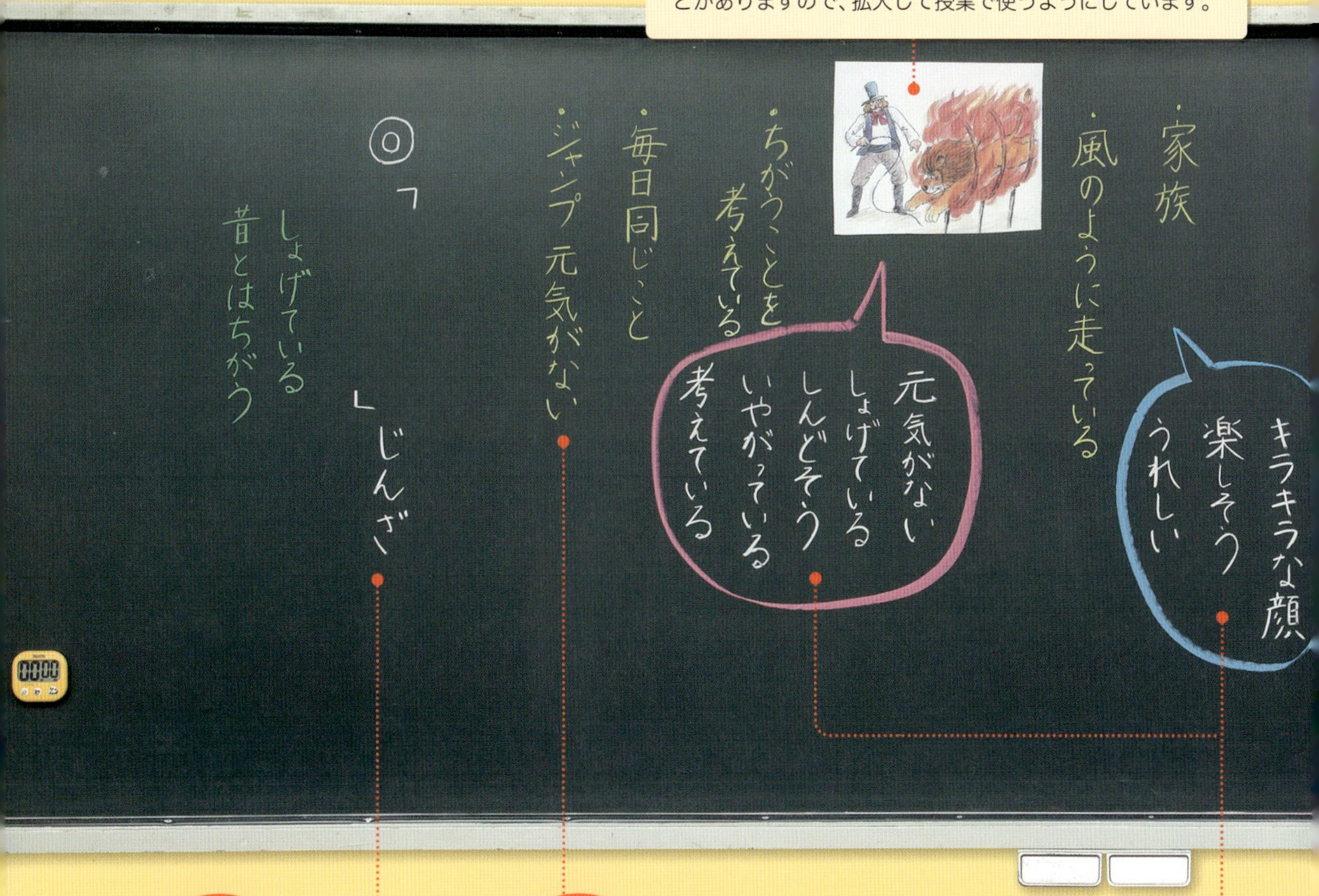
家族
・風のように走っている
キラキラな顔
楽しそう
うれしい
・ちがうことを考えている
元気がない
しょげている
しんどそう
いやがっている
考えている
・毎日同じこと
・ジャンプ 元気がない
◎「じんざ」
しょげている
昔とはちがう

**Point 3**
大切なこと、授業の核になる部分は、黄色で書いています。子どもたちのノートでは、赤鉛筆を使う約束です。

**Point 4**
振り返りで出てきた意見は黒板に板書しましょう。悩んでいる子どもにとっては、それがヒントになります。

**●「ノートまとめ」の時間を設定する。**

「ノートまとめ」とは、板書を写す時間のこと。中学年にとって、説明を聞きながらノートに書くことは高度なスキルです。子どもたちが授業に集中していないときは、「あとで『ノートまとめ』の時間をとるから、今は鉛筆を置いて聞いてね」と言って授業を進めましょう。時間を確保することで、ノートを丁寧に書くこともできます。そしてこの作業が、板書を見ながら、授業を振り返るという活動につながります。

**●振り返りの合い言葉は「なぜかというと……」。**

「なぜかというと……」という言葉を使い、根拠を考える習慣を身につけ、論理的思考力を鍛えましょう。

## 国語「サーカスのライオン」（3年生）

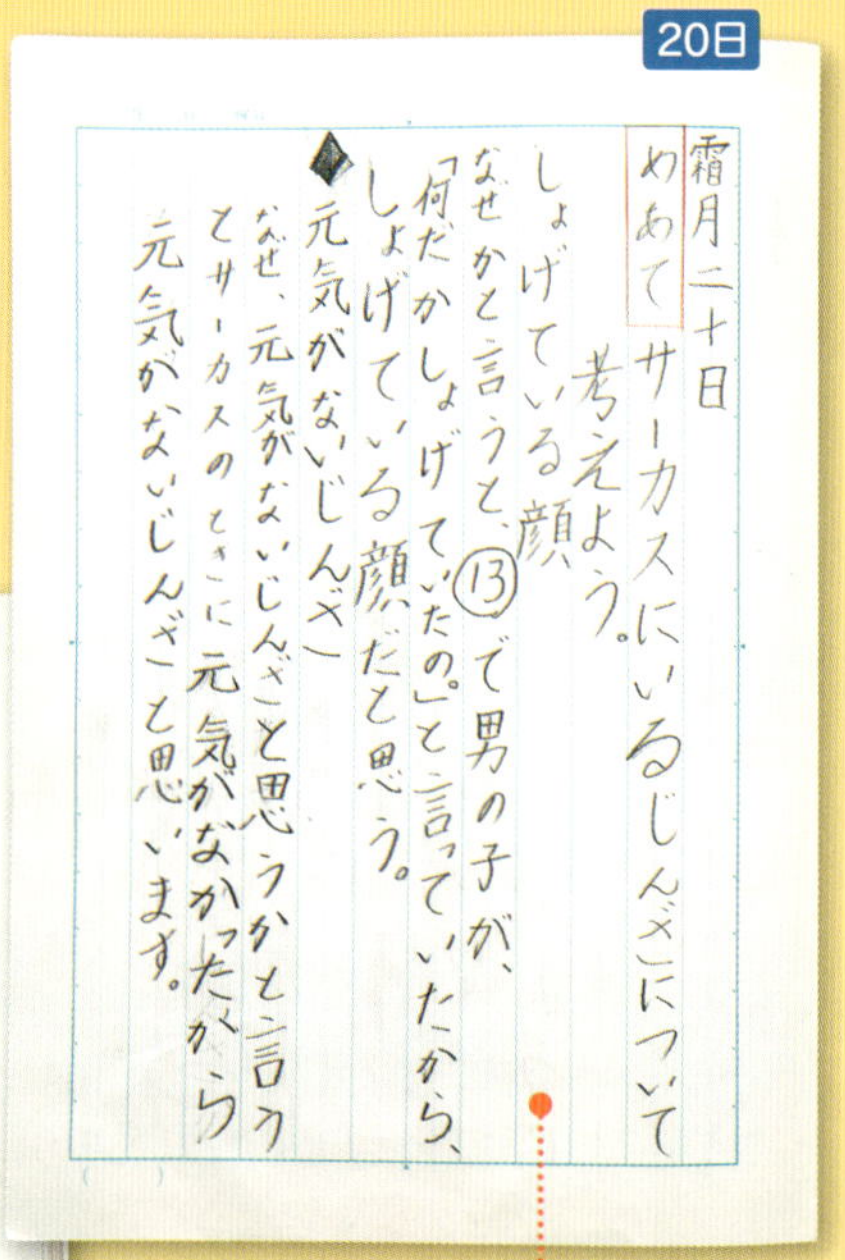


**Point 1**

20日は、子ども同士で意見を《聞き合い》、《話し合う》時間にしたため、ノートにはめあてと振り返りしか書いていません。

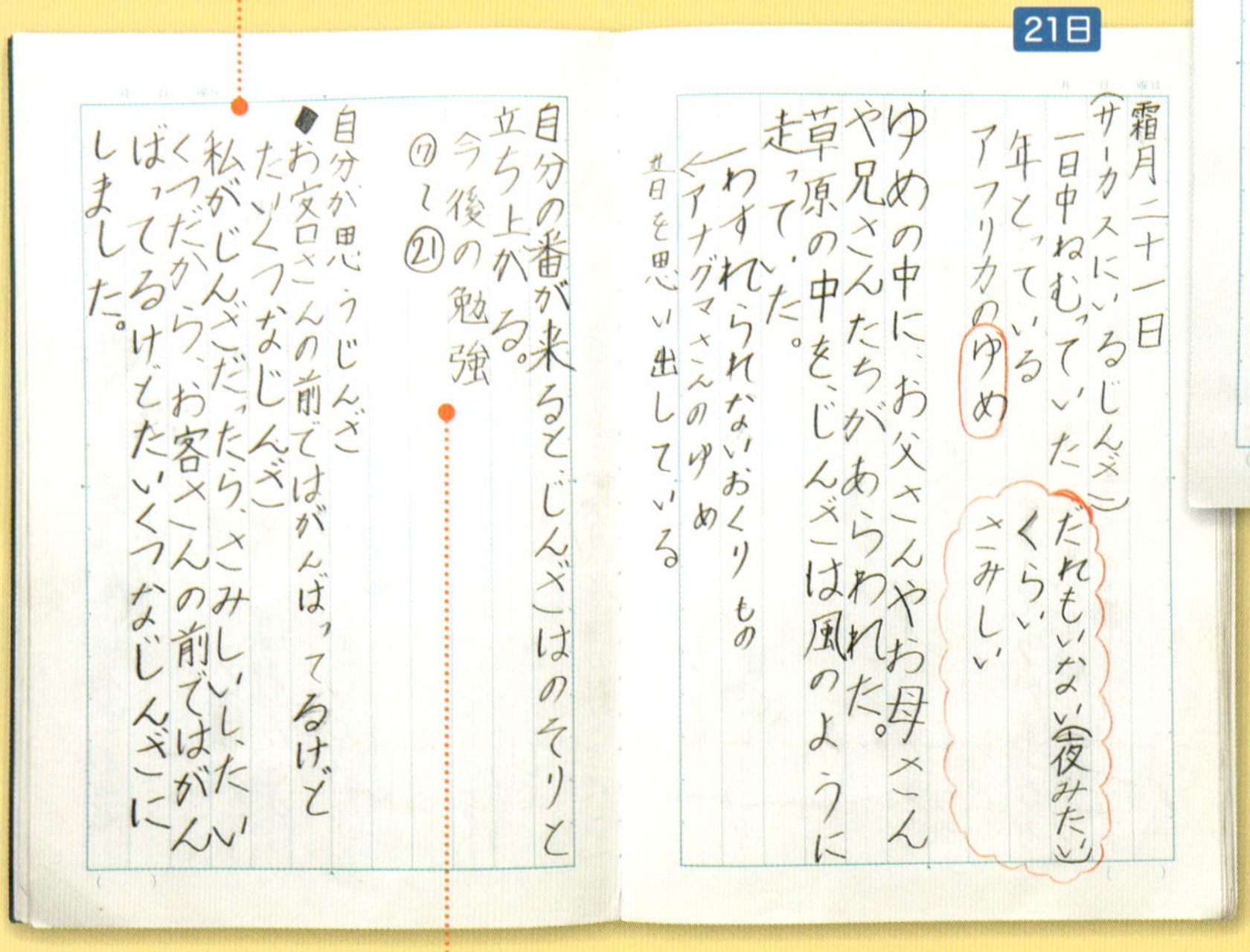


**Point 2**

翌日は、前日に話した内容を整理し、考えを深めながら、板書を《写す》ことに集中させました。

**Point 3**

過去の単元の内容や、これからの学習についてメモしています。書くことに集中できるので、メモをする余裕も生まれます。

## ノートの時間を確保することで、子どもは授業に集中できる

子どもたちは、ノートの取り方にも慣れてくると、だんだん自分なりのノートの書き方も身につけていきます。少しずつ、自分で考えて書ける場所を教師が意図的に増やしていきましょう。ただし、書くことに慣れてはきていますが、書く量も増えていますので、ノートに写す時間を確保しておきましょう。時間を分けることで、子どもたちは安心して授業に集中することができます。

国語のノートは、のりとテープで表紙を貼り合わせて、4月からのノートを1冊にまとめています。このようにしておくと、数冊前のノートをいつでも振り返ることができ、学びをつなげることができます。

## 隙間時間を つくらないように 長定規はササッと使おう

子どもたちは、算数「長さ」（2年生）の学習から定規を使い始めます。教師もそのタイミングで、長定規をどの教科でも使い始めましょう。

長定規で、一定の太さの線を引くためには、文字と同じようにチョークを回しながら線を引きます。慣れないうちは、一度で線を引いてしまうのではなく、長定規の真ん中でひと息ついて、改めて最後まで引きましょう。筆圧の強い方は、線の強弱が大きくなりがちなので、注意してください。

大きな囲みは定規を使うことが理想ですが、時間がかかり過ぎる場合ややさしい雰囲気で囲みたい場合は、フリーハンドでも構いません。ただし、丁寧にノートを書く子どもを育てたい場合は、教師も丁寧に板書する姿を見せるべきだと思います。長定規をササッと使えるように練習しておきましょう。

1年生では定規を使うことができないので、めあてや振り返りは色チョークで書くようにしています。

06

# 物語の概要をまとめ、授業の流れがわかる板書に

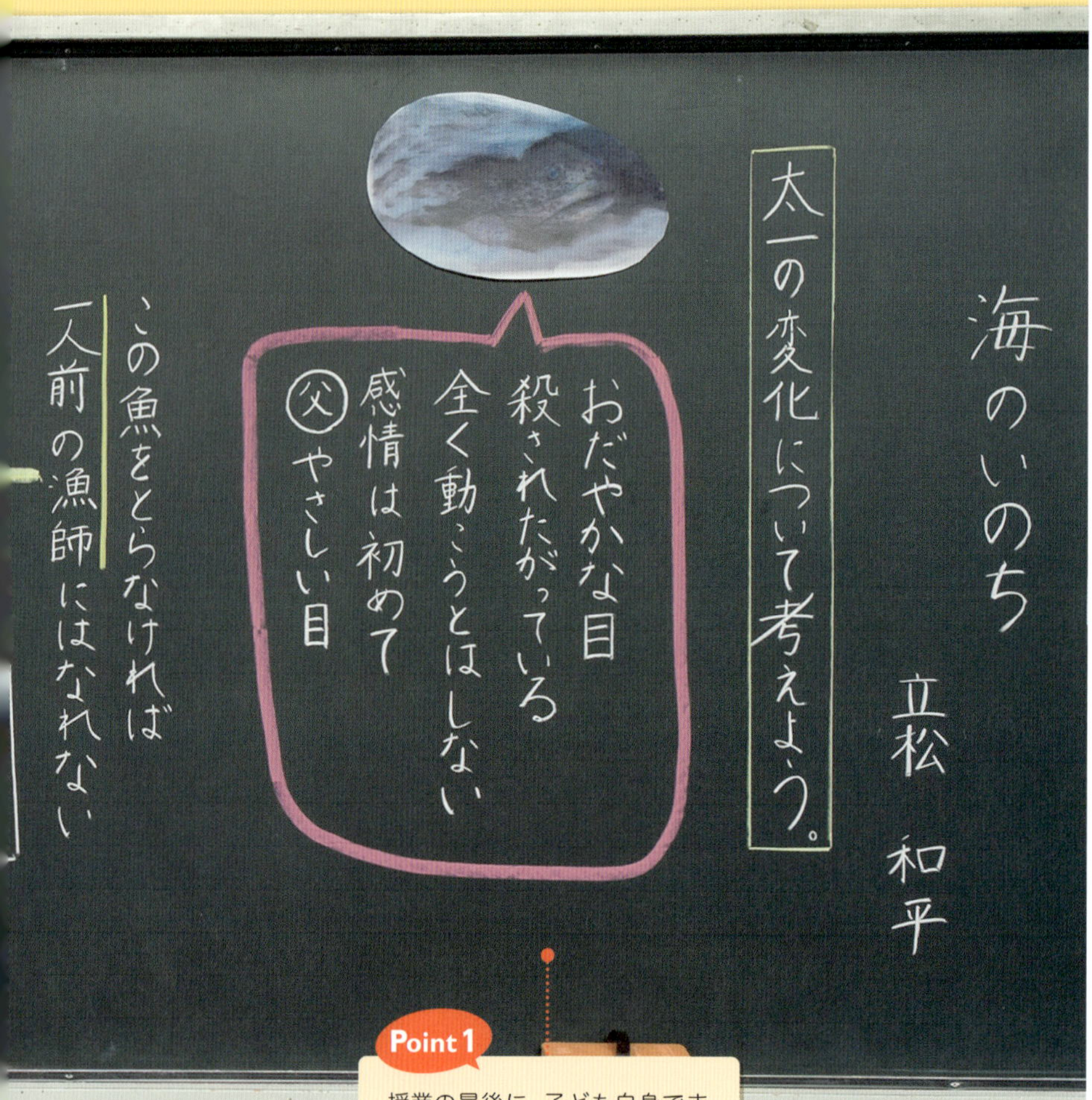

海のいのち
立松 和平
太一の変化について考えよう。
おだやかな目
殺されたがっている
全く動こうとはしない
感情は初めて
父 やさしい目
この魚をとらなければ
一人前の漁師にはなれない


**Point 1**
授業の最後に、子ども自身でまとめることができるよう、シンプルな板書を心がけています。

## 授業での子どもの意見や反応を板書に反映させる

高学年の板書で心がけたいことは、めあてに沿って、学級の子どもたちの考えが変わっていく過程、思考過程が板書に表れているようにすることです。**合い言葉は、「じっくり、シンプルに」です。**

どの学年であっても、物語の板書の構成は、授業中の活動に合わせて3つに分けています。

- **めあて**
- **自分の意見をまとめ、クラスで意見を交流する。**
  このとき、自分の意見は「自」として、ノートに書かせます。
- **振り返り**

## 国語「海のいのち」(5年生)

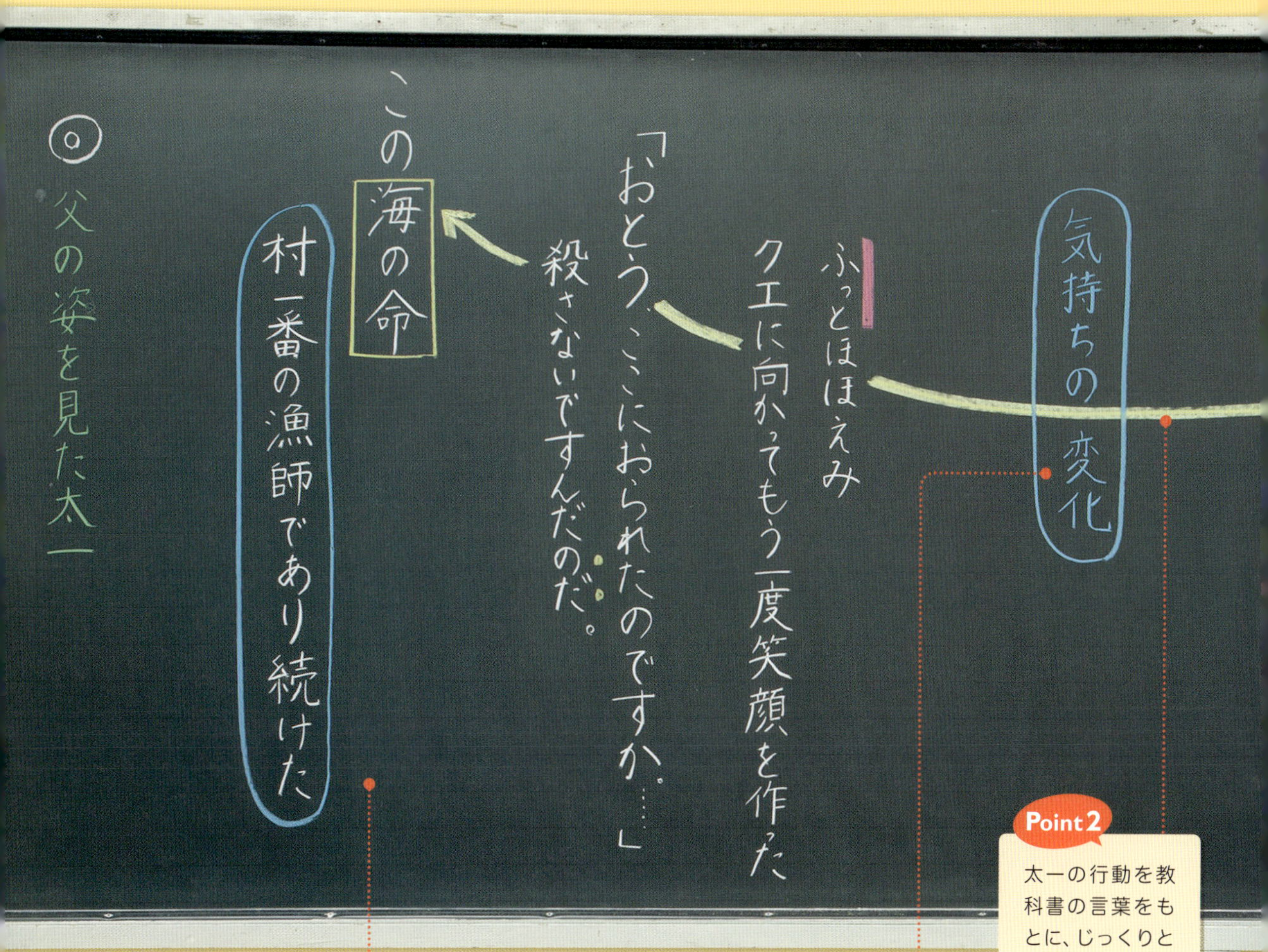
気持ちの変化
ふっとほほえみ
クエに向かってもう一度笑顔を作った
「おとう、ここにおられたのですか。……」
殺さないですんだのだ。
この海の命
村一番の漁師であり続けた
◎
父の姿を見た太一

**Point 2**
太一の行動を教科書の言葉をもとに、じっくりと読み取っていきます。

**Point 3**
ここでは、「太一がいちばん変化したところは、どこですか？」という発問で学習を進めています。

**Point 4**
登場人物が成長し、気持ちが変化していく姿を視覚的にもわかりやすくしています。

高学年では特に、「自分の意見をまとめ、クラスで意見を交流する」部分で、考えが深まる様子がわかるようにすることが大切です。子どもたちは自分の意見を書きながら、考えを深めるので、スペースに余裕をもって板書をしましょう。

このように学習過程を板書し、積み重ねることによって、自主学習でも考えを深める勉強ができるようになります。

06
Board
月　日

# 板書で子ども同士を交流させ、自分の考えを深めさせる

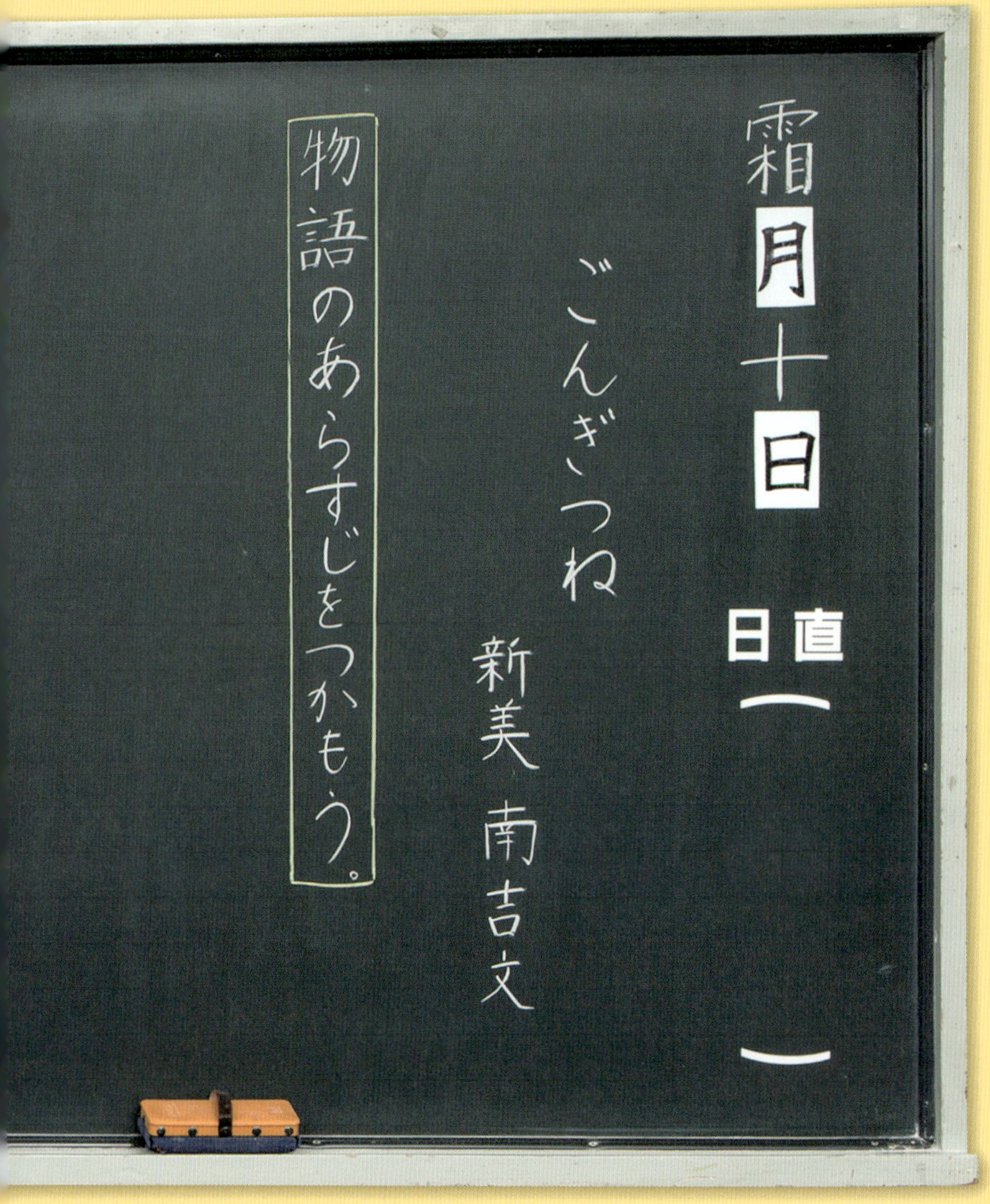
霜月十日
ごんぎつね
新美南吉
物語のあらすじをつかもう。
日直（　　）

## マインドマップで子どもの思考を広げる

みなさんは、「マインドマップ」をご存知ですか？　マインドマップとは、理解力、記憶力、発想力などを高めるのに役立つ思考技術の一つです。中心となるキーワードを中央に置き、そこから自分のアイデアや気づいたことを広げていきます。ほかの考えとの共通点や相違点に自然と気がつくので、まとめ学習にも適していると言われています。

このマインドマップを板書で行うと、子ども同士で意見の交流ができ、自分で自分の考えを広げることができます。そして子どもたちのノートには、オリジナルのマップができあがります。

## 国語「ごんぎつね」（4年生）

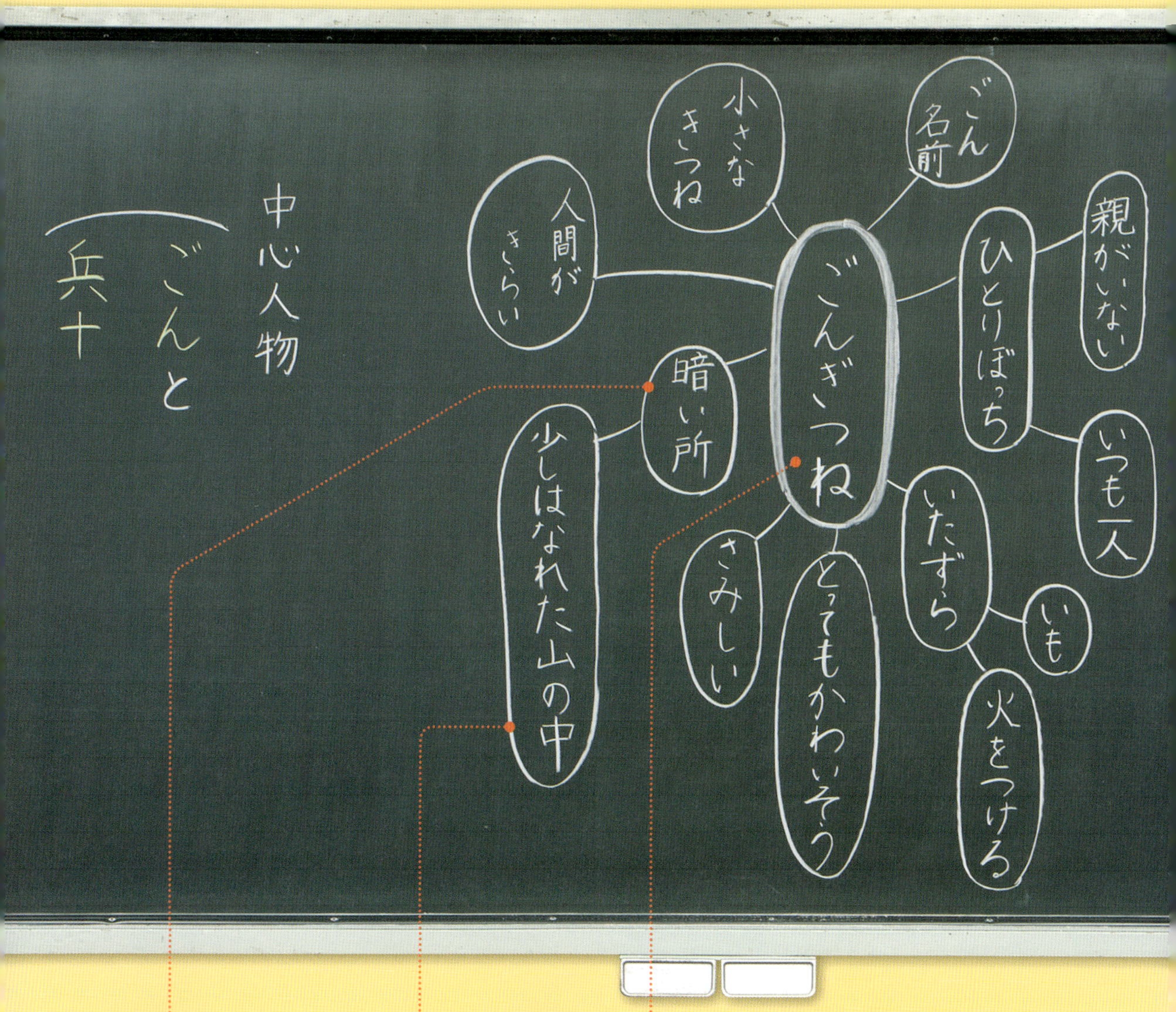
中心人物
ごんと
兵十
ごんぎつね
小さなきつね
ごん名前
人間がきらい
親がいない
ひとりぼっち
暗い所
少しはなれた山の中
いつも一人
いたずら
いも
火をつける
さみしい
とってもかわいそう

このマインドマップを詩の授業で活用すると、関連する言葉が次々に出てくるので、楽しみながら詩をつくることができます。

いつもと少し違う板書にするだけでも、子どもたちの興味をひくことができます。

**Point 1**

授業では、黒板の中心にテーマを書き、そこからみんなで考えを膨らませていきます。

**Point 2**

子どもから出た意見を書いていきます。「つけ足すことはありますか？」と声をかけると、「親がいない」「いつも一人」など、どんどん出てくるはずです。出た意見は、必ず全員に「この意見とつなげていいかな？」と確認しながら書いていきます。

**Point 3**

友達の意見を聞くことで、その意見のよさに気がつくだけでなく、自分と比べることができます。

07
月
日
Board

# 子どもに教える↓考えられるが 低学年の算数の基本

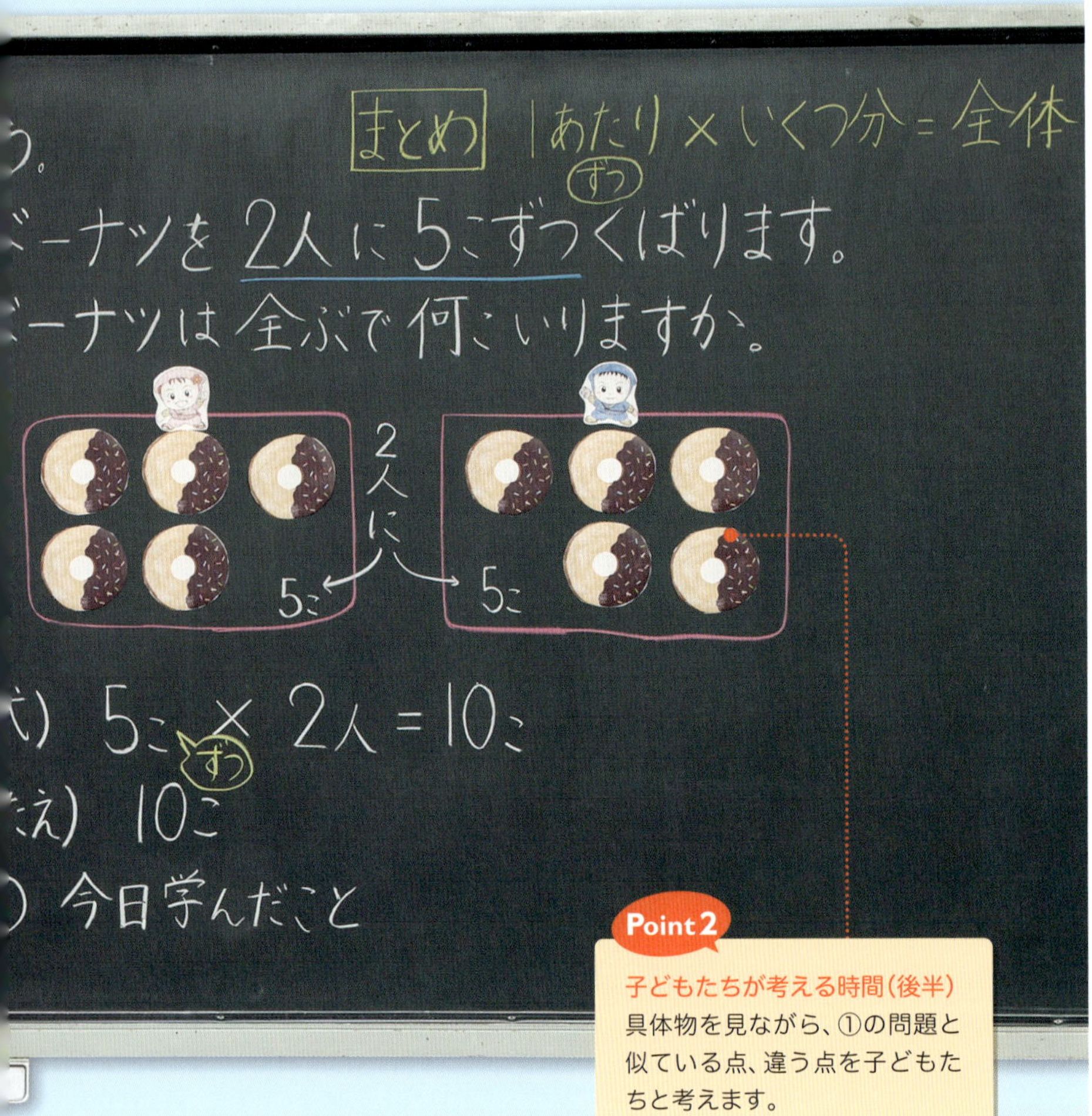


**Point 2**

**子どもたちが考える時間(後半)**
具体物を見ながら、①の問題と似ている点、違う点を子どもたちと考えます。

## 算数の第一歩は具体物を使って理解させること

低学年の算数では、学ぶ意欲を高め、考えることの楽しさや、「わかった」「できた」と実感できる子どもたちになるような授業をめざしましょう。

そこで、授業は次のように整理します。

- **前半は、教師が教える時間。**
- **後半は、子どもたちが考える時間。**

つまり、子どもたちは、最初は教師の説明をしっかり聞いて《学び》、そのあと自分で《考える》場面をはっきり区別するのです。

授業の前半では、タイルやおはじきを使ったり、お互いに説明し合うペア学習を取り入れると、子どもたち自身で理解を深めることができます。その

**算数「かけ算」（2年生）**

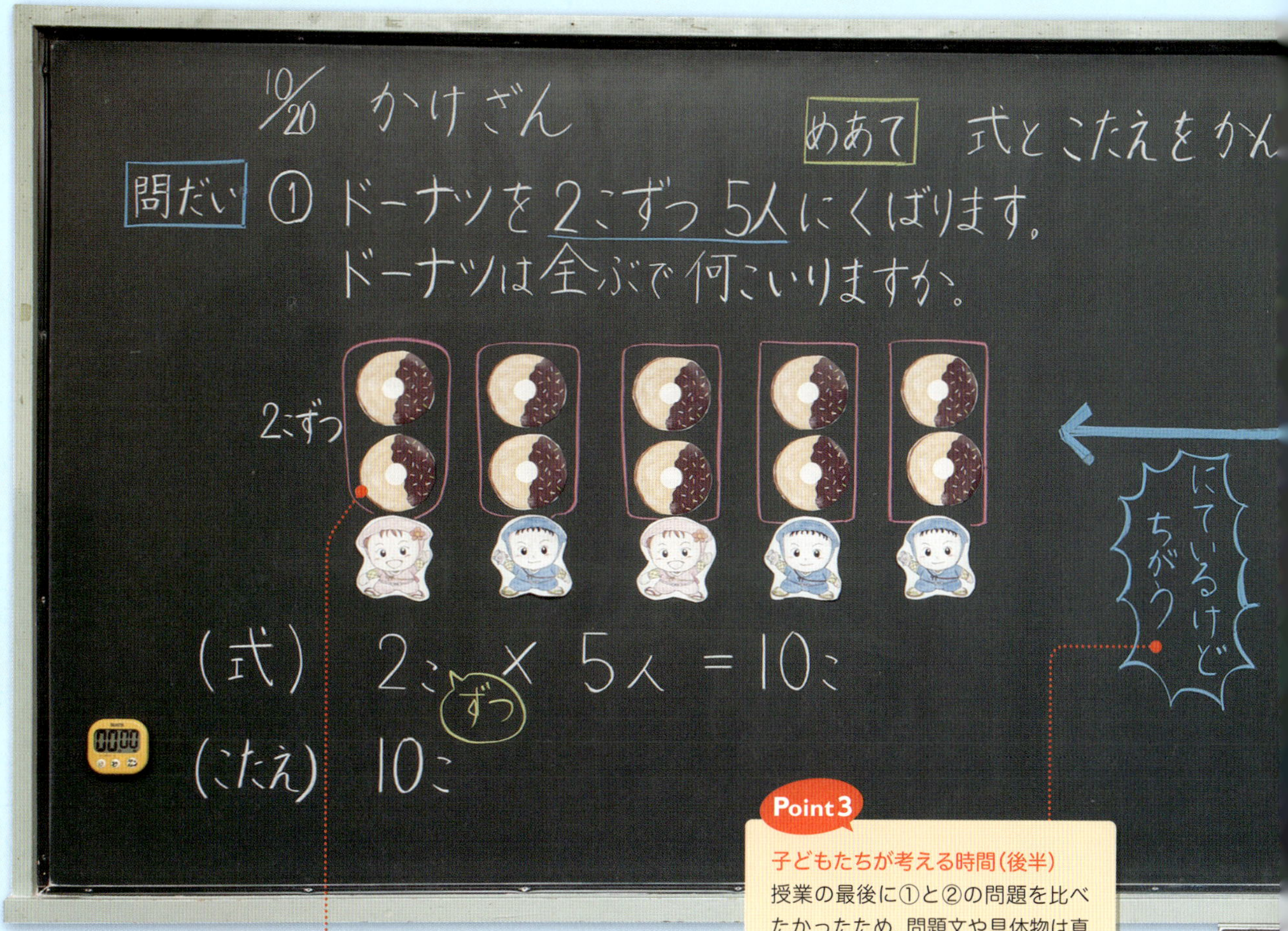
10/20 かけざん
めあて 式とこたえをかん
問だい ① ドーナツを2こずつ5人にくばります。
ドーナツは全ぶで何こいりますか。
2こずつ
（式） 2こ ずつ × 5人 ＝ 10こ
（こたえ） 10こ
にているけど ちがう

**Point 1**

**教師が教える時間（前半）**

具体物を動かしながら、式と答えを求めます。かけ算の意味を理解しやすくするために、「1人分」「何人分」「説明に合う式」を大切なポイントとして板書します。

**Point 3**

**子どもたちが考える時間（後半）**

授業の最後に①と②の問題を比べたかったため、問題文や具体物は真横になるよう板書しました。こうすることで、視覚的に理解を深めることができます。

際は黒板上でも比較し、クラス全体で知識を確認しましょう。

低学年では、数や図形についてのおおよその大きさや形をとらえることができる感覚を養うために、具体物などをどんどん使いましょう。体験的な算数の活動を取り入れることが算数嫌いを減らす第一歩になります。

07

# 子どもは、体験的な活動が大好き 小さな「できた！」を積み重ねる

**Point 1**

中学年になると、板書の量が増えてきます。そんなときは、項目全体を四角で囲みましょう。ほかの部分と区別がつくだけでなく、ノートもわかりやすくなります。

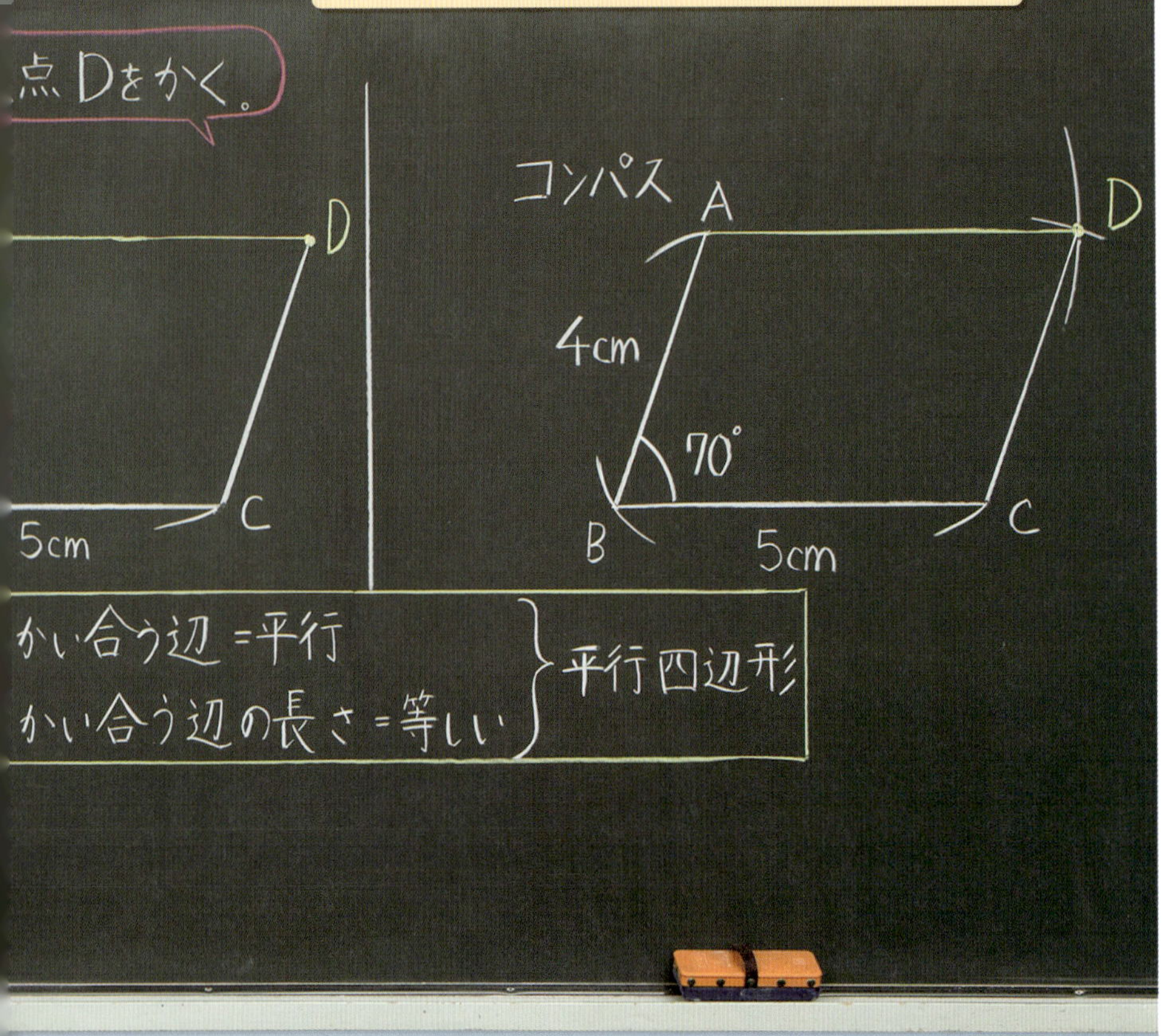


## 子ども同士で確認しながら一歩一歩進めよう

図形問題は子どもには理解しづらく、どのように学習を進めるとよいのか、教師を悩ませる単元の一つです。

図形に強くなる、すなわち空間認識能力を高めるには、図形に慣れ親しむことが大切です。日常的な遊びも含めて、立体を身近に感じる作業を積み重ねていきましょう。

**作図の授業では、板書と子どものノートをお手本にします。**そして、このお手本の力を最大限に活かしましょう。

板書では、まず教師が手本を示し、子どもは教師と同じ手順で図を描きます。

このとき、一つずつ手順を確認して進めることが重要です。そして、進め

**算数「角度・垂直・平行」（4年生）**

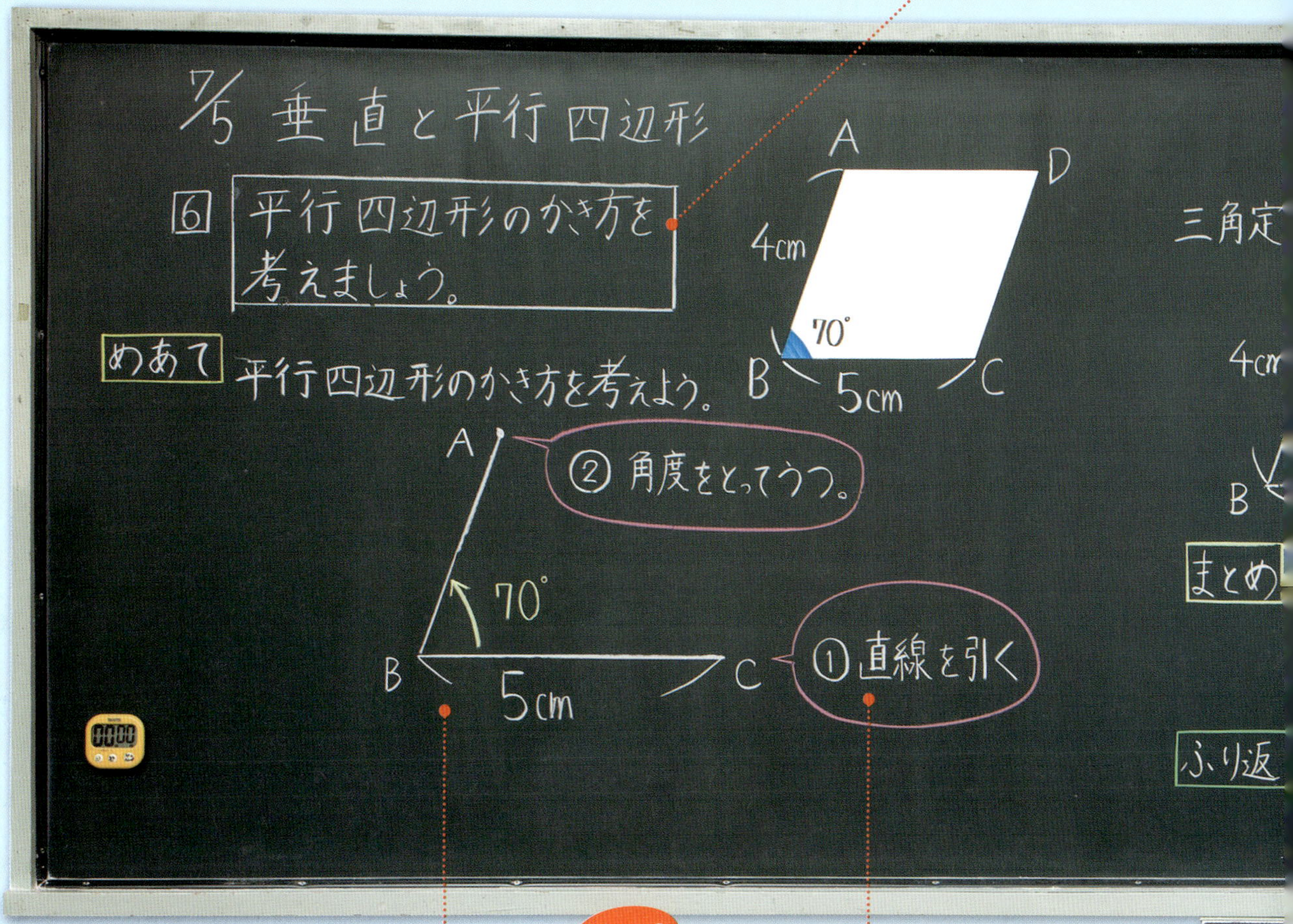

7/5 垂直と平行四辺形
6 平行四辺形のかき方を考えましょう。
めあて
平行四辺形のかき方を考えよう。
A
D
4cm
70°
B
5cm
C
A
② 角度をとってうつ。
70°
B
5cm
C
① 直線を引く
三角定
4cm
B
まとめ
ふり返


**Point 3**

ノートに全員が書き終わったら、活動を言語化し、吹き出しの中に板書していきます。ここで言語化しておくと、振り返りを書く際、作図の手順を文章で書ける子どもが増えてきます。

**Point 2**

子どもと一緒に、手順を一つずつ確認しながら、図を描いていきます。このとき、図を大きく描くことが大切です。

例

T「ＢＣ５cmをものさしで引いてみよう」
（子どももＢＣ５cmの線を引く）
T「書けたら、お隣さんと確認しましょう」
（子ども同士でノートを確認する）
T「お隣さんがまだだよ、という人は手を挙げてください」
（全員できるまで待ちます）
T「はい、全員できましたね。次に進みましょう」

るたびに**「頼りになるのは、お隣さん」を合い言葉にして、横に座っている子ども同士で確認し合うようにします。**

最初のうちは不格好な図になってしまうかもしれませんが、何回か描いていくうちに、慣れて描けるようになってきます。

07
月
日
Board

# 道具の使い方は、将来の学習につながるキーワード

## 授業の最初に道具の使い方を身につける

中学年は、今後の図形で必要とされる技能であるコンパスや分度器の正しい使い方、垂直や平行な直線の書き方などを学ぶ時期です。この時期に次の技能が定着するように指導する必要があります。

- **コンパスを正しく使って、円を描くことができる。**
- **分度器を正しく使うことができる。**
- **垂直・平行な直線を書くことができる。**

まずは、教師がどのように使えばよいのかを示しましょう。これらの技能は他教科でも利用することがありますので、何回も書く練習をします。

### コンパスの使い方

コンパスは、中心の部分を左手で押さえながら描きましょう。上の部分だけを持って描くと、中心がズレやすくなります。理想は子どもと同じように片手でコンパスを持って、さっと円を描くことです。

ポイントは、持ち手をねじる感覚です。親指を動かして、空中で練習したあと、実際にコンパスを持ちましょう。

### 三角定規の使い方

手順を確認して、垂直・平行の直線を板書しましょう。教科書にも書き方の手順は載っていますが、初めて直線を書くときは、クラスで一つひとつ確認しながら進めていくとよいでしょう。

①垂直・並行を書く動作を確認する、②子どもと一緒に、実際にノートに書く、③お隣さんと一緒に相談しながら書く。この順番で練習すると、垂直・並行の書き方がしっかり身につきます。

## 分度器の使い方

分度器は、中心を合わせて使うことが大切です。子どもたちも、中心を理解できているかどうかを毎回チェックしましょう。分度器の中心がわかりにくいようでしたら、赤色のマジックで印をつけるのもよいでしょう。

三角定規、定規、コンパスと毎回使い分けて描くのは大変です。直線は、分度器で進めると、時間短縮にもなります。

**Point**

ノートには自分の言葉で図の描き方や注意点を書くように指導しましょう。
①板書を写す。 ②友達の発言を聞き、ノートに書き取る。 ③オリジナルの方法を見つける。
④自分の考えを書き、その理由や説明を加える。 ⑤振り返りを書く。
中学年になると、自分で工夫をしながらノートを使えるようになります。また、図を自分で描いたり、順序立てて自分の考えを書いたりもできるようになります。

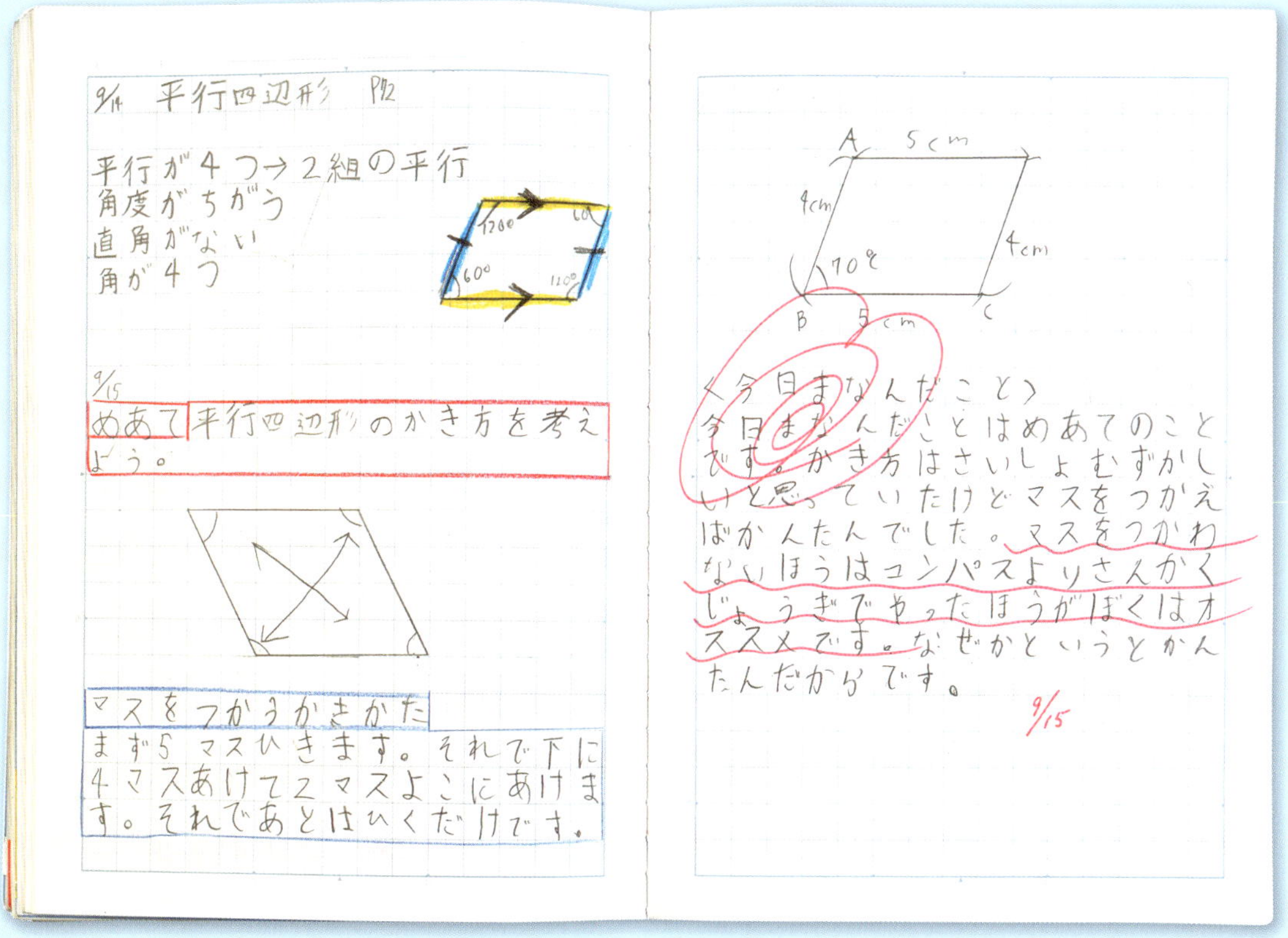

07

# 授業の続きをスムーズにする貼り物の使い方

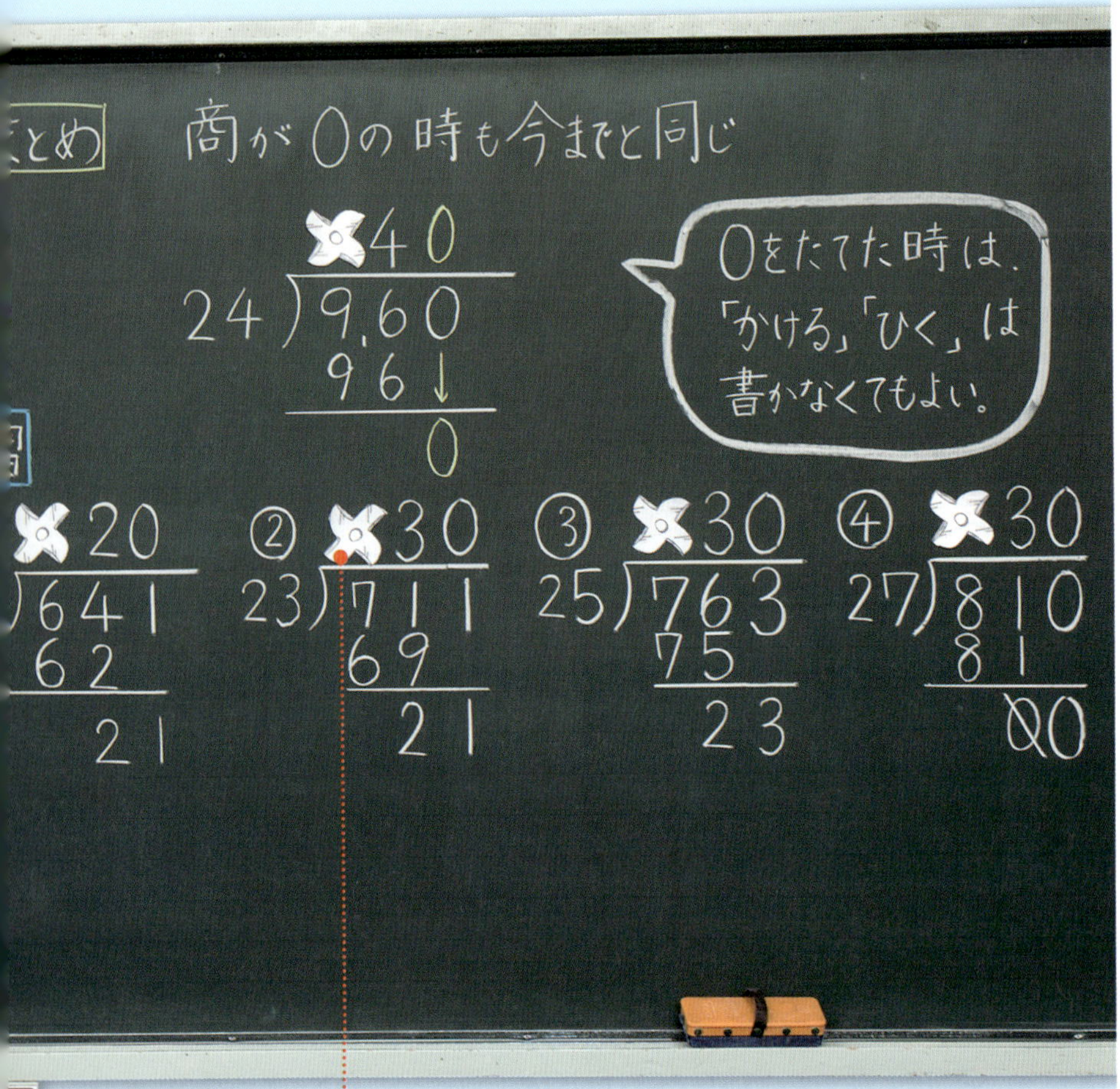


## 貼り物は、前回の授業に戻るお役立ちグッズ！

算数では、前回の板書を活かした授業を行いたいことがあります。そういう授業では、模造紙にまとめたり、張り物を作っておきましょう。

貼り物は、授業の流れに沿ってサッと出したり、子どもたちの集中が切れてきて、ザワザワしているときはそっと出したりと、授業を簡単に演出できるツールです。初めて見せる貼り物などは、ゆっくり出して貼ることで、また違う注目を子どもたちから得ることもできます。このようにいつもと少し違う雰囲気をつくるだけで、知識が記憶に残りやすくなります。

貼り物は何度も使えるので、雨の日

## 算数「わり算」（4年生）

**Point 1**
教科書の問題は線で囲み、ほかとは扱いを変えています。

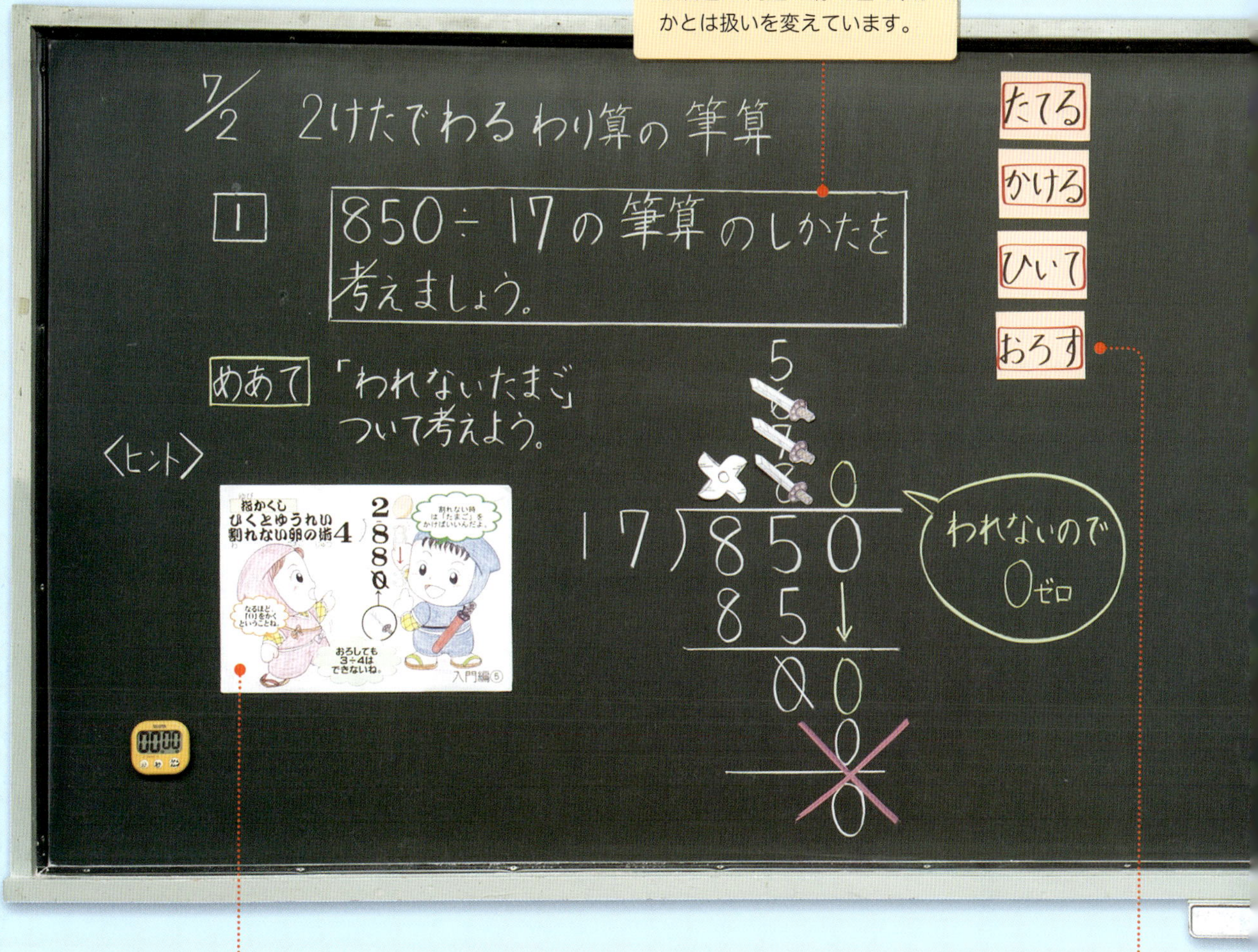


**Point 2**
貼り物があれば、時間も短縮。教材研究をする中で、これは毎回、子どもたちに押さえておきたいと思うキーワードや公式などは画用紙に書いておき、いつでもサッと貼れるようにすることで、板書の手間が省けます。

**Point 3**
重要な言葉は、カードにしておきましょう。この貼り物は、問題の答え合わせのたびに、きちんと言えるかをチェックするためにも使います。そして、計算に慣れるまで使います。

**Point 4**
この貼り物は「7÷23は“できま手裏剣”」と、みんなで唱えながら筆算をするたびに貼り出します。

は黒板に貼ってあげて、子どもが先生役で説明をする……、遊びの道具の一つとして使うこともあります。

 参考資料▶「おおだちカルタ」http://oodachi.shop-pro.jp/

# 07

# ノートで子どもがアレンジできる板書をつくる

**Point 2**

公式の貼り物は毎時間、使いましょう。

**Point 1**

２～３分割を算数の板書の型として、活用するのがおすすめ。

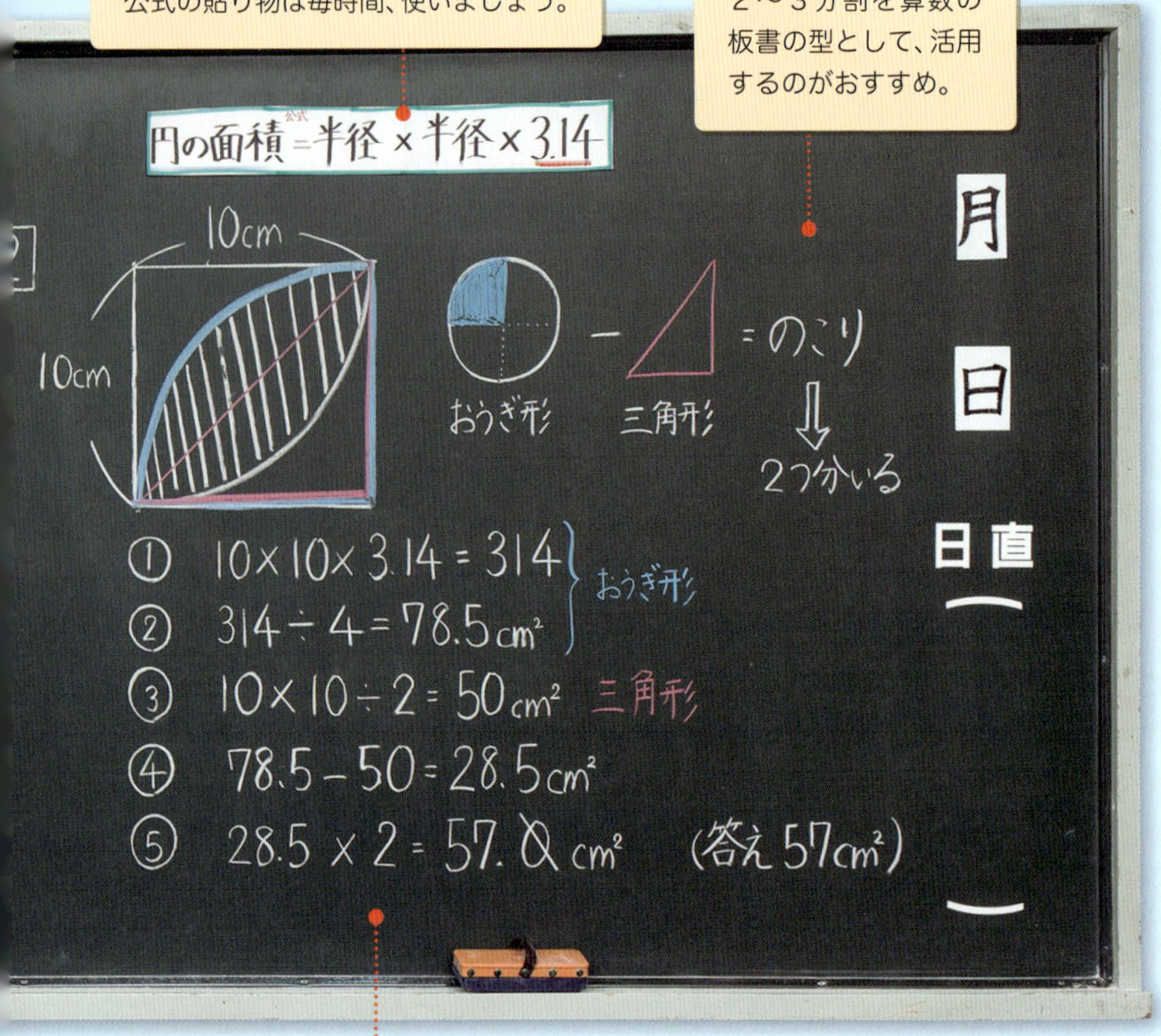


**Point 3**

板書をもとに、子どもが「今日学んだこと」（振り返り）を文章にして書けるような板書をめざしましょう。解き方を「①②……」と数字で表しておくと、あとで文章にする際、「まず」「次に」という言葉を使って、文章が書きやすくなります。

## 子どもたちのノートはオリジナルの参考書に

高学年になると、板書を写すだけでなく、自分の思いついたこと、気づいたことも書く子どもが増えてきます。

そのため、板書は、子どもたち自身がこれまでの学びを振り返ったり、学習内容の理解を深めることができるノートの骨組みになることをめざしましょう。板書をノートに写し、子どもたちは自分の考えをよりわかりやすく書く努力をしたり、自分の疑問を記入したりすることで、学習内容の理解を深めることができます。

73ページのノートは、左ページは板書を写してあり、右ページは板書を参考にしながら、自分の言葉で問題の解き方を説明しています。このようなノ

**算数「面積・円周」**（6年生）

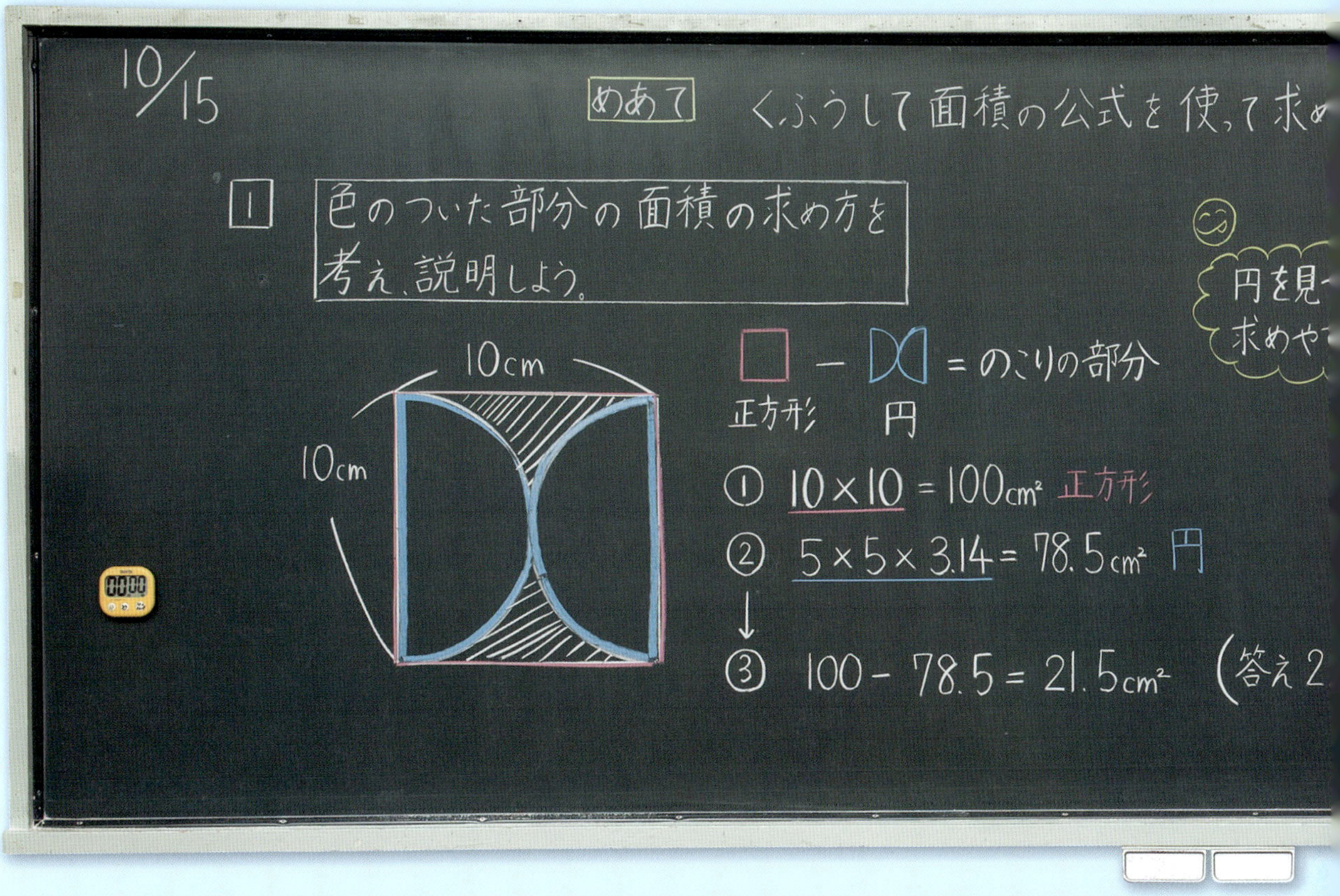
10/15
めあて くふうして面積の公式を使って求め
1 色のついた部分の面積の求め方を考え、説明しよう。
10cm
10cm
＝のこりの部分
正方形 円
① 10×10＝100cm² 正方形
② 5×5×3.14＝78.5cm² 円
③ 100－78.5＝21.5cm² （答え2
円を見
求めや

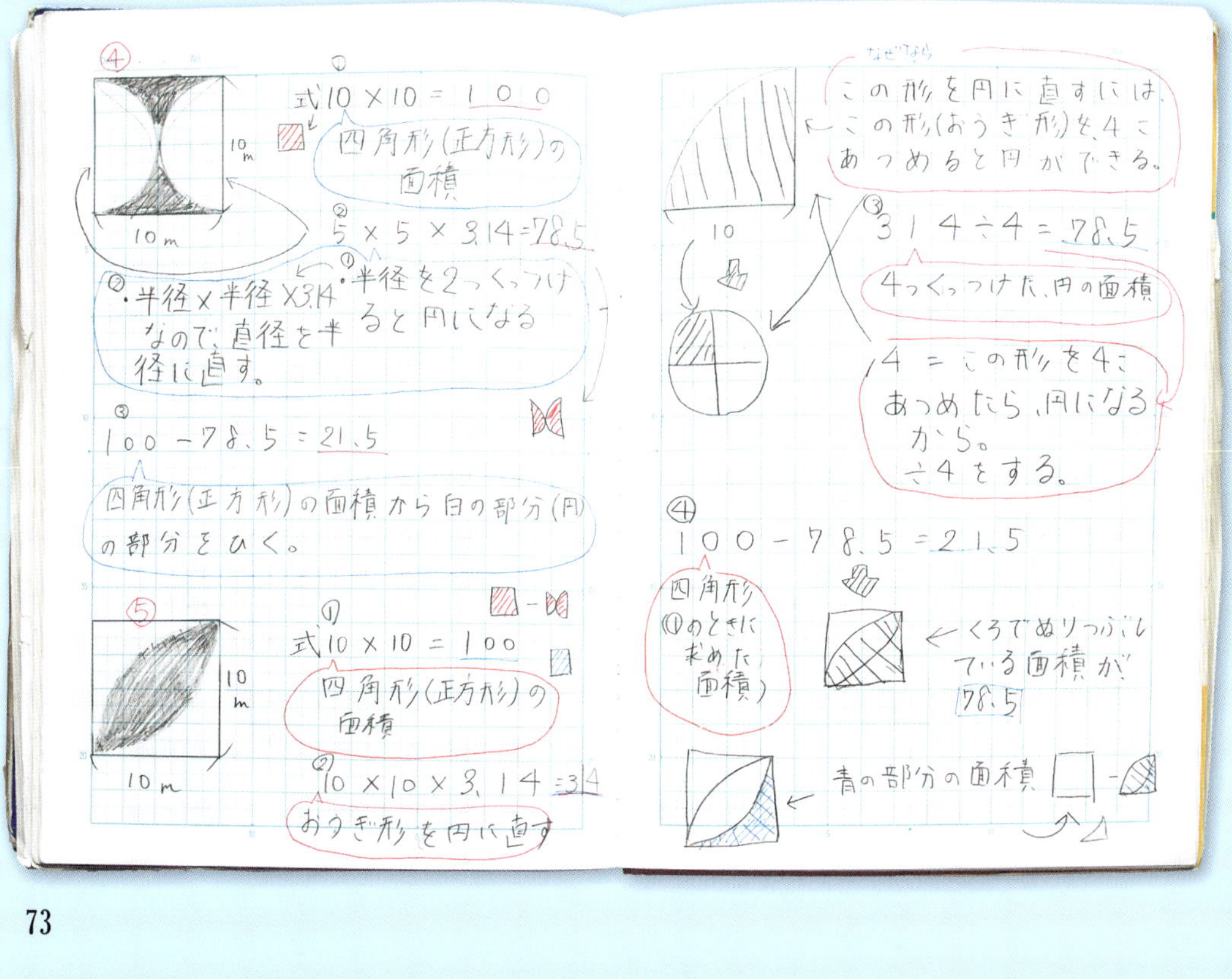

ートは、オリジナルの《参考書》となります。

Point 3
絵にこだわる必要はありません。特徴を捉えることだけを心がけましょう。

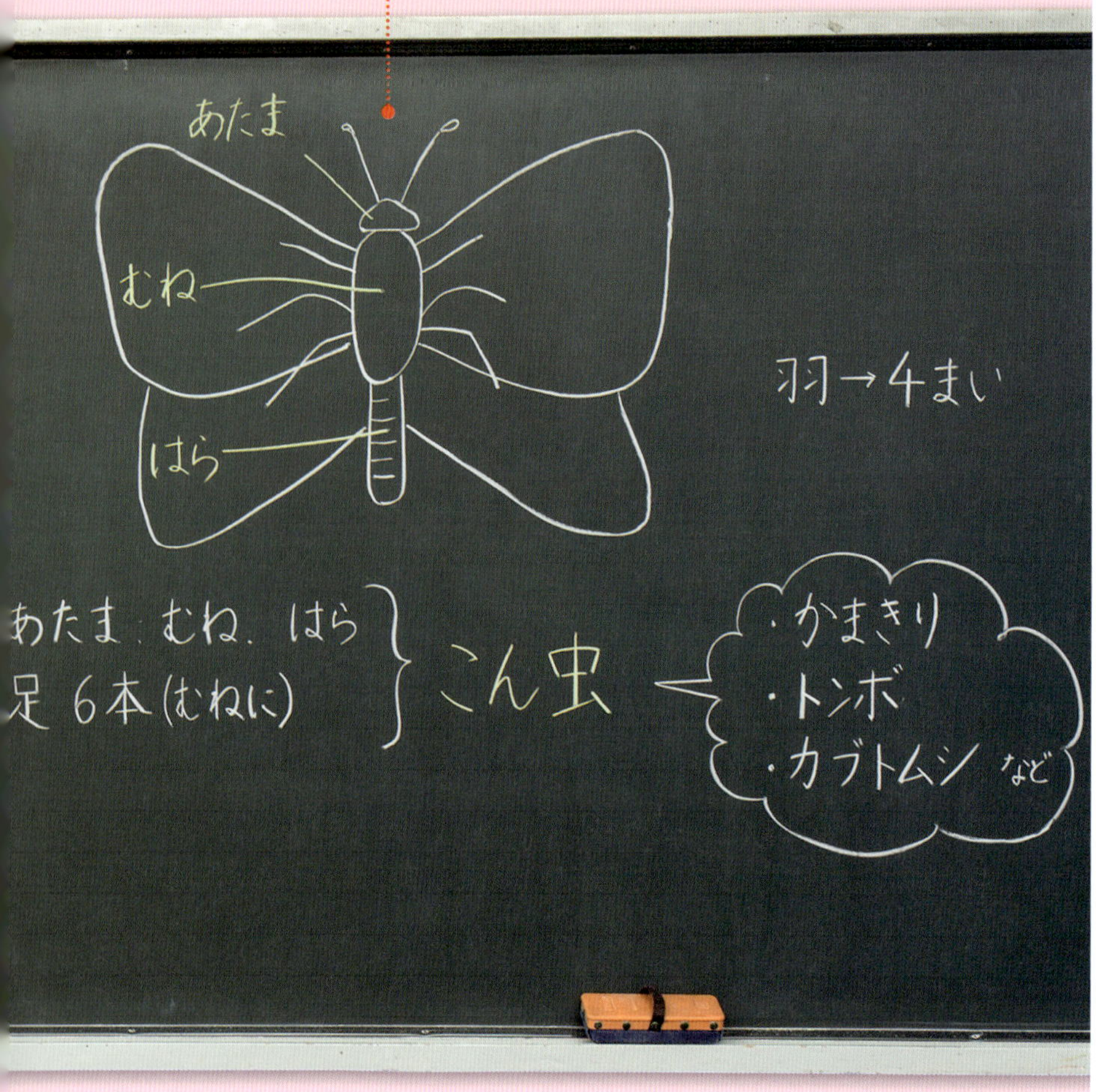
あたま
むね
はら
羽→4まい
あたま、むね、はら
足 6本(むねに)
こん虫
・かまきり
・トンボ
・カブトムシ
など

08

# 理科の板書の型で思考過程を振り返りやすくしよう

## 観察も実験も、同じ板書の型で理解を深める

理科の板書は、子どもたちの「なぜ？」「どうして？」を大切にできるよう心がけましょう。私は理科では「理科の板書の型」を使うため、子どもたちに型の説明をし、同じようにノートに写すよう指導しています。

**・課題**
子どもが問題意識をもてるように工夫しましょう。

**・予想と理由**
今までに習ったことから考えるとどうなるかを考えながら、ノートに書けるように指導します。また、理由も書くようにします。

**・観察・結果**
観察・実験から得られた事実をその

**理科「こん虫」**（3年生）

**Point1**

理科では、日付と気温を書きます。特に気温の変化は、植物の観察のときなど必要です。学習内容によっては、天気を書くこともあります。

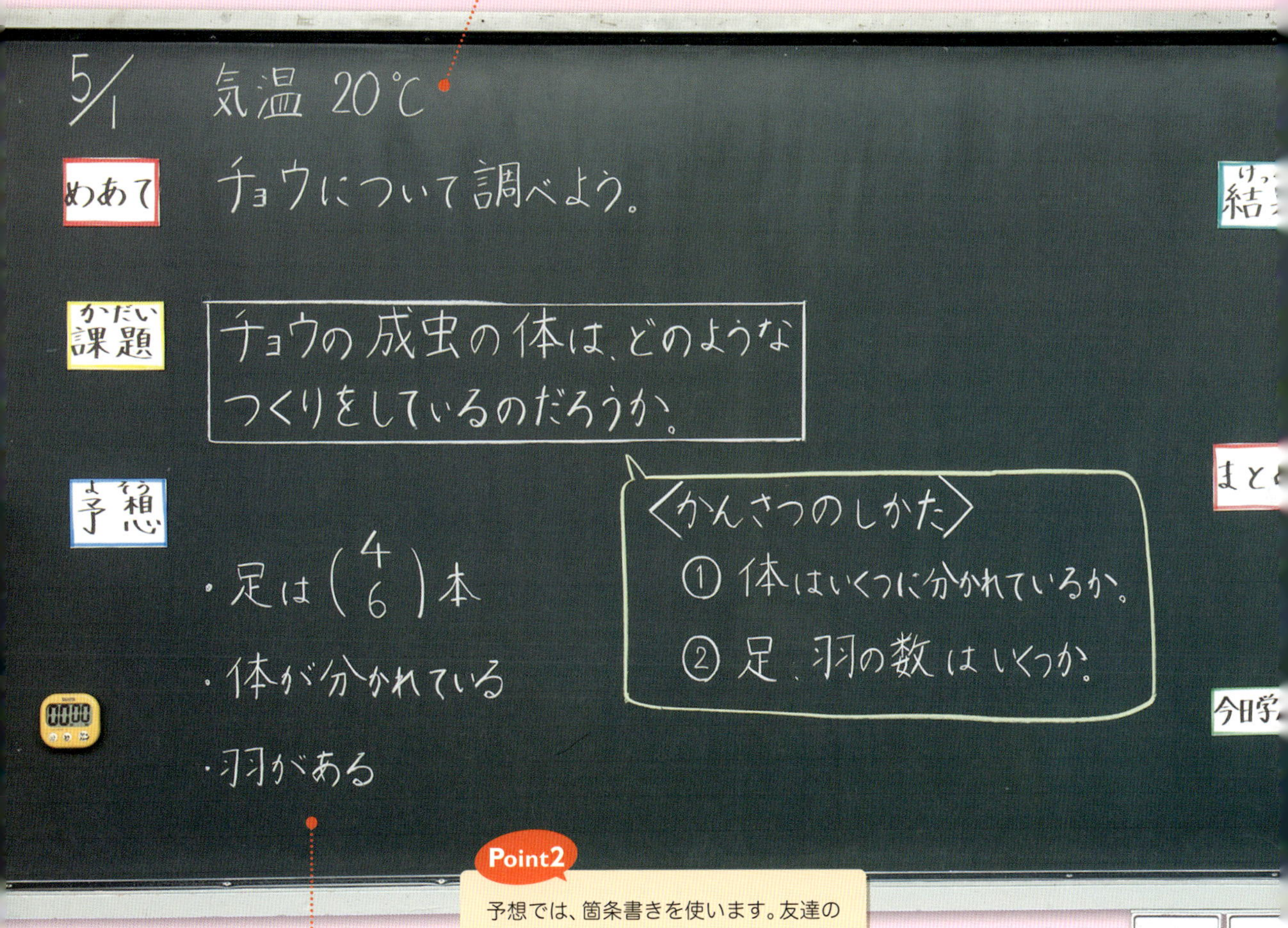
5/1 気温 20℃
めあて
チョウについて調べよう。
課題《かだい》
チョウの成虫の体は、どのようなつくりをしているのだろうか。
予想《よそう》
・足は（4 6）本
・体が分かれている
・羽がある
〈かんさつのしかた〉
① 体はいくつに分かれているか。
② 足、羽の数はいくつか。

**Point2**

予想では、箇条書きを使います。友達の意見がスッキリまとまるだけでなく、時間短縮にもなります。

**理科の板書の型**

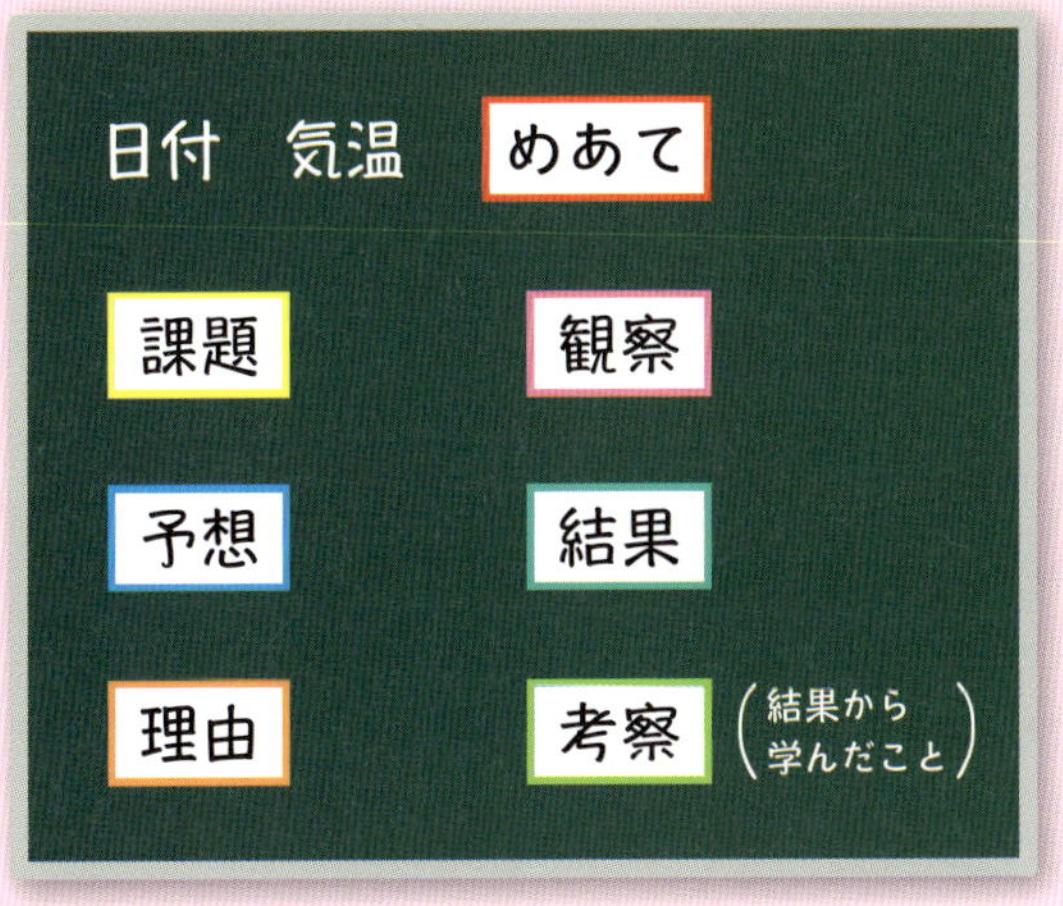
日付 気温
めあて
課題
観察
予想
結果
理由
考察
（結果から学んだこと）

まま書きます。結果を学級で共有し、客観的な実験結果になるようにします。実験が失敗してもそのまま書くように指導します。

**●考察**

自分の予想と比べて、結果はどうだったのか、４年生以上は考察をきっちり書けることが重要です。

**●結論**

考察をもとに考えます。小学生の間は、自分の生活と大きくかかわっていることに気がつけるようにしたいものです。

09 Board

# 絵や図を使って、イメージをクラスで共有する

## 情報はシンプルにまとめ記憶に残る工夫を

中学年の社会では、さまざまな知識を無理に暗記させるのではなく、気がついたら覚えていた、書けるようになっていた、という状況を授業でつくりましょう。

社会では、主に次の3つを意識して板書をつくります。

・時代の差や地域の差など、資料を比較する。
・さまざまな資料を関連づけ、情報をつなげる。
・似ているところや、違うところを整理し、全体から読み取れることを取り上げる。

教科に関係なく、板書によって、45分の授業の流れを理解したり、学習内

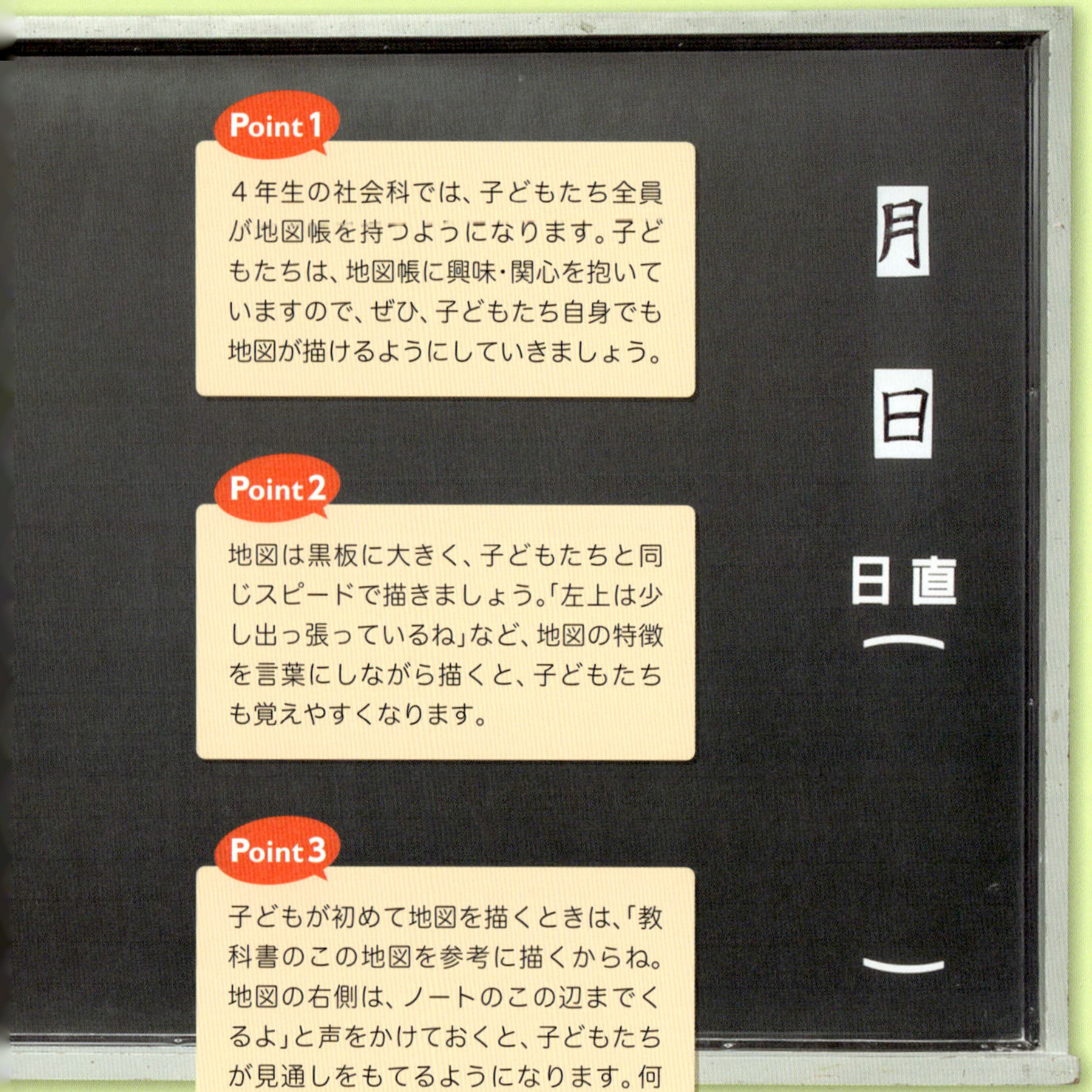


**Point 1**

４年生の社会科では、子どもたち全員が地図帳を持つようになります。子どもたちは、地図帳に興味・関心を抱いていますので、ぜひ、子どもたち自身でも地図が描けるようにしていきましょう。

**Point 2**

地図は黒板に大きく、子どもたちと同じスピードで描きましょう。「左上は少し出っ張っているね」など、地図の特徴を言葉にしながら描くと、子どもたちも覚えやすくなります。

**Point 3**

子どもが初めて地図を描くときは、「教科書のこの地図を参考に描くからね。地図の右側は、ノートのこの辺までくるよ」と声をかけておくと、子どもたちが見通しをもてるようになります。何を、どれだけ描くのかがわからない状態では、子どもたちは不安になります。不安になると、ノートに写した地図が極端に小さくなったり、大きくなったりしてしまいます。

社会「大阪府の土地の様子や人々のくらし」（4年生）

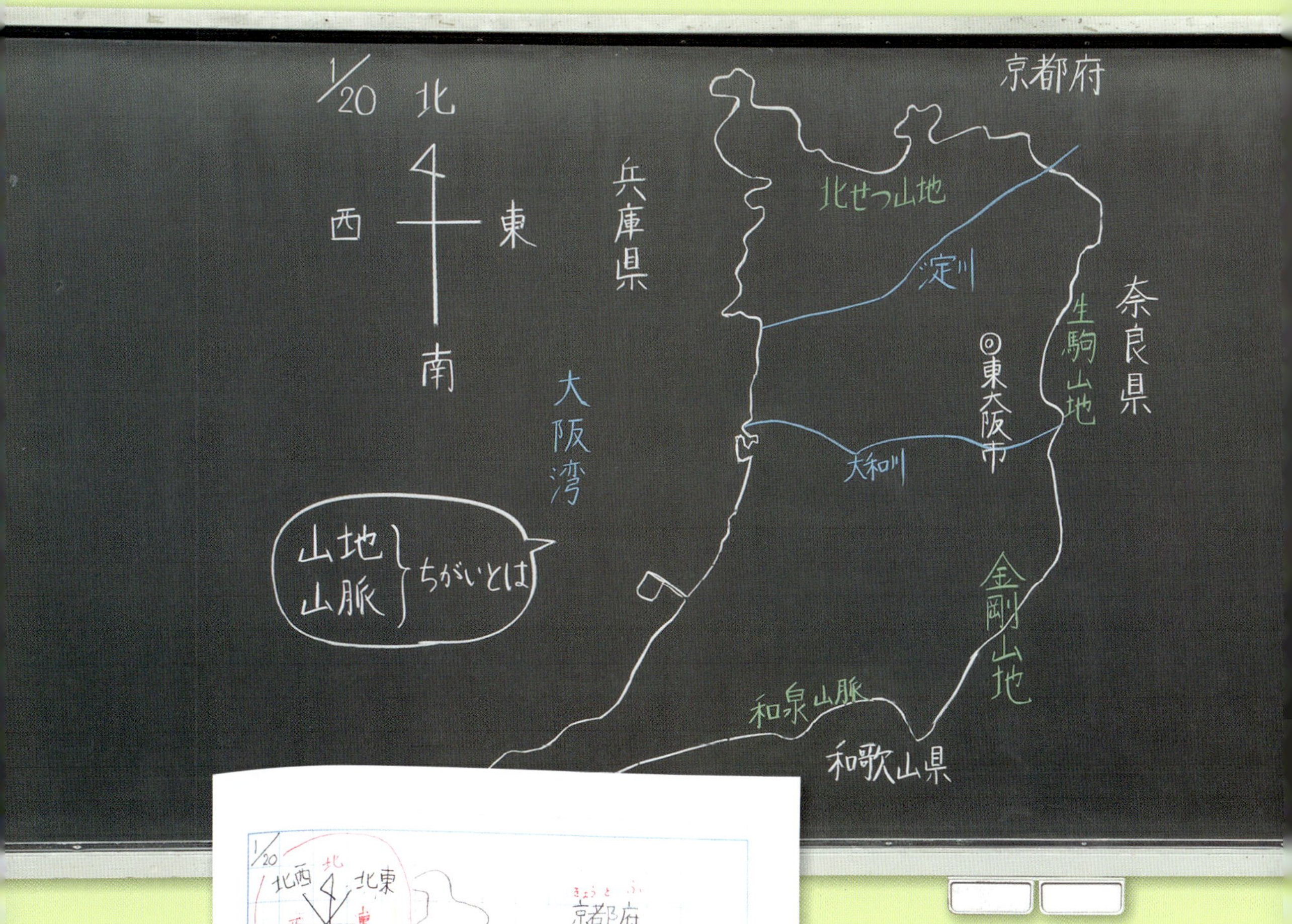


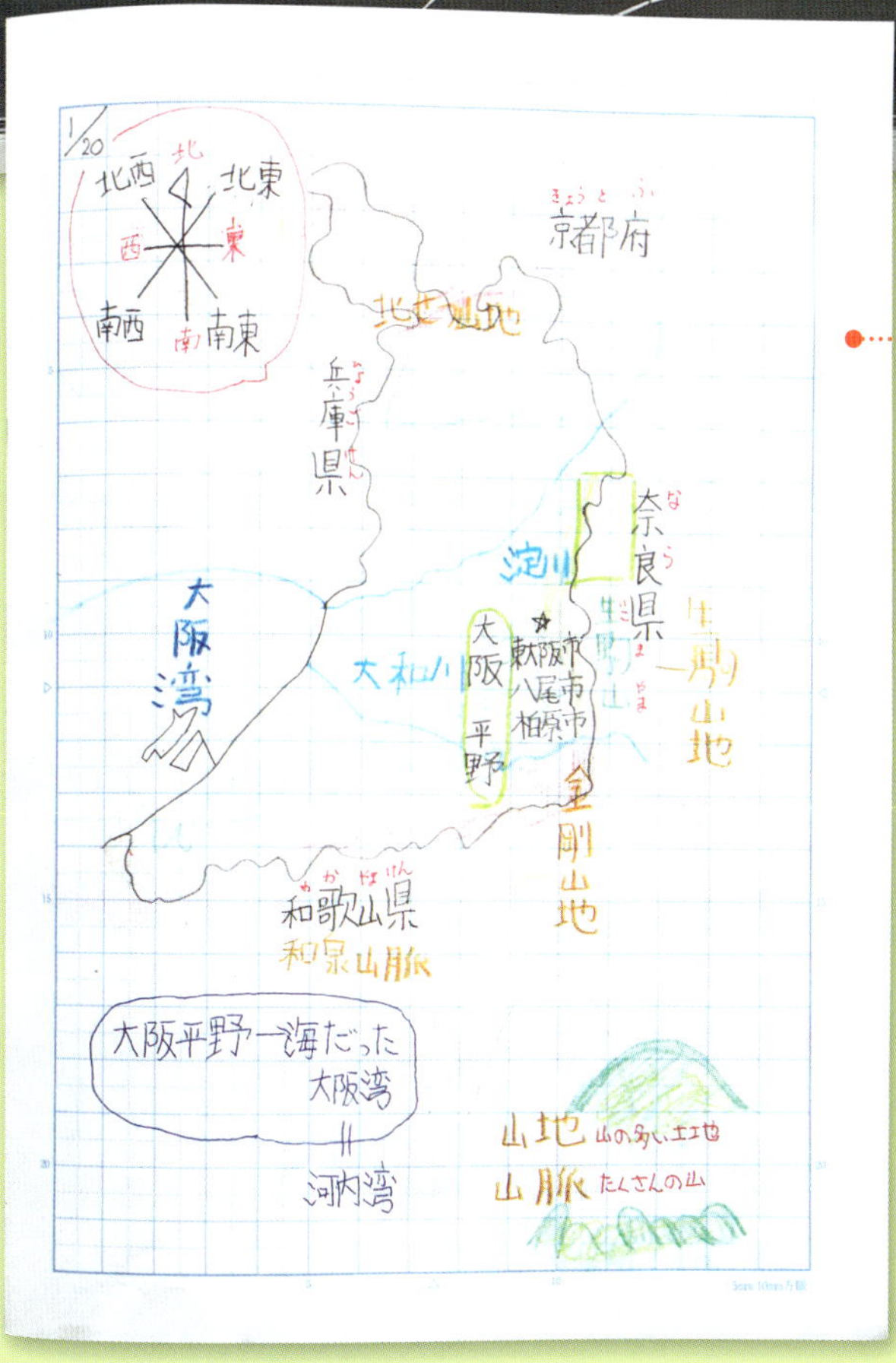


容を整理しながら、考えを深めたりすることができるのが板書です。

だからこそ、社会でも板書は、学習内容が整理され、授業の流れが子どもたちによくわかるようにまとめられている必要があります。

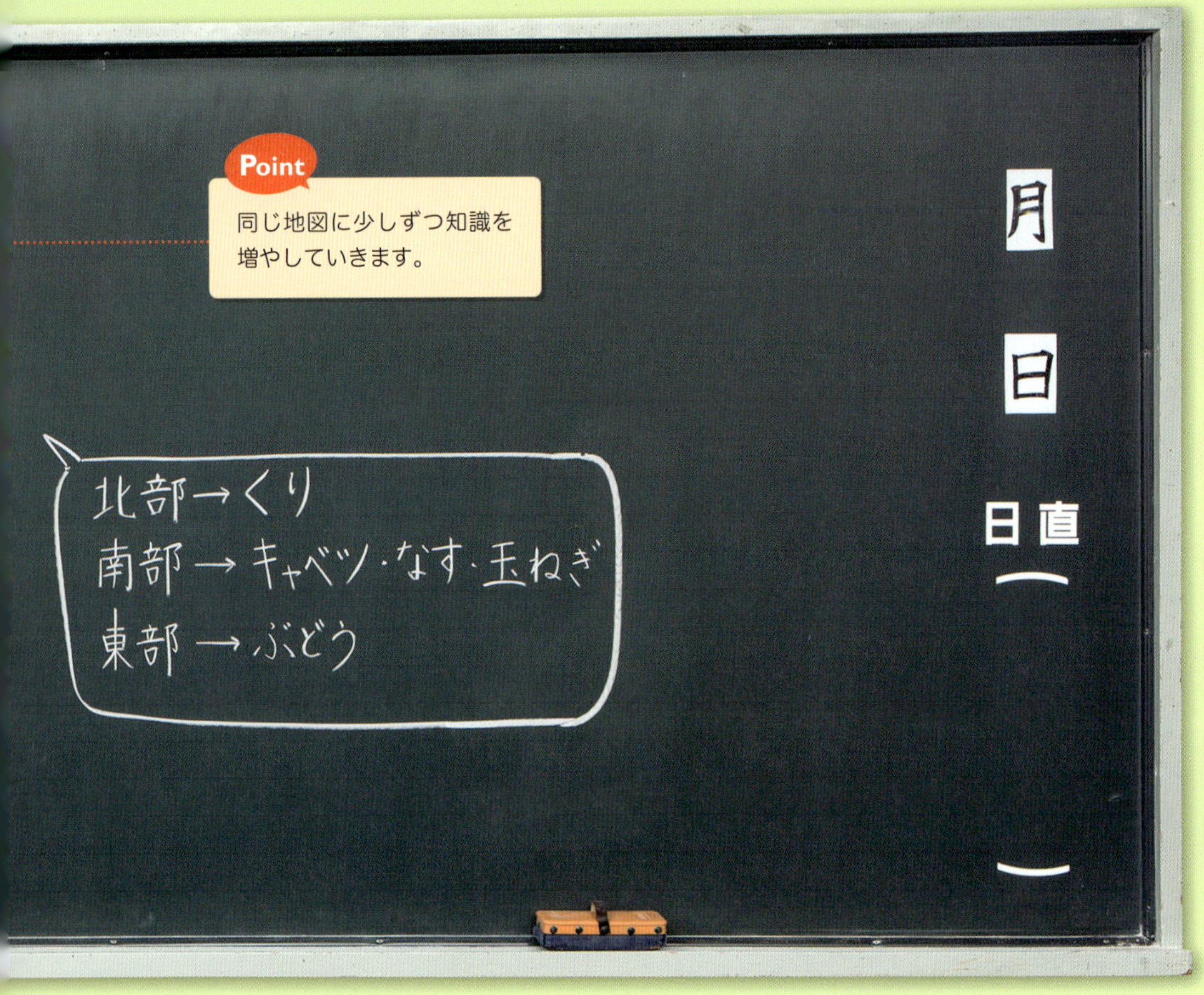
月
日
日直
北部→くり
南部→キャベツ・なす・玉ねぎ
東部→ぶどう

Point
同じ地図に少しずつ知識を増やしていきます。

## ステップを積み重ねて知識を増やしていく

76～77ページの板書は初めて大阪府について学んだときのものです。1回目はゆっくり、じっくり子どものスピードに合わせて書きます。その際、学級オリジナルの地図の歌をつくりながら書いていくのもよいでしょう。

次の授業では、復習として先日、一緒に書いた地図と内容をノートに写します。その際、「ここは、何川が流れているでしょうか？」などと、地域クイズを出しながら進めるのもよいでしょう。このような活動を4～5回くり返し行いながら、ちょっとずつ新たな知識を加えていくのです。

何回も何回も大阪府の地図を描き、さらに特産物、山、川を毎回書き込む作業をくり返すと、子どもたちの頭に自然と大阪府の地図が入り、空間認識力を鍛えることにもつながります。

描く地図は毎回、進化するので、子どもたちも無理なく、楽しみながら取

## 社会「大阪府の土地の様子や人々のくらし」（4年生）

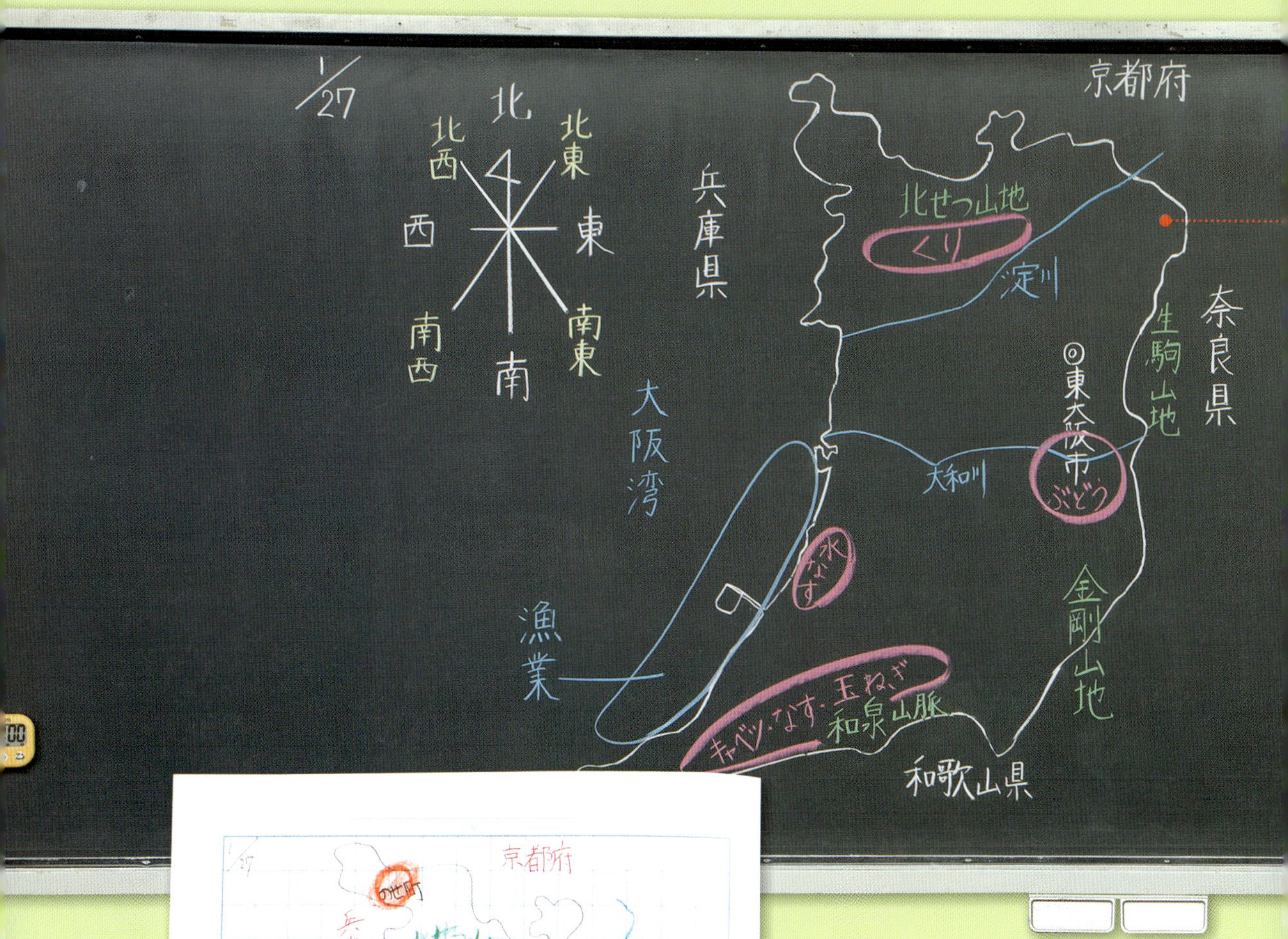


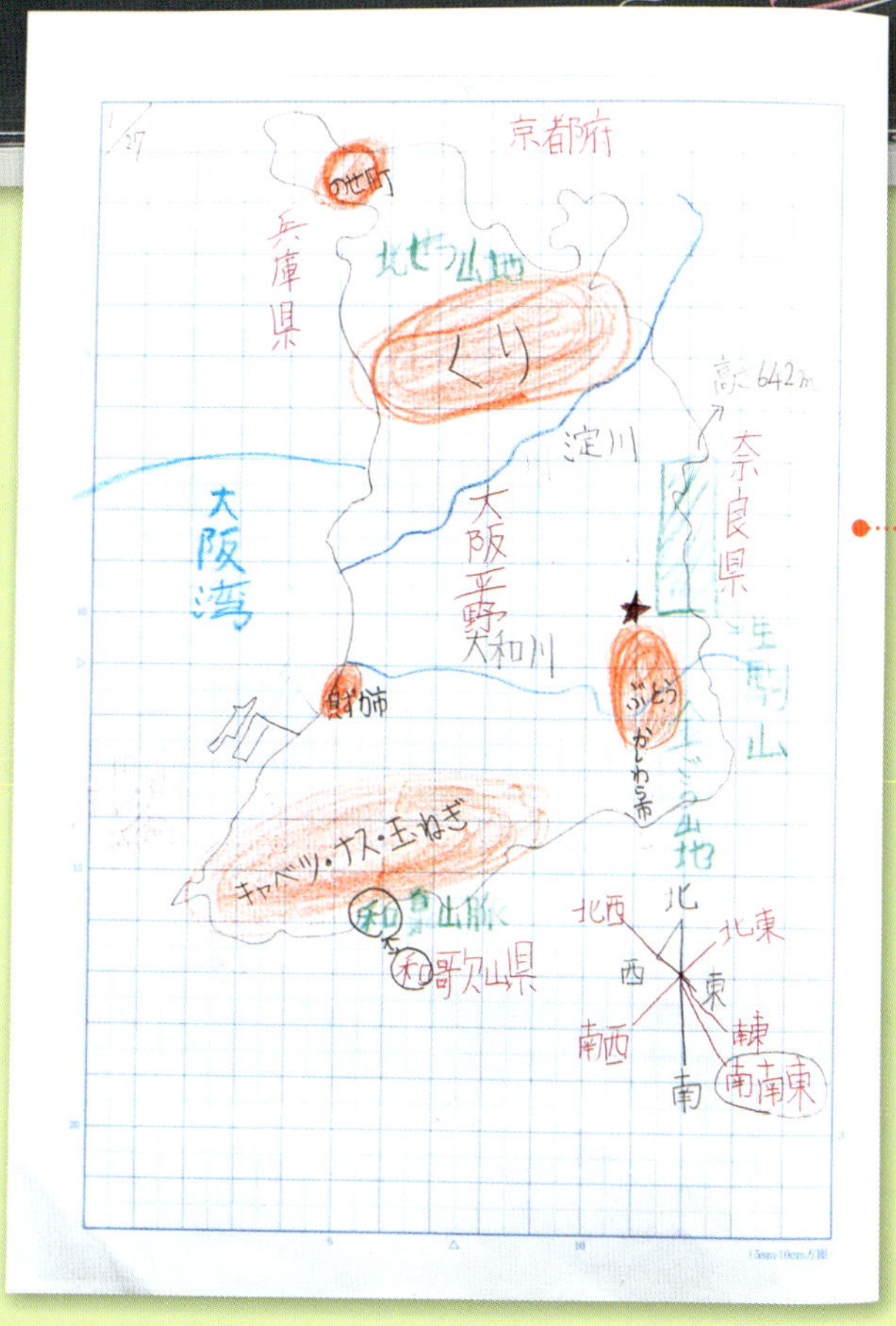


**Point**

前のページに掲載しているノートと見比べると、積み上げの学習ができていることがわかります。

り組むことができます。子どもの会話に、「昨日、○○で有名な○○市に行ってきたよ」と地名が出てくるようになります。

09 月 日 Board

# 集めた情報を子ども一人ひとりが記録し、活用できる板書をつくる

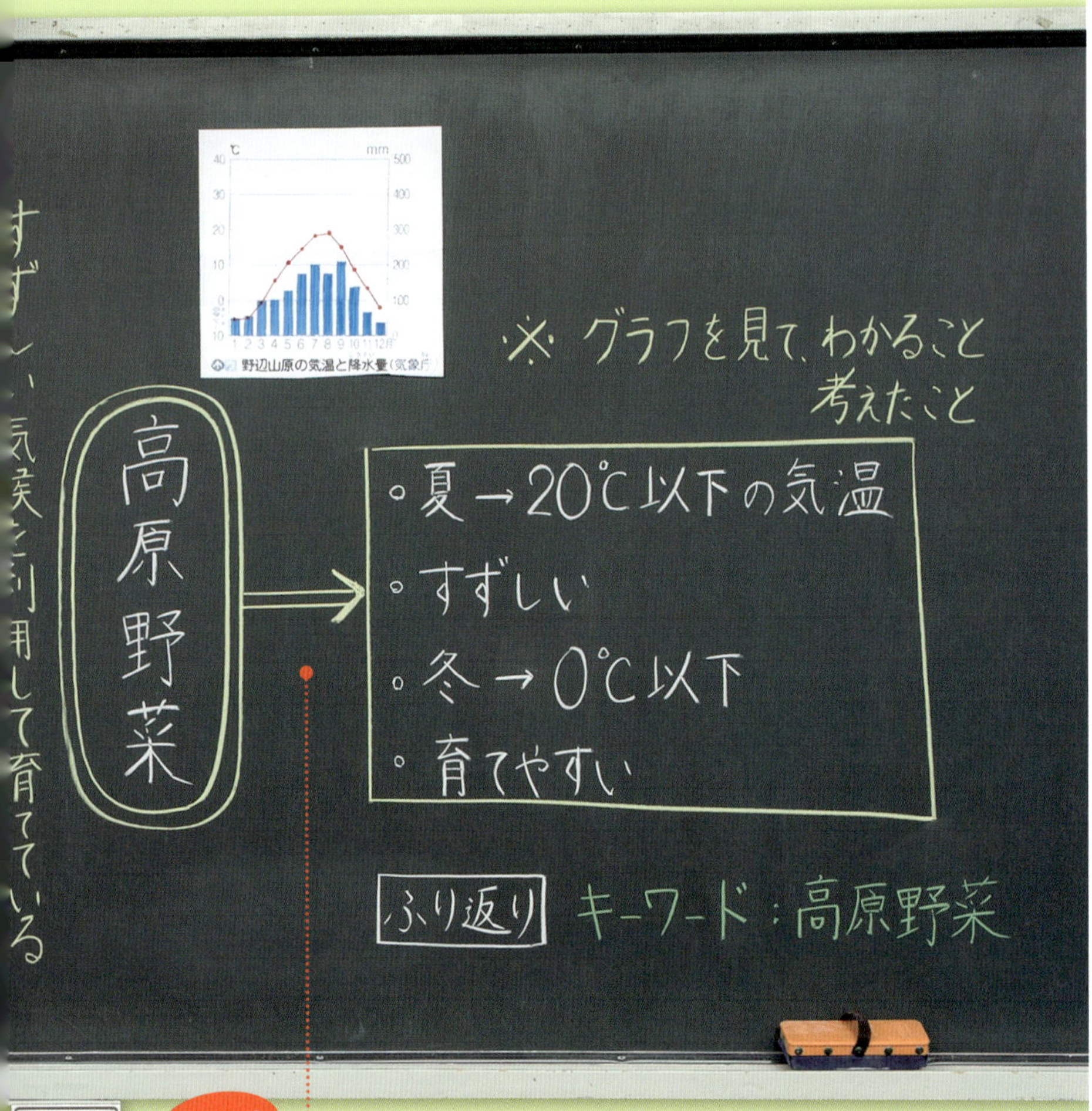


**Point 3**

グラフから読み取れる内容から考えたことをまとめ、子どもたちが情報を活用できるようにします。教科書に掲載されているグラフなので、子どもたちが細かい部分を読み取る際は、教科書のデータを確認させましょう。

## 自分の意見を書けるように情報を整理しながら進めよう

知識を教えることも大切ですが、**資料をもとに、自分で考えられるように鍛えることも社会科を教えるうえで重要です。**

この授業では、写真を見て、気がついたことを発表するところから授業は始まります。そして、生産者の工夫や努力について、資料から読み取り、考えていくことで理解を深めます。

資料は、子どもたちから課題が生まれるようなものを探しましょう。子どもたちは自分で気づいたことがあると、自主学習ノートで復習をするときに考えを深めたり、ほかの資料を調べて関連づけたりするなどして、自ら学ぶよ

### 社会「野菜づくりの工夫を知ろう」（5年生）

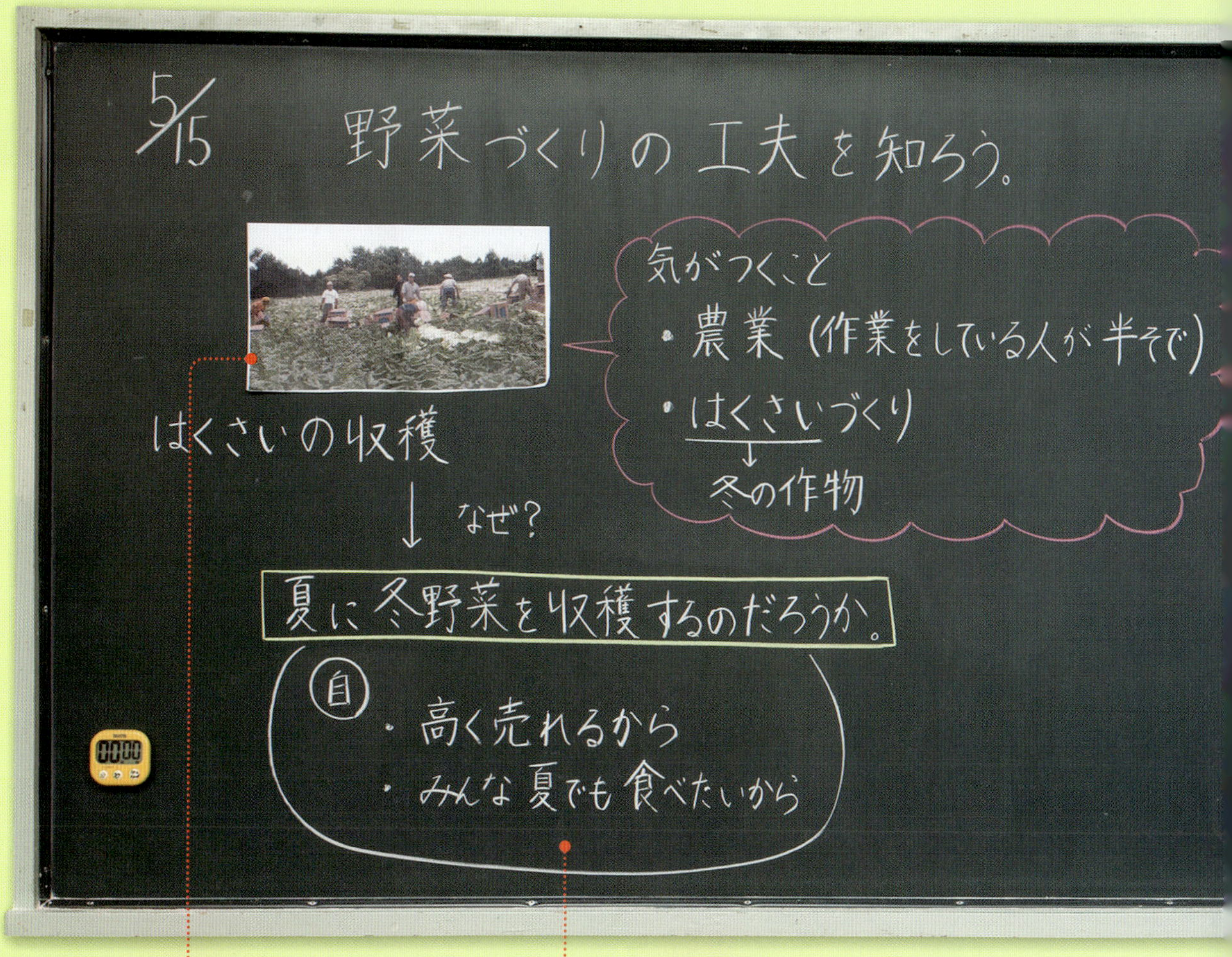
5/15
野菜づくりの工夫を知ろう。
気がつくこと
・農業（作業をしている人が半そで）
・はくさいづくり
↓
冬の作物
はくさいの収穫
↓ なぜ？
夏に冬野菜を収穫するのだろうか。
自
・高く売れるから
・みんな夏でも食べたいから

**Point 1**

「なぜ半そでで、冬野菜の生産をするのだろう？」というところから、野菜づくりにつなげていきます。

**Point 2**

子どもたちの予想を書きます。

うになります。

また、子どもたちが発言したくなるような発問も大切です。そのためには、どんな順番で資料を見せるべきか、どのタイミングで子どもたちの意見を板書するのか、といった板書計画が欠かせません。

また、高学年の社会では振り返りにも力を入れたいものです。自分の考えを、「学んだこと」を活かして書いたり、キーワードをもとに説明したりすることで、1時間での学びの足跡がノートに残ります。

10 月 日 Board

# 子どもたちの思いがつながる道徳の板書

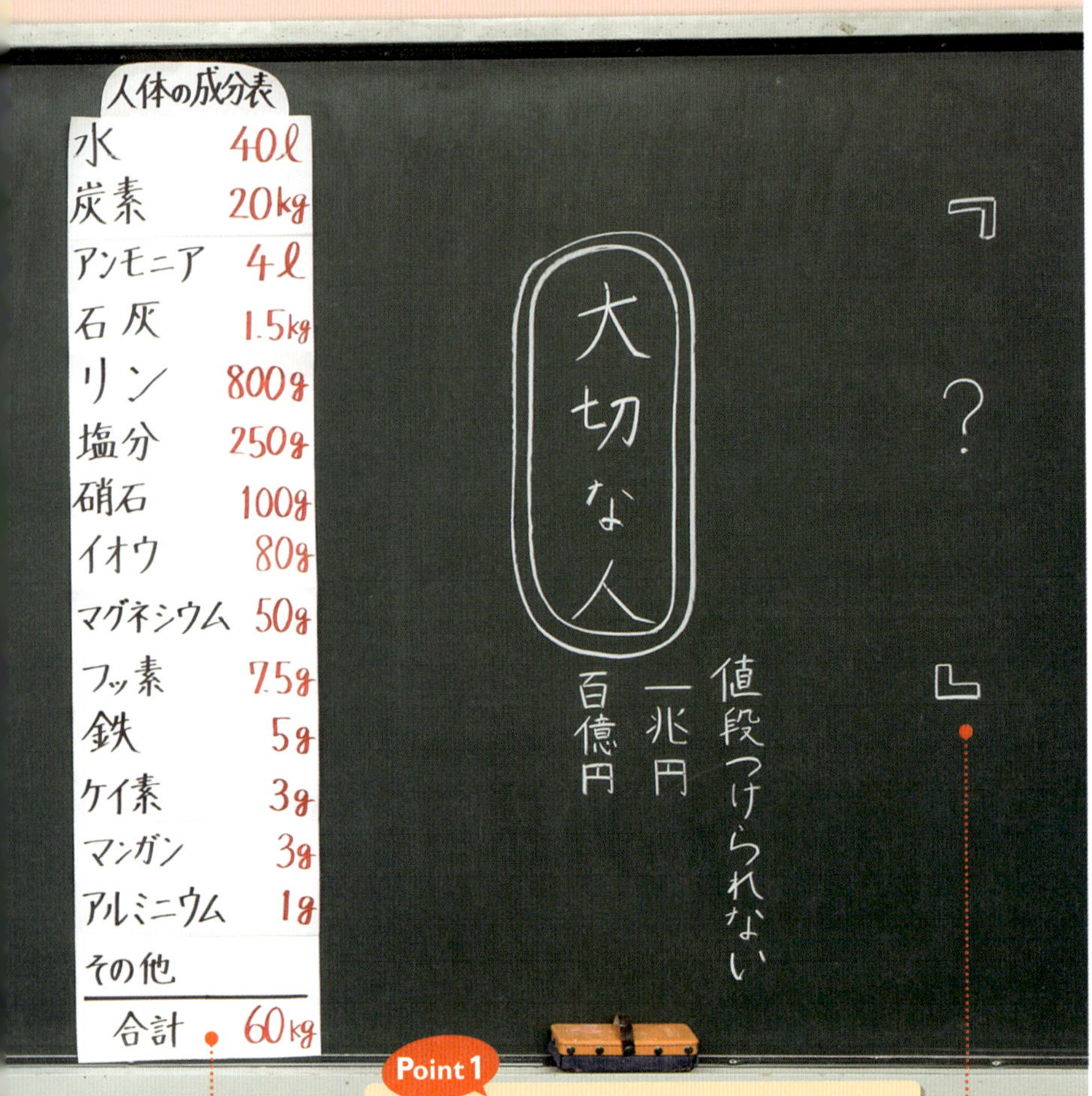
人体の成分表
水 40ℓ
炭素 20kg
アンモニア 4ℓ
石灰 1.5kg
リン 800g
塩分 250g
硝石 100g
イオウ 80g
マグネシウム 50g
フッ素 7.5g
鉄 5g
ケイ素 3g
マンガン 3g
アルミニウム 1g
その他
合計 60kg
「？」
大切な人
値段つけられない
一兆円
百億円

**Point 1**

道徳では題名を書くのが一般的ですが、子ども自身が、ねらいをもって考えを深められるように、ここではあえて題名を書きません。

## 子どもたちの意見を囲みや色でわかりやすく

道徳の板書は、子どもの意識の足跡と考えていきましょう。今までの自分はどうであったか？　自分を見つめ直したり、自分と同じ考え方や違う考え方に気づいたりする板書にしたいものです。

子どもにわかりやすい授業、心に残る授業を進めていくためには、資料にかかわる提示物の準備や主題の伝え方の工夫をする必要があります。板書には資料の読み取りを助ける、補助的な役割があります。また板書によって、話し合いの焦点化を図り、子どもの多様な考えを整理しながら、子どもの話し合いを活発にすることもできます。

## 道徳「命の授業」(高学年)

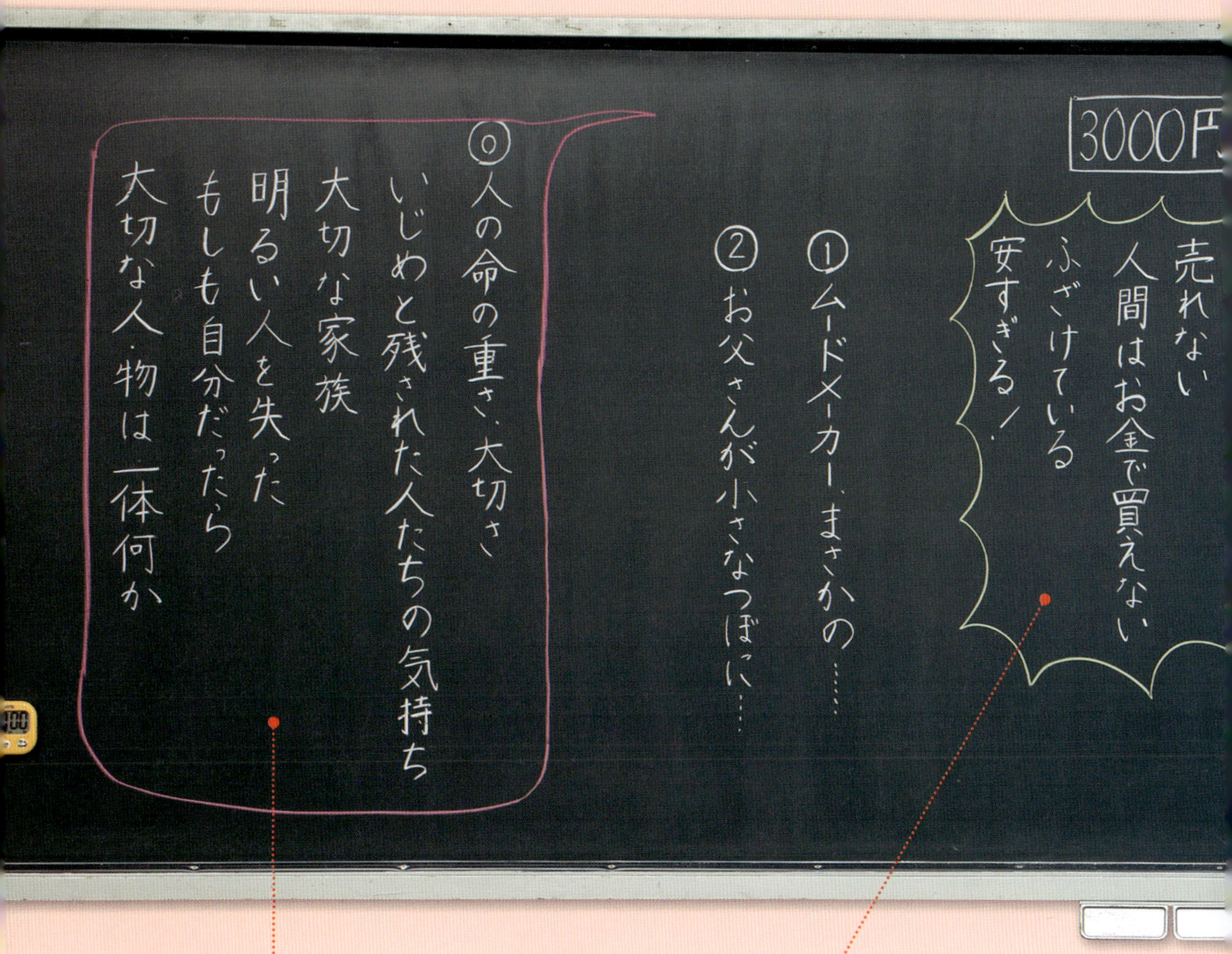
3000円
売れない
人間はお金で買えない
ふざけている
安すぎる！
①ムードメーカー、まさかの……
②お父さんが小さなつぼに……
◎人の命の重さ、大切さ
いじめと残された人たちの気持ち
大切な家族
明るい人を失った
もしも自分だったら
大切な人・物は一体何か

**Point 2**

資料を黒板のどこに貼るのか。いつ資料を使うのか。この２点が授業の構成につながります。また、貼り物を黒板の中心に貼ってしまうと、子どもたちの視線が貼り物ばかりに集まってしまいます。特に貼り物のサイズが大きい場合は、黒板の中心から少しズラして貼りましょう。

**Point 3**

意外性をいかにつくり出すか。子どもの話し合いを活発にするためには、必要です。

**Point 4**

道徳では、振り返りを書くことに固執しないようにしましょう。心の変化をそっと待っている、見守っているという教師の姿勢が大切です。そういう中で書かれる振り返りには、はっとさせられるものがたくさんあります。

参考文献▶『「生命の授業」を創る！』河田孝文・編（明治図書出版）

11

# 観察した内容を比べ、板書で考えを深める手助けを

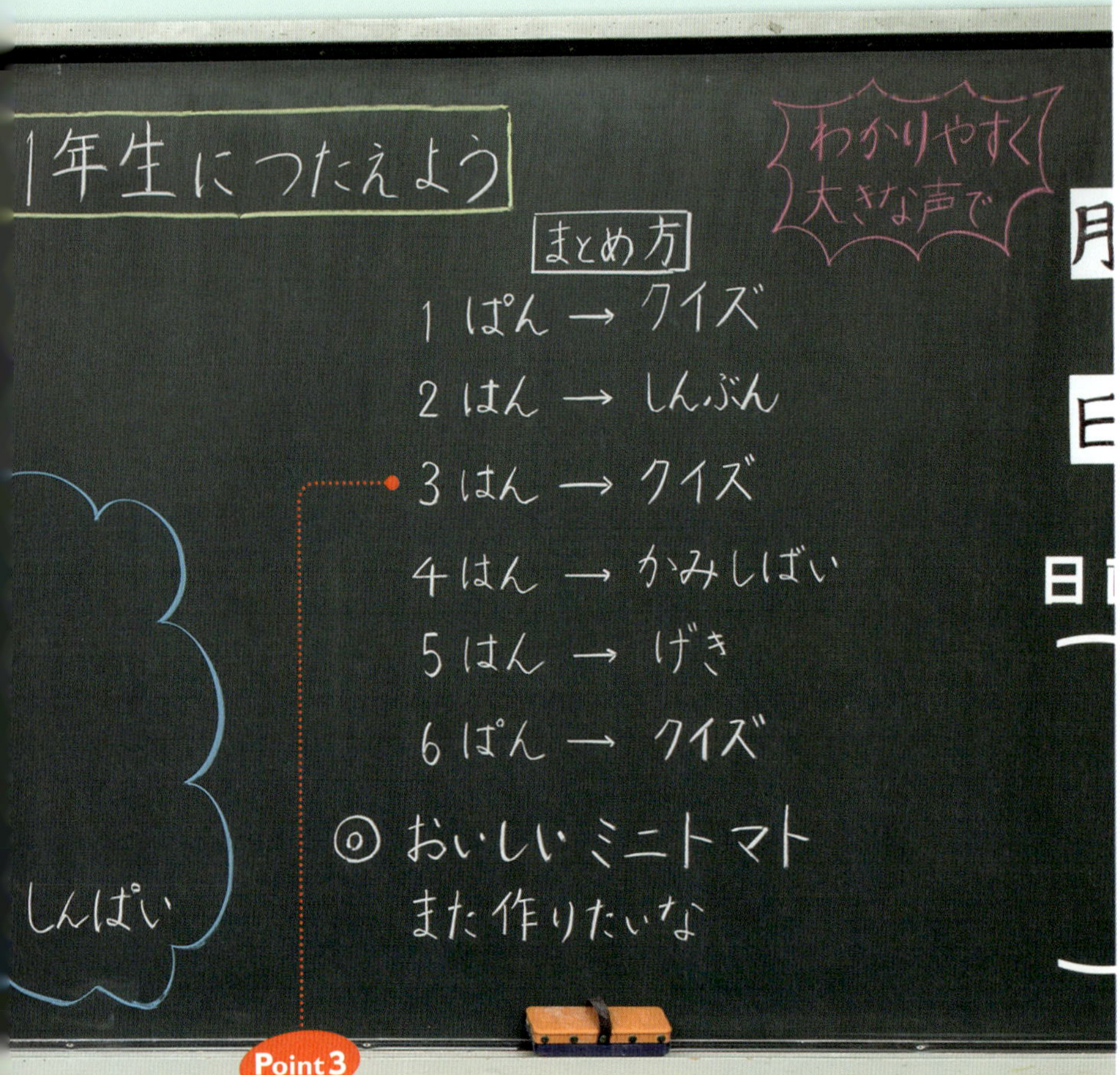

1年生につたえよう
わかりやすく
大きな声で
まとめ方
1 ぱん → クイズ
2 はん → しんぶん
3 はん → クイズ
4 はん → かみしばい
5 はん → げき
6 ぱん → クイズ
◎ おいしい ミニトマト
また作りたいな
しんぱい
月
日


**Point 3**

授業の最後には、単元のまとめ方を班で協力して取り組むことに挑戦しました。

## ワークシートと板書をリンクさせ、シンプルに、わかりやすく

生活科では、植物を植えて、生長を観察し、ワークシートなどにまとめる作業が多くなります。そんな生活科の板書では、

- **全体の様子、特徴。**
- **過去の記録と比べて、形・色・大きさの変化など。**

をわかりやすくまとめることが大切です。子どもたちが板書を見ながら、「これはどういうことだろう?」「なぜ、こうなったのだろう?」と考えられるようにしましょう。

上の授業では、「大変」「すごい」という項目に絞って、それぞれ言語化しています。低学年では、この言語化す

**生活「トマトの観察」**(２年生)

**Point 1**
写真を貼るだけで、子どもたちは前の時間を振り返りながら、授業に参加することができます。

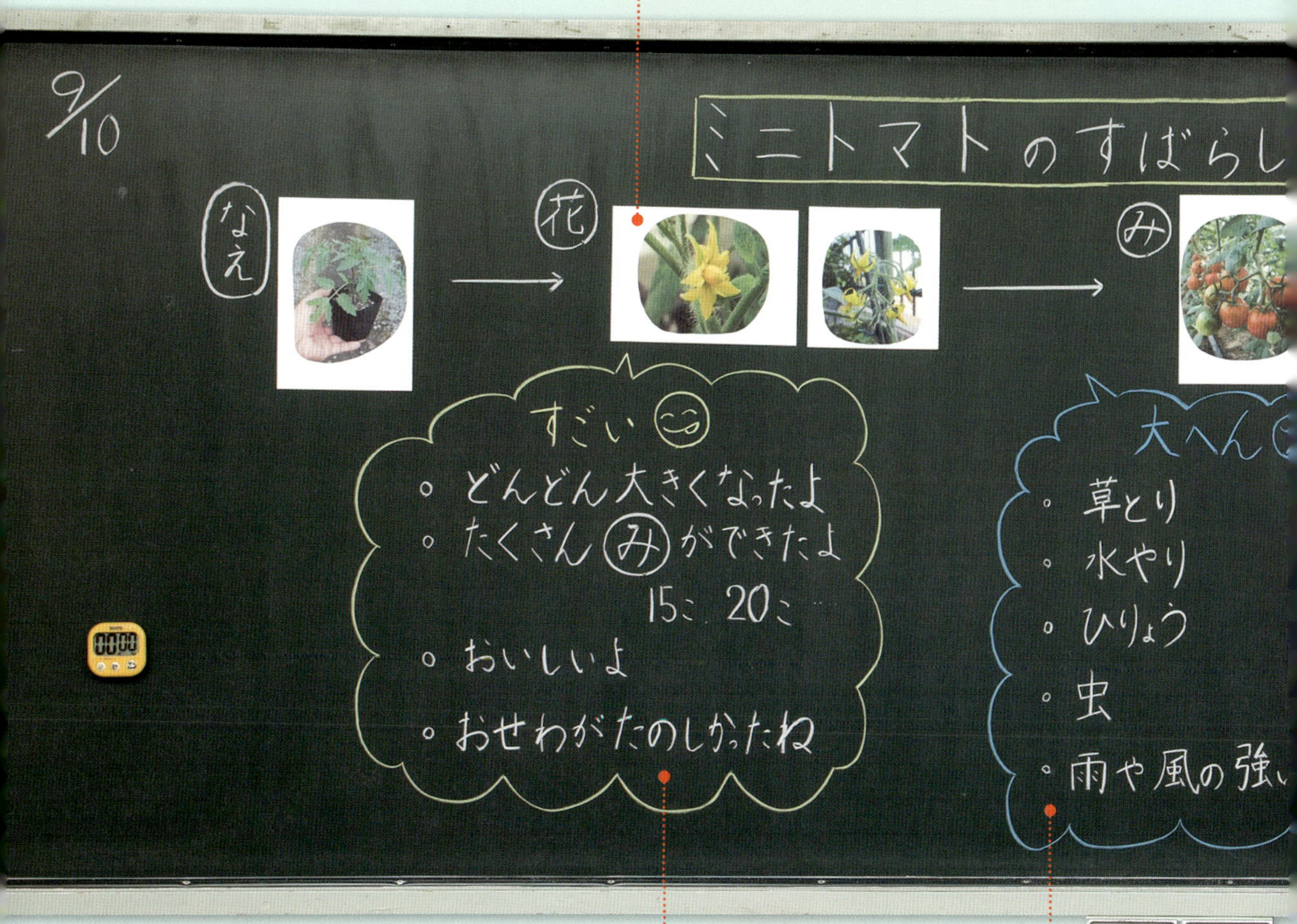
9/10
ミニトマトのすばらし
なえ
花
み
すごい
・どんどん大きくなったよ
・たくさん み ができたよ
15こ 20こ
・おいしいよ
・おせわがたのしかったね
大へん
・草とり
・水やり
・ひりょう
・虫
・雨や風の強

**Point 2**
すごい点と大変な点を同じくらいのボリュームで板書し、比べやすくしています。低学年では、表情をイラストにして意見を分けると、わかりやすくなります。

る経験が知識につながるため、子どもたちの意見をシンプルにまとめましょう。

また、生活科の授業では、写真の貼り物が活躍します。観察しながら、自然の不思議さやおもしろさに気づいたり、ほかのものと比べたり、関係づけたりすることができるので、デジカメで写真を撮り溜めておきましょう。

12 月 日 Board

# 学校と家庭をつなぐ連絡帳で書く力を鍛え、知識を積み重ねる

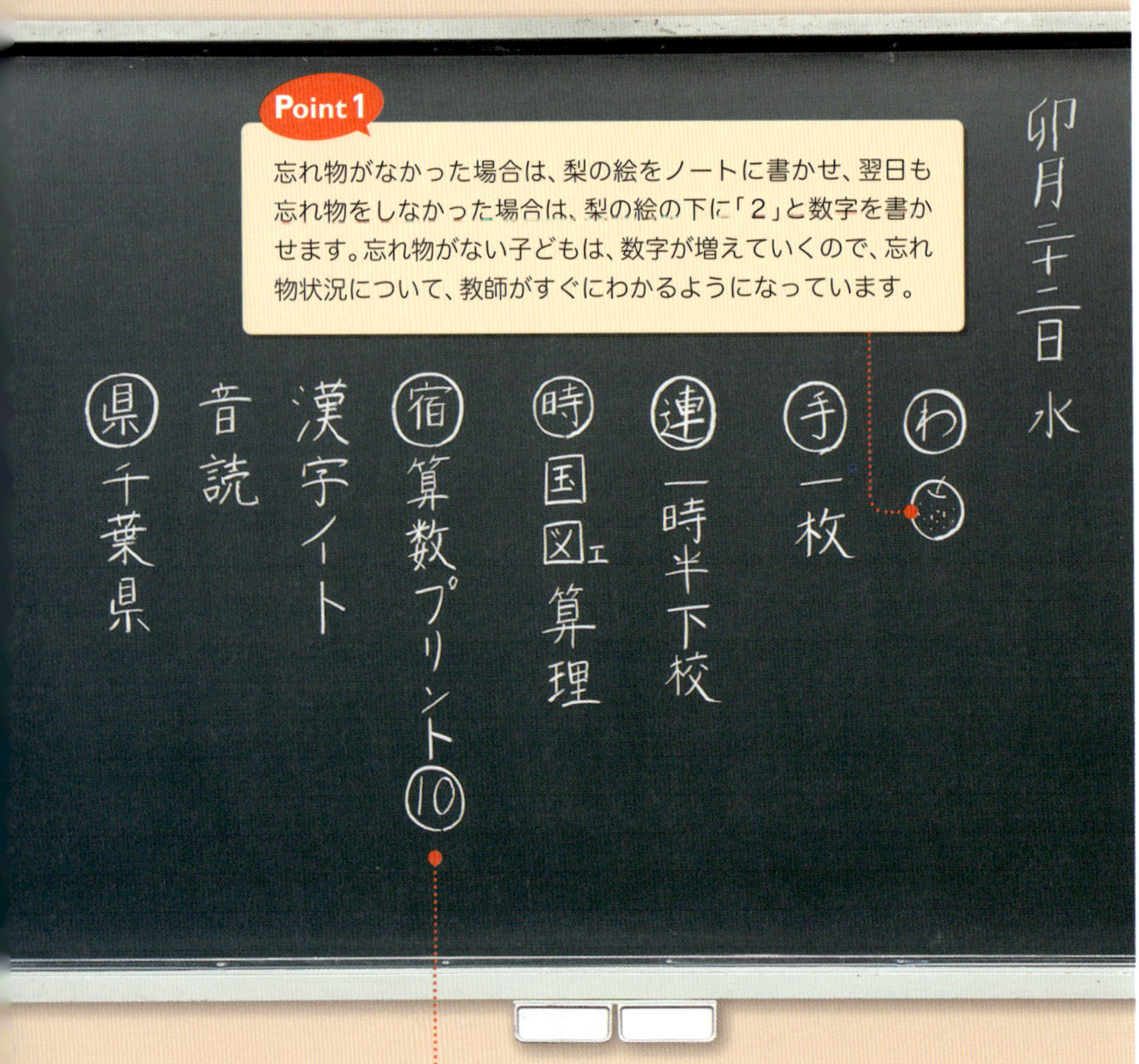

卯月二十二日 水
わ
手 一枚
連 一時半下校
時 国図エ算理
宿 算数プリント⑩
漢字ノート
音読
県 千葉県


**Point 1**

忘れ物がなかった場合は、梨の絵をノートに書かせ、翌日も忘れ物をしなかった場合は、梨の絵の下に「2」と数字を書かせます。忘れ物がない子どもは、数字が増えていくので、忘れ物状況について、教師がすぐにわかるようになっています。

**Point 2**

書くことを大切にしたいので、「算プリ」と省略するのではなく、「算数プリント」と書くようにしています。

## 毎日書くノートだからこそ書く力の自信につながる

**連絡帳は、子どもたちが丁寧な文字を書けるようになるための道具、と私は考えています。**そのため、4月の学級開きの日に「連絡帳は一日の締めくくりとして、自分にとって最高に丁寧な文字で書きましょう」と声をかけ、連絡帳を書く時間は、書写の時間だと思って取り組んでいます。

　連絡帳には、おうちの方への手紙（＝手）や、時間割（＝時）などの項目のみを省略し、そのほかの内容はきちんと書くようにしています。

　また、私は学年に応じて、最後にお楽しみコーナーをつくっています。コーナーのテーマは、低学年には「今日の日記（＝㊐）」、中学年には覚えてお

きたい「諺（＝諺）」、高学年には歴史上の人物を紹介する「今日の先輩（＝先）」などがおすすめです。

## 連絡帳（全学年）

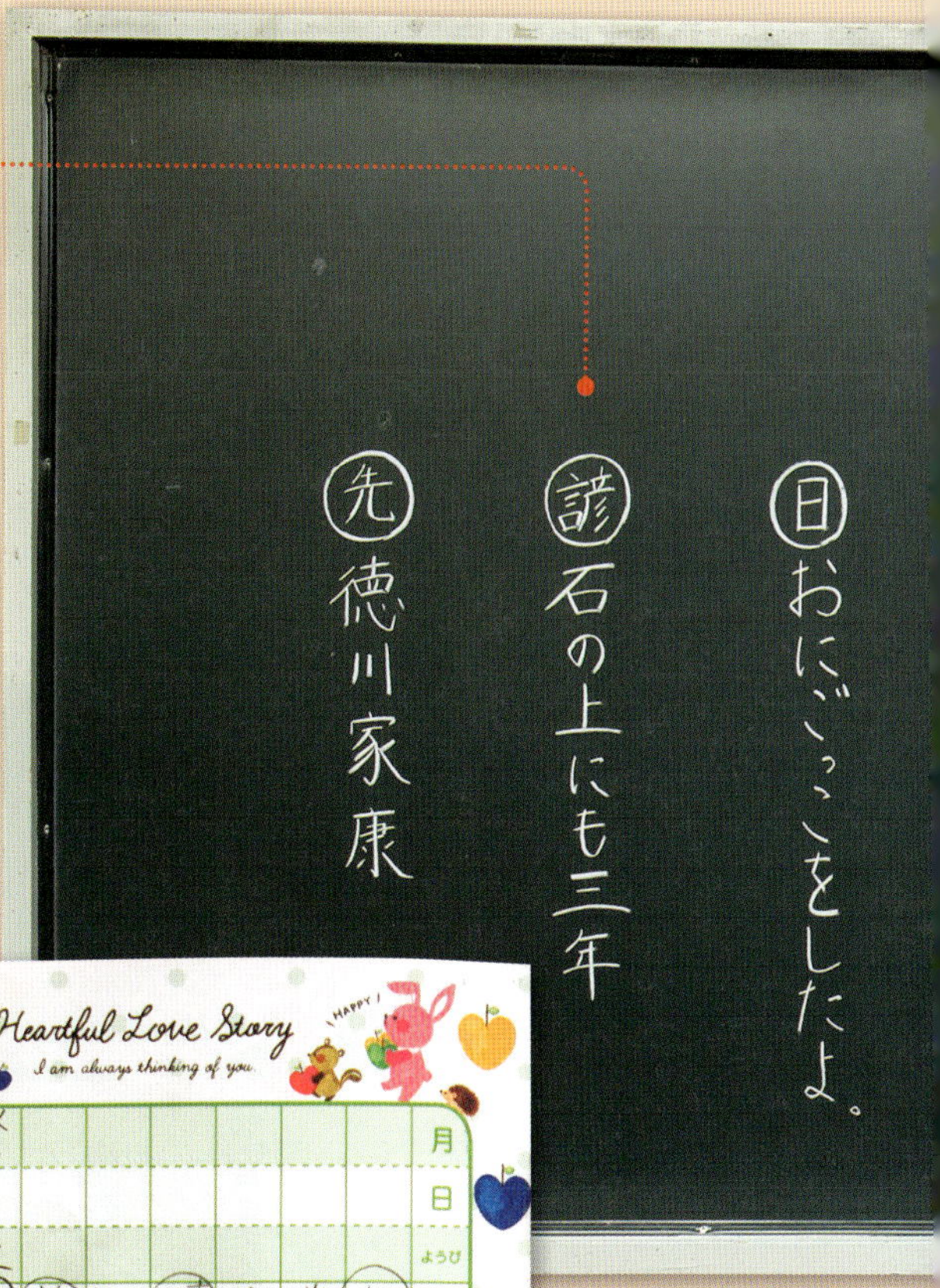


**Point 3**

そのほかにも、以下のようなお楽しみコーナーのテーマがあります。

- 出→学級が成長した出来事
- 美→日直が見つけた美しい言葉
- 県→今日の都道府県

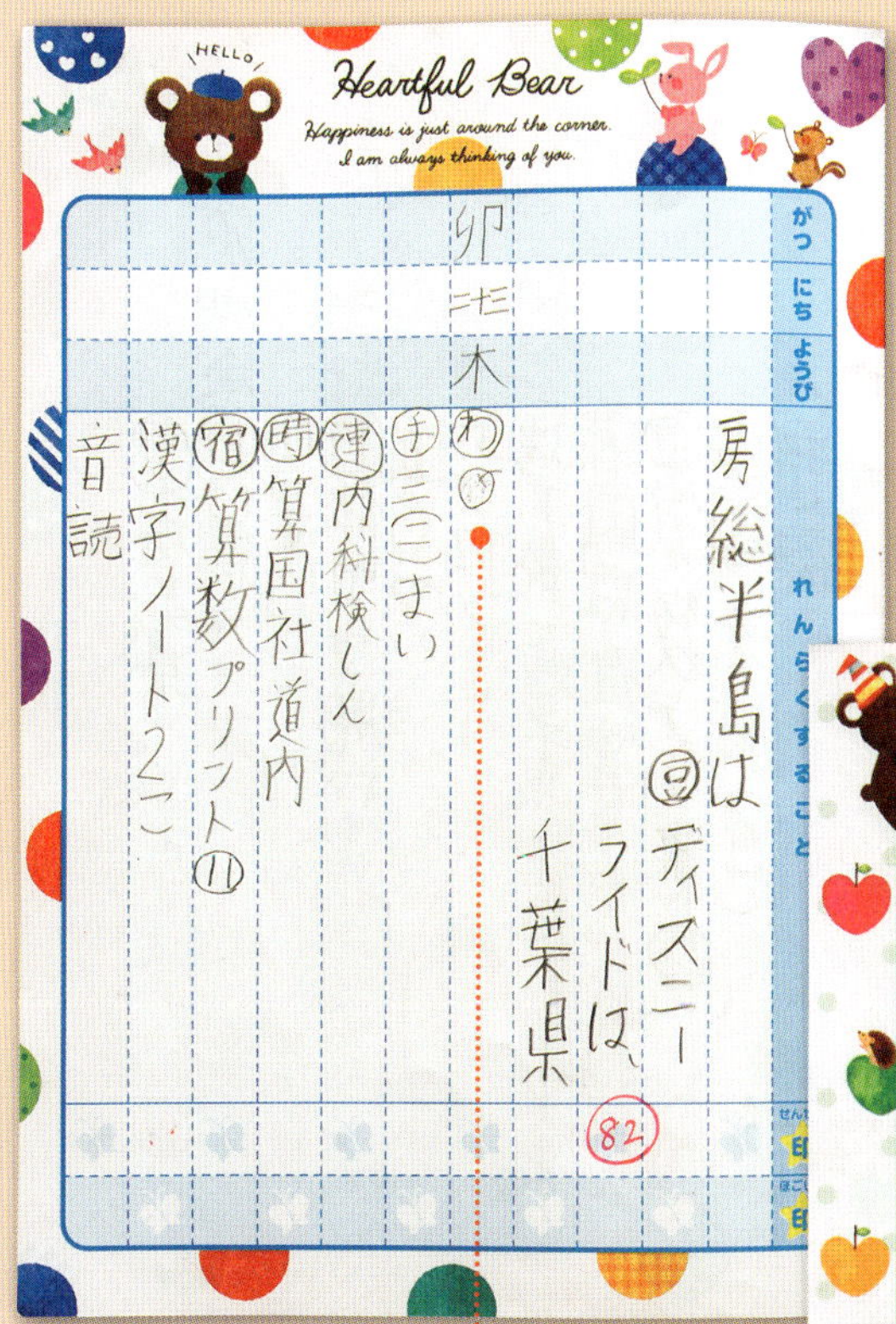


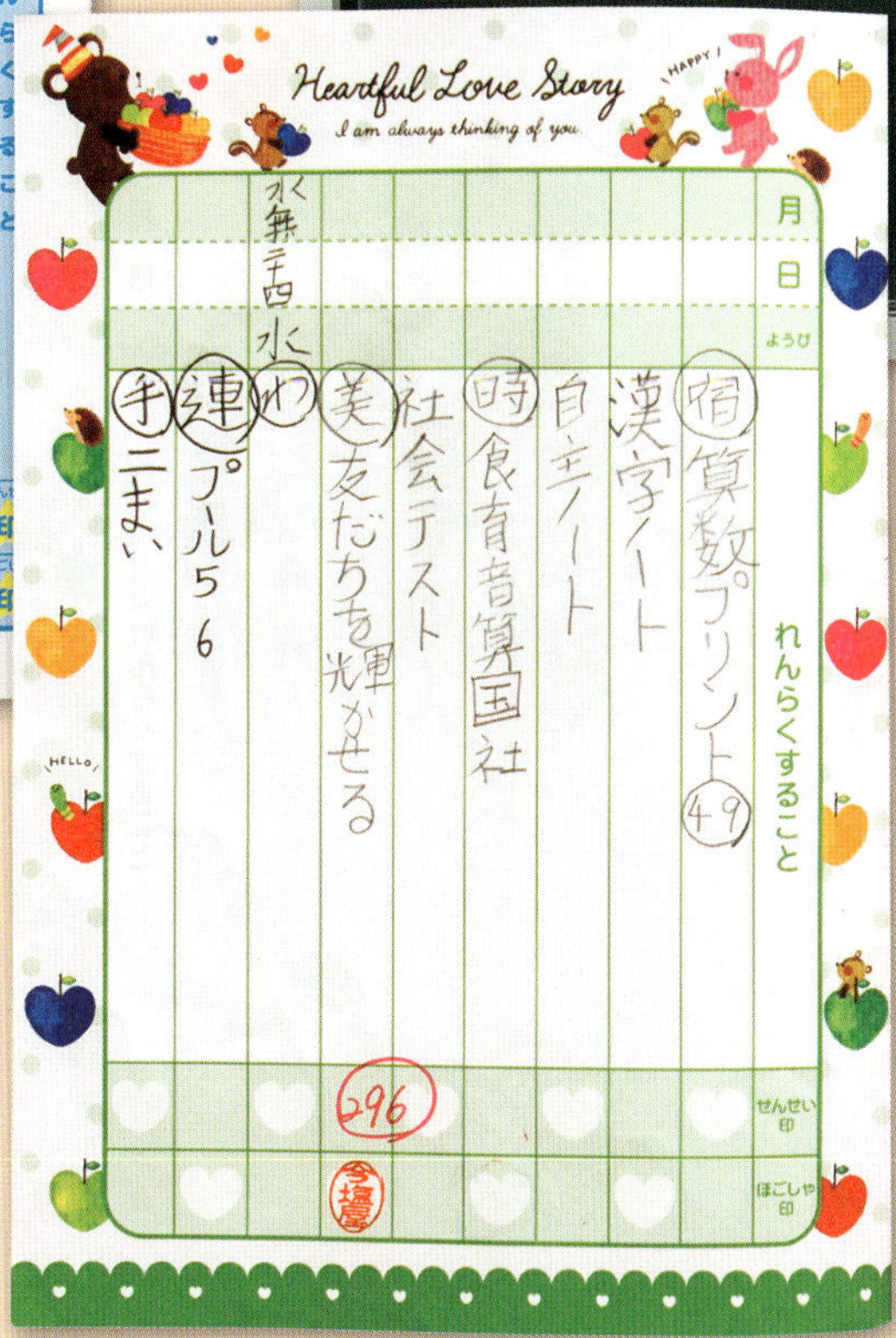


### 赤ペンで伸ばす書く力

低学年では、いちばん美しい文字にペンで丸をつけて、評価しています。中学年以上は、点数をつけたりすることもあります。しかし、これはあくまでも他人との競争が目的ではなく、昨日の自分のノートと比較しています。そして、みんながきっちり書けるようになった頃には点数はつけません。

**Point 4**

忘れ物をしたときは、赤鉛筆で書くようにしています。ないときは「なしマーク」を書きます。

13 Board 月 日

# 板書で子どもたちとの出会いを演出する

## 新しい学年だからこそ、新しいしかけで迎えよう

学級開きで大切なことは、子どもたちが「1年間頑張ってみたいな！」と思えるようなしかけをつくること。そのためには、まず担任が学級の目標と、その目標に向けての見通しをもつ必要があります。

学級開きは、1年の中で最も注目して子どもたちが話を聞いてくれる時間です。その大切な時間のために「この先生なら、いい学級になりそうだ！」「私たちの学級はこんなことを大切にしていくんだな……」など、期待や見通し、憧れが感じられる学級開きを演出しましょう！　その際、板書は大いに活躍します。

学級開き（4年生）

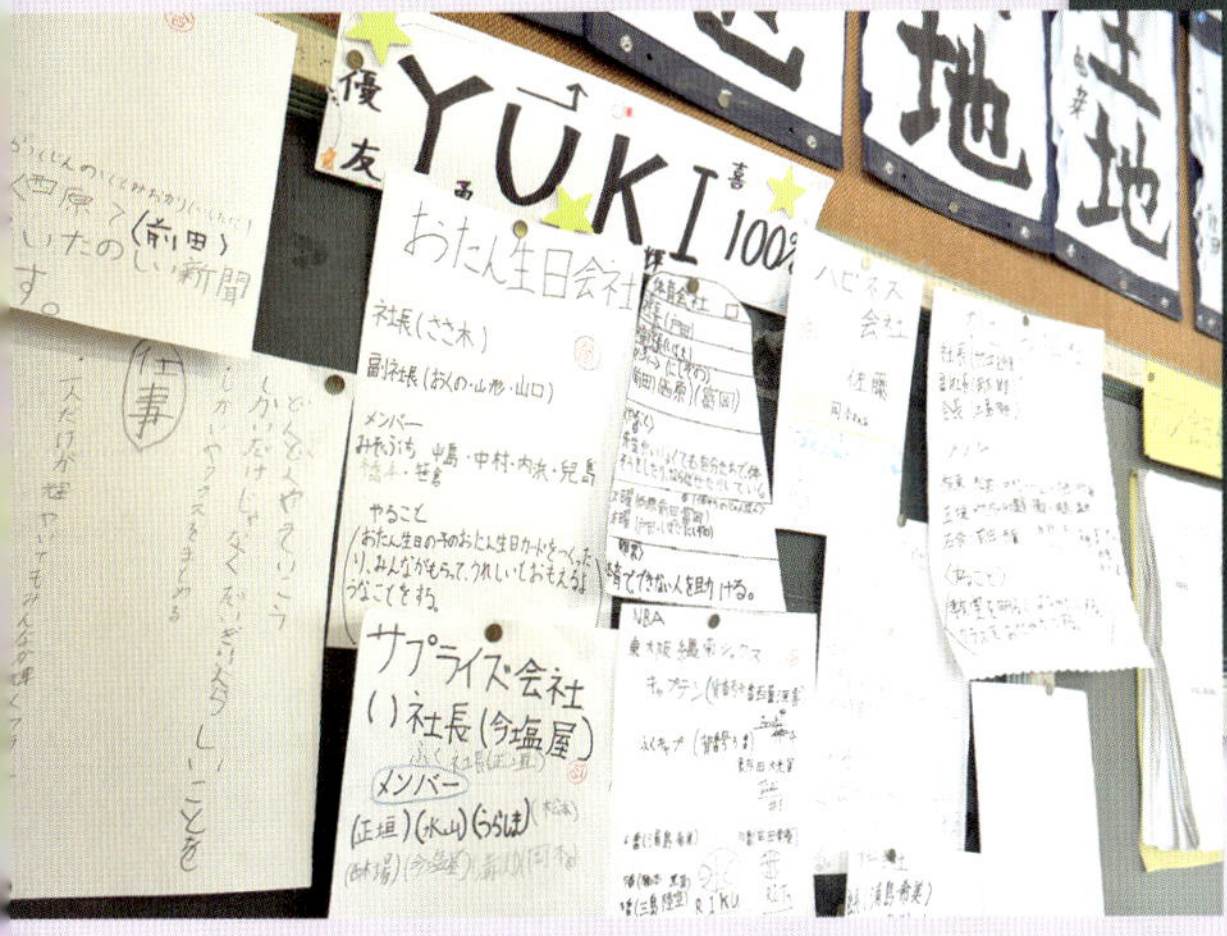


クラスのテーマである「ゆうき100%」は、黒板の横だけでなく、教室の後ろの掲示板にも貼っています。

**Point**

学年の先生方と相談して、「ゆうき100%」という学級目標にしました。これは、常に心に「ゆうき」をもって過ごしてほしいという願いを込めて考えたものです。学級開きでは、いろいろな場面で「ゆうき」は変わっていくという話もしました。

**「優しい気持ちを心に」➡ 優気**
**「友達と一緒に輝く1年に」➡ 友輝**
**「みんなとつながって結束しながら喜びを味わう学年に」➡ 結喜**
**「不安でも一歩前に進むことができるように」➡ 勇気**

自分自身で「ゆうき100%」を心がけながら、成長していける、みんなで上に伸びていけるような学年にしよう、という願いを伝えた学級開きでした。

## 子どもの心に届く学級開き

「こんな子どもになってほしい」という願いをもつことは必要ですが、それを熱く伝えているうちに、説明的に語り出してしまうことがあります。そうなってくると、子どもたちはしんどくなってしまいます。子どもたちが自然に「こんなふうになりたいな」と思える工夫をしましょう。

学級目標は、子どもの中から引き出すイメージです。また、「あれも伝えたい」「これも伝えたい」と盛りだくさんになると、意味がありません。テーマは一つに絞りましょう。

13 Board

# 教師が学級活動を見守るために、黒板を使うルールを指導しよう

Point 1

- 議題の見出し ➡ 黄色チョーク
- 友達の意見 ➡ 白チョーク
- 決定した意見 ➡ 赤で線を引く

チョークのルールは、教師が決めましょう。子どもたちも悩むことなく書けるようになります。

Point 2

クラス会議の貼り物は子どもたちが作成しました。

## 話し合い活動での板書も子どもたち自身で進行させる

話し合い活動での板書は、子どもたちの思考を深める、重要な手がかりとなるべきものです。私のクラスでは、次のような板書をめざして、子どもたちに声をかけています。

- 話し合っている議題がひと目でわかる。
- 子どもの意見がまとめて書かれている。
- 子どもたちの思いがつながっていきながら、子ども自身でつくっていく。

教師にとって、話し合いの授業で大切なことは、子どもを信じて待つことです。そのためにも、最初は教師が板書の手順を見せておき、慣れてきた頃に、子どもが自ら進める話し合い活動へと進化させることが大切です。

子どもが板書をするようになると、

## 話し合い活動（４年生）

**Point 3**

①②と番号をふって、議題をはっきりさせています。①と②の間は、線を引き、議題が変わったことを表しています。

・放課後きがえなあかんくなるでと、言う
・「自分もされてどうなん」と聞く。
・なんでみんないそいでるのにあそぶんと聞く
・〇〇くんもけがするでと言う
・一週間ようすを見る。
・今みんななにやってるかわかると言う。
・ろうかできがえやと言う。（じょうだんで）
・「早くしましょう〇〇君」と言う。
1a = ? m²

話し合い活動では、司会担当…１人、副司会担当…１人、黒板担当…２～３人、ノート担当…１人、掲示用の資料記入担当…２人と、毎月担当を決めています。

字の間違いや文字の大きさ、発表に板書のスピードが追いつかない、という問題が必ず起こります。

文字の大きさに関しては、後ろからでも見える文字の大きさの基準を教えて練習させると、すぐに上手に書けるようになります。板書のスピードについては、友達の意見をすべて書くのではなく、意見をまとめて書く、ポイントを書くように指導します。さらに、黒板に書くことに慣れることも必要です。中休みなどに教師がそばについて、書く練習もさせていきます。

話し合い活動では、子どもたちに上手に、きっちり書かせようと欲張らず、あくまでも友達の意見を聞き合い、板書でよりわかりやすく進めている、という意識を教師が常にもつことが大切です。子どもたちには、お互いの意見を聞き合い、分かち合うことに集中してもらいたいと思っています。

COLUMN

# 板書を写したノートは子どもたちの宝物

以前、「自分にとってノートとは」というタイトルで、子どもたちにひと言ずつ書いてもらったことがあります。そのときの子どもたちの声は、私の励みになりました。

- 私にとってのノートとは、やる気と楽しさの塊です。なぜなら、「今日はこう書こう」という目標や、ノートに書くのは楽しいなという気持ち（心）がないと、「もっと書きたい」「もう一度書く」などの心の声が聞こえないからです。みんなの心の声はそれぞれの気持ちがこもった声だと思います。

- 私は1年生のときから「ノートはきれいに書かないと読めないよね」って思っていました。でも、今はちょっと違います。なぜかというと、字をきれいに書くのもいいけれど、私は「ノートを詳しくわかりやすいように書く」って思っています。「ノートがないと勉強できない」とも思っています。何冊も何冊もノートが増えていくと嬉しいし、自分がこれだけノートを頑張ったとわかるので、自分にとって、ノートとは「なくてはならないもの」です。ノートをきれいに書く、わかりやすく書くを心がけよう。

- 僕は1・2年のときは丁寧なノートがありません。でも、3・4年のときのお母さんのひと言で変わり、先生のおかげでもある。3・4年になって楽しいと思ったら、もっと成長しようと思って、ノートを毎日、丁寧に書き続けています。

- 自分は、1・2年のノートが全然違います。なぜかというと、1・2年なんか国語ノートを適当に書いてたけど、今は素晴らしいノートになりました。だから差が違います。それで僕が宿題をやっている途中に、お母さんが「できるん？」って言ってノートを見せたら、「前よりよくなってるやん」って言われました。だから1・2年みたいんじゃないんです。

- 私のノートは、1・2年のときにはノートは汚かったけど、3から4年生になって変化しました。何かというと成長です。なぜかというと、ノートを書けば書くほどきれいになって、ノートがスッキリするし、自分もスッキリするからです。私もスッキリしました。ノートは大切。成長にもなるのです。最初はやる気が出なかったけど、3年から4年になると、少しずつやる気が出ました。そして、やっとわかりました。ノートを大切に。

- 今、自分にとってのノートは夢を叶えるノートと、私は思っています。なぜかというと、スポーツでも日誌・日記をノートに書いて、書いたことを目標・練習に活かして、実際夢を叶えた人もいるし、ノートはスポーツ・会社、いつでも何でも使って成長し、夢を叶えるものだからです。私は今ずーっと大好き。

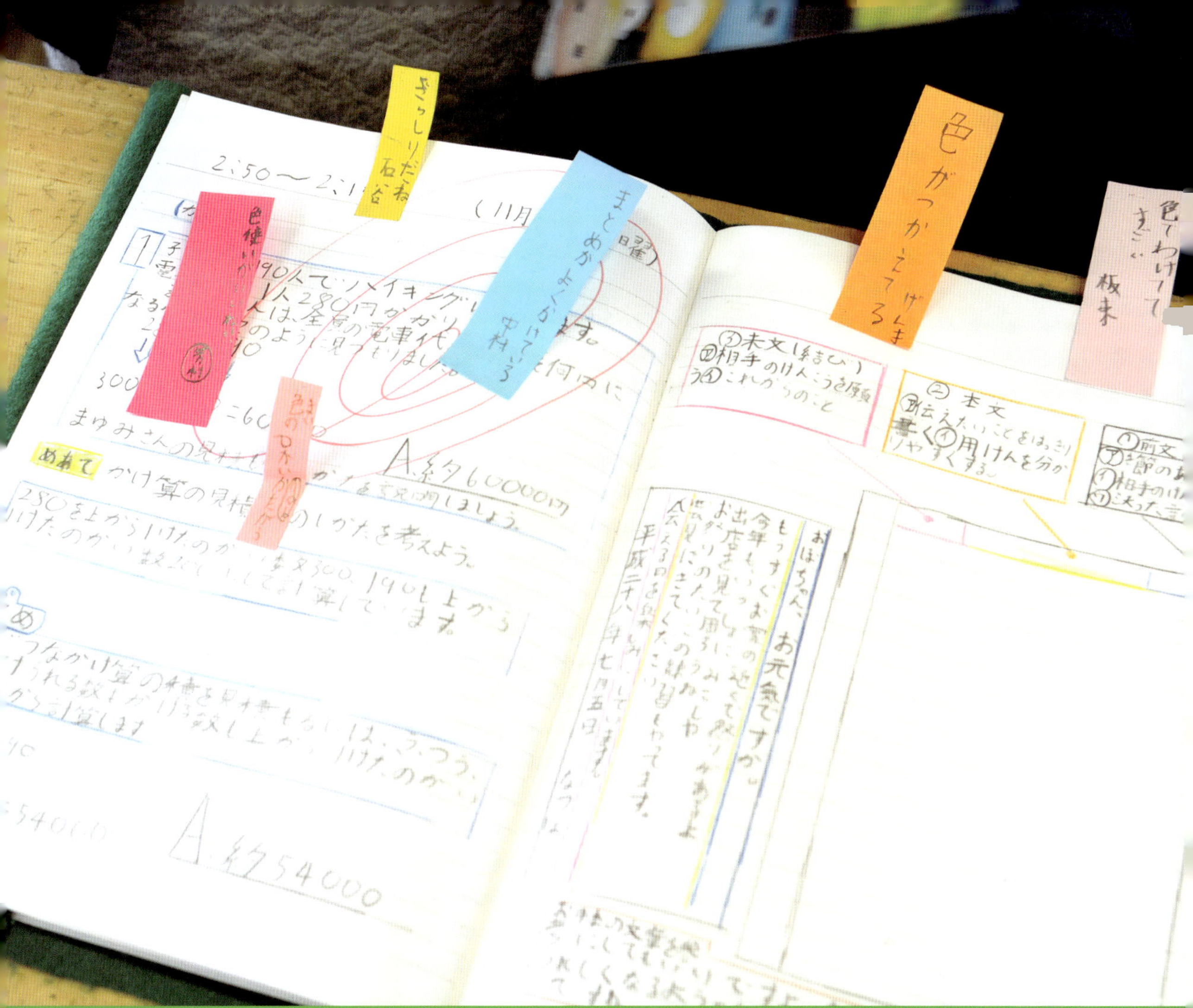


第3章　理論講座

# 感動を生み出すノート指導

板書と密接な関係があるノート指導。
ぜひこのノート指導を
学級づくりにつなげていきましょう！

01

# ノート指導には子どもの心を大きく動かす力がある

## ノート指導を大切にした授業を心がける

　体育の授業で逆上がりができるようになったこと、苦手な算数テストで100点が取れたこと、手を挙げて、みんなの前で意見が言えたこと……学校にはさまざまなドラマが溢れており、子どもたちは日々、一つひとつの出来事に感動を味わっています。

　私自身、そのような感動を味わっている子どもたちの姿を見るたびに、この仕事の素晴らしさを実感します。そして、その感動は子どもの心を大きく動かす力をもっていることを子どもから教えてもらいました。

　次に紹介する詩は、3年生のある男の子が学年が終わる最後の日に、そっと渡してくれました。この男の子は、最初の理科の授業では、1文字もノートに写すことができず、1時間鉛筆を持ったまま固まっていました。

**「勉強」**
**勉強はすごい**
**勉強は楽しい**
**勉強はすぐわかる**
**勉強は学べる**
**勉強は力がつく**
**勉強は努力する**
**勉強は頭をはたらかす**

　この男の子に何があったのでしょうか？　何も特別なことはありません。ただ、どの授業でも教師がノート指導を中心にした授業を行うようにした、それだけです。しかし、この男の子のように、「ノートを書く」ことを大切にする1年間を過ごしたことで、自己肯定感がアップした子ども、授業が楽しいという子ども、お母さんに褒められるようになったという子ども、たくさんの素晴らしい子どもたちの姿を見ることができました。

　ノート指導において、私たち教師は小さなステップを子どもたちに紹介し、一段一段登る子どもたちを信じて待つことが大切なのです。

## 子どもたちにやる気と自信をもたらすノート

　ノートと鉛筆——何十年と変わらず、子どもたちのランドセルの中に入っています。最近では、スマホやタブレットなどのICT機器が発達したにもかかわらず、1年生でも6年生であっても、北海道に住んでいる小学生でも、沖縄に住んでいる小学生であっても、日本中の子どもたちのランドセルの中に同じように入っています。

また、書店に行けば、「東大生のノートの秘密」など、ノートについての特集が組まれることも多くなってきました。

ノートとはいったい何なのでしょうか。

ノートとは、子どもたちが自ら輝くためにはなくてはならないものであり、教師がノート指導を行うことで、子どものやる気と自信を引き出すことができると考えています。

ノートは、ごまかしがききません。学びの「あしあと」として、ずっと残ります。子どもが自分で書いたページに満足したそこには必ず「感動」が待っています。子どもたちにとって、自分の成長を客観的に見られる経験は貴重なのです。

**「感動は一瞬にして人生を変える」**

『感動する脳』茂木健一郎（PHP研究所）

私は、この言葉の意味を子どもたちの姿から教わりました。自分たちの成長に子どもたちは感動するのです。

## ノート版「劇的ビフォー→アフター」

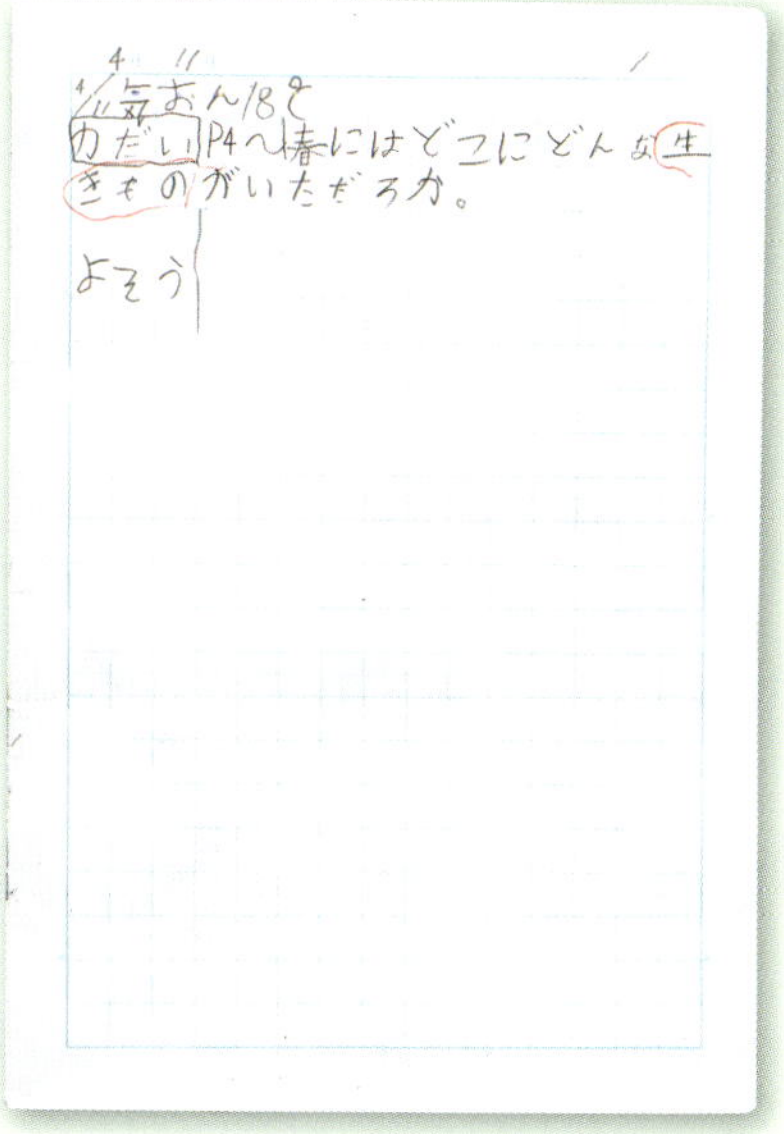


4月

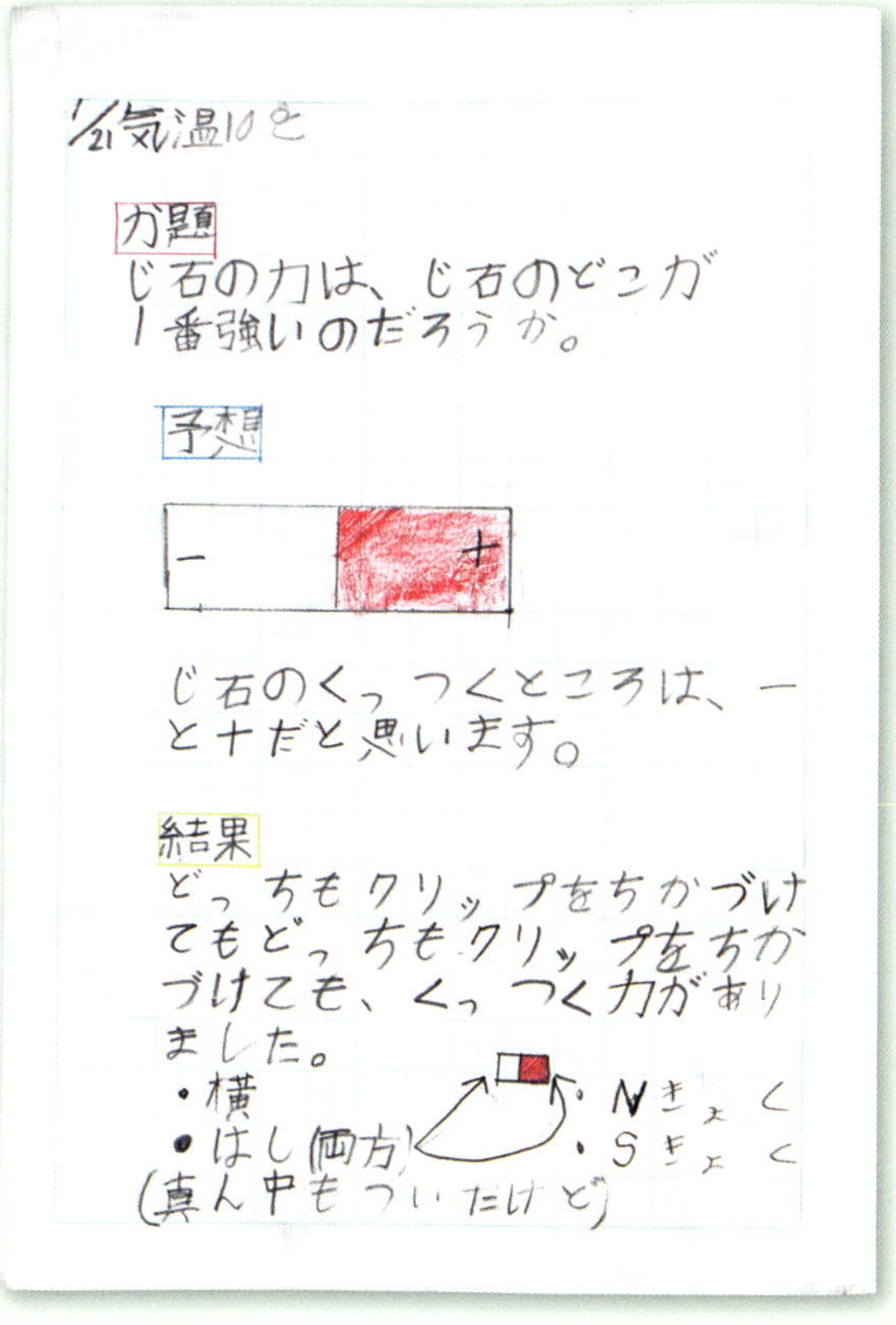


1月

**Point**

これは、3年生の理科のノートです。4月は、板書を書き写すことさえできませんでしたが、10か月後には、最初から最後までしっかりした文字で書き写すことができるようになりました。色を使い分けたり、定規を使って線を引いたりと、頑張ってノートを書いています。

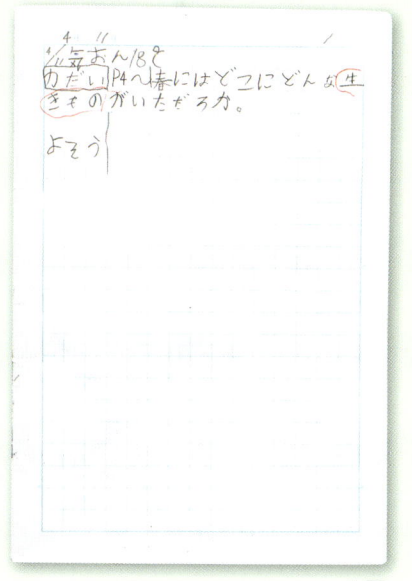

Note

# 02 教師の振り返りにつながる板書とノート指導の関係って？

## 教師のよい板書が子どものよいノートを生み出す

「なぜ、ちゃんと書けないのだろうか？」と、新任の頃は、子どもたちのノートを集めてはよく悩んでいました。先輩の先生に「ノートの評価をしたらいいよ」とアドバイスをもらい、よく書けていたら「A」、きっちり写せていたら「B」、もう少し頑張ってほしいときは「C」などと評価する実践をしていたこともありました。

　しかし、うまくいきませんでした。「A」を取れた子どもは喜び、その後も一生懸命授業で頑張りますが、それ以外の子どもたちには何も変化はありませんでした。どうしたものかと思っていたあるとき、私が所属する学力研で一緒に学んでいる先生が、「先生のための校長」を務めている久保齋氏にクラスのノートを見てもらっていたことがありました。そこで思ってもいない言葉が出ました。

「ノートは、教師への評価なんやで」

「子どもにAとか、Cとかランクをつけているけど、結局、それはその日のあなたの授業を表している」

「自分の授業の評価としてノートを見ていなかったら、子どもは伸びない」

　ノート指導を進めるうえで忘れてはいけないことは、「ノートを書く」ことだけを目的にしないことです。そういう指導をすると、きれいに書けていない子どもが窮屈になり、自信を失います。

　子どもたちは正直なのです。「わかった！」「そういうことか！」と授業後、笑顔いっぱいになるような授業をしたときには、ノートもきっちり書けています。私には、その視点が抜けていました。教師のよい板書あっての子どものノートなのです。

　それ以来、自分の振り返りとして子どもたちのノートを見ていくことが増えました。「今日の授業は、ちょっと時間配分をミスしたな……」「もう一歩だったな……」というときは、子どもたちのノートも輝いていないのです。

「ノートは授業の鏡」と『発問・板書・ノート』（東洋館出版社）の中で石田佐久馬氏は主張しているように、

- **子どもは今日の授業を理解しているのだろうか？**
- **今日の授業の進め方はこれでよかったのか？**

この2点を心がけてノートを見ています。できていないことを子どものせいにすることは簡単です。

## 国語「走れ」（4年生）

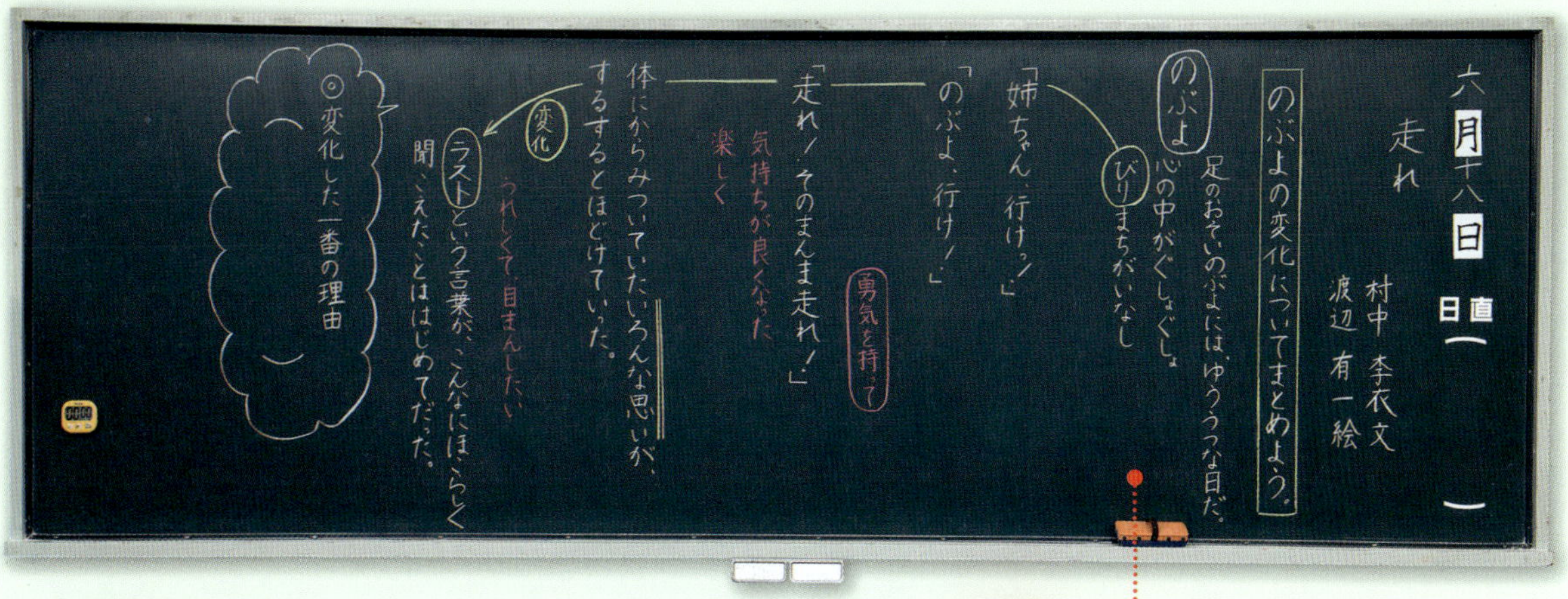
六月十八日
日直（　）
走れ
村中李衣文
渡辺有一絵
のぶよの変化についてまとめよう。
のぶよ
足のおそいのぶよには、ゆううつな日だ。
心の中がぐしょぐしょ
びりまちがいなし
「姉ちゃん、行けっ！」
「のぶよ、行け！」
勇気を持って
「走れ！そのまんま走れ！」
気持ちが良くなった
楽しく
体にからみついていたいろんな思いが、するするとほどけていった。
変化
うれしくて目まんしたい
ラストという言葉が、こんなにほこらしく聞こえたことははじめてだった。
◎変化した一番の理由

**Point**

板書を正確に写す（視写）作業は、一文字一文字ゆっくり書くようにしています。くり返すうちに、子どもたちは言葉を大切に考えることができるようになってきます。慣れてくると、辞書で言葉の意味をひく子どもたちも出てきます。

**Point**

この授業の振り返りでは、「変化した一番の理由」を根拠とともに書くようにしました。この吹き出しの中は、一人ひとりの授業の理解度が表れる部分なので、教師の振り返りとして、非常に参考になります。

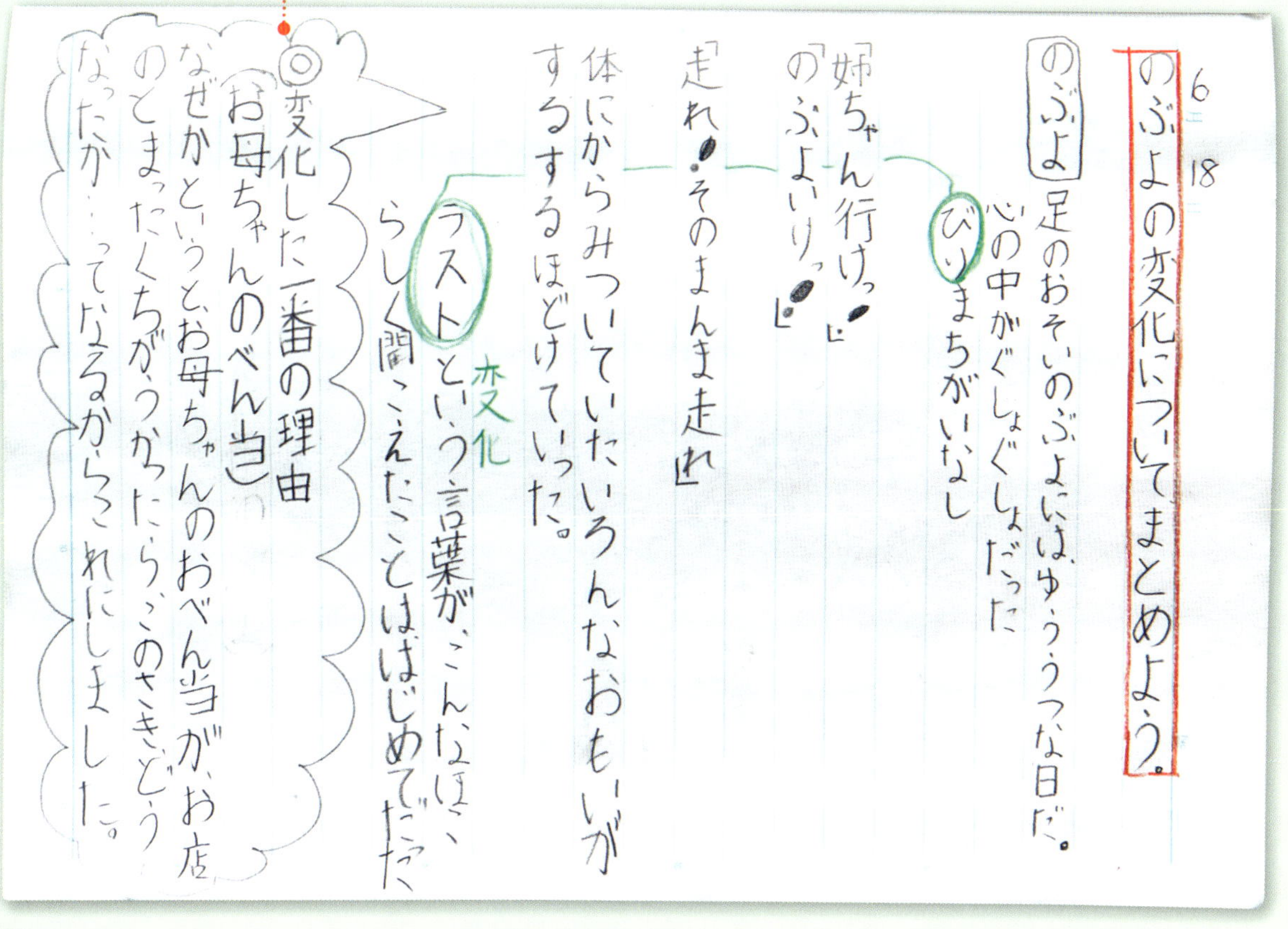
6 18
のぶよの変化についてまとめよう。
のぶよ
足のおそいのぶよには、ゆううつな日だ。
心の中がぐしょぐしょだった
びりまちがいなし
「姉ちゃん行けっ！」
「のぶよいけっ！」
「走れ！そのまんま走れ」
体にからみついていたいろんなおもいが
するするほどけていった。
変化
ラストという言葉が、こんなにほこらしく聞こえたことははじめてだった
◎変化した一番の理由
（お母ちゃんのべん当）
なぜかというとお母ちゃんのおべん当が、お店のとまったくちがうかったら、このさきどうなったか…ってなるからこれにしました。

03
Note

# キラッキラした子どもの姿であふれる！ノート指導で学級づくり

## 「ノートを提出する」ときにも学級には学びがある

適切なノート指導を行うと、さまざまな子どもの姿を見つけることができます。

ここでは、ノート指導を通して見えてきた、キラッキラな子どもの姿について紹介します。まずは、「ノート指導で学級づくり」です。**子どもがノートを持ってくるときには、「お願いします」と言って出すように伝えています。**そういうことを毎日くり返していると、ドラマは起こりました。

あるとき、やんちゃな男の子がノートを出したときに、ノートの束がぐちゃぐちゃになっていることに気がつき、すっと整頓をして自分の席に戻っていきました。ほんの一瞬の出来事でした。私はとても嬉しくなり、クラス全員に伝えました。それ以来、ノートを出すだけではなく、そのあとにまで気をつけて出してくれる子どもが増えました。

自分のノートを出すついでに友達の分も一緒に持ってきてくれる子、私のために片づけてくれる子……。ただ「ノートを提出する」という行為ですが、学びはたくさんあります。

## 学級通信を利用したノート指導にまつわる学級づくり

**ノートを返すときの声かけも「よく書けているね」「いいノートだね」と、見て思ったことをそのまま伝えるようにしています。**「このノートを見ていたら嬉しくなるわ」なんて言うことも

あります。日に日に成長している子どものノートを見られることは、教師にとっても嬉しい瞬間です。

また、通りすがりに言葉がけをすることもあります。高学年になり、みんなの前で褒められることを嫌がる子どもや、友達との関係がうまくいっていない子どもには、中休みのすれ違いざまに「さっきのノート、よく書けていたね」「字が丁寧になったね」と、サラッと伝えます。

学級へ伝える際には、学級通信をよく使っています。子どもだけではなく、「劇的ビフォーアフター」というノートを紹介するコーナーをつくって、保護者の方々へも伝えています。保護者の方もノートに目がいくようになり、ノートが子どもたちを褒める材料になります。子どもたちには、褒めてもらえる材料をたくさんそろえて下校してほしいものです。

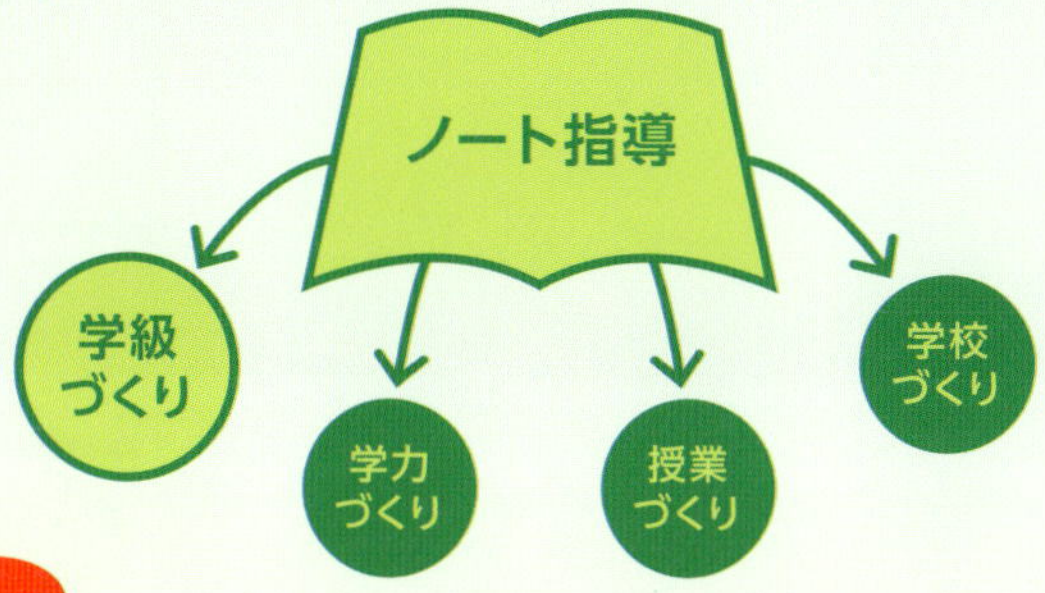


**Point**

過去のノートと今のノートを比較できるように載せて、コメントをしています。成長がひと目でわかるので、自信にもつながります。

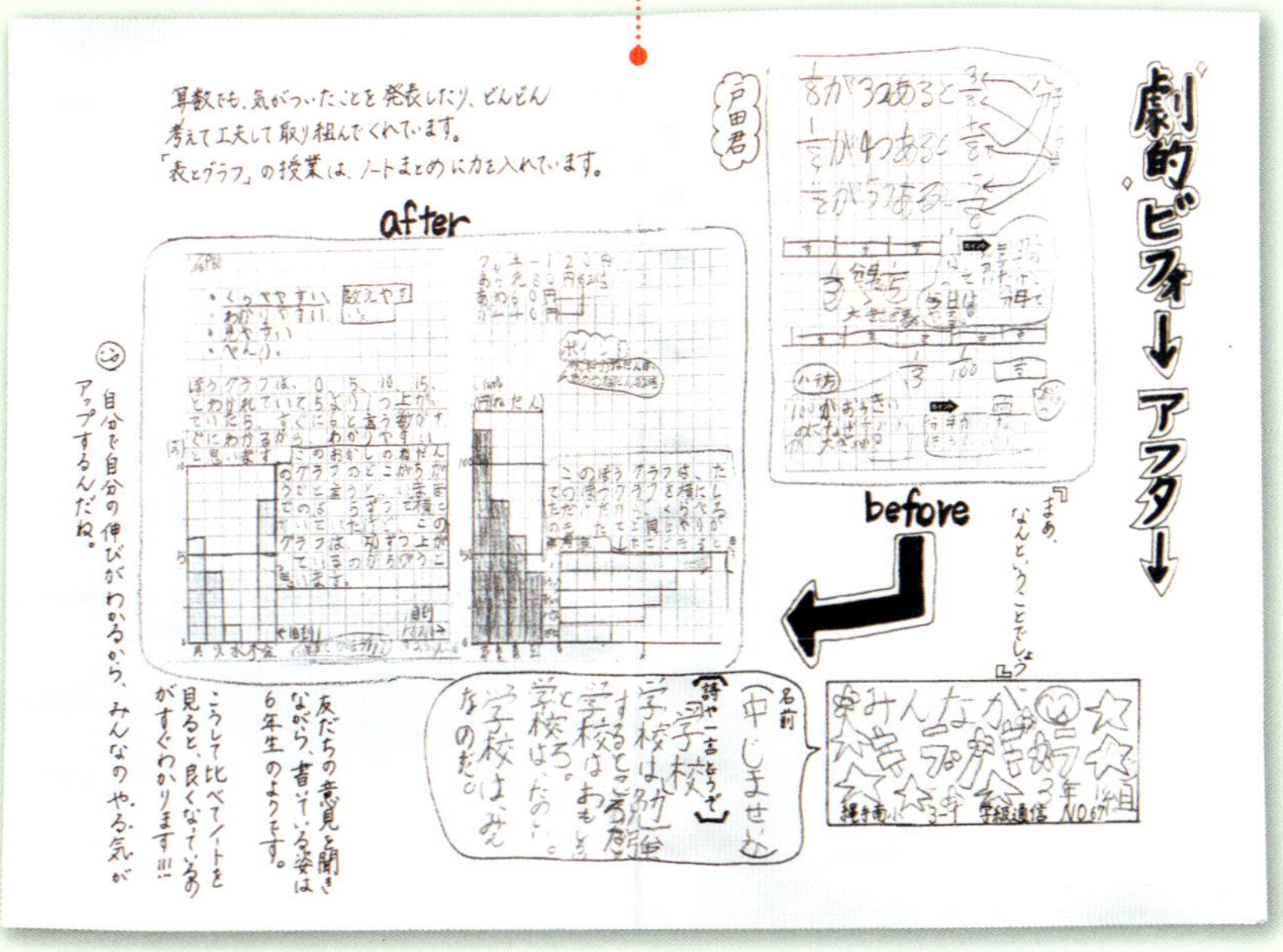


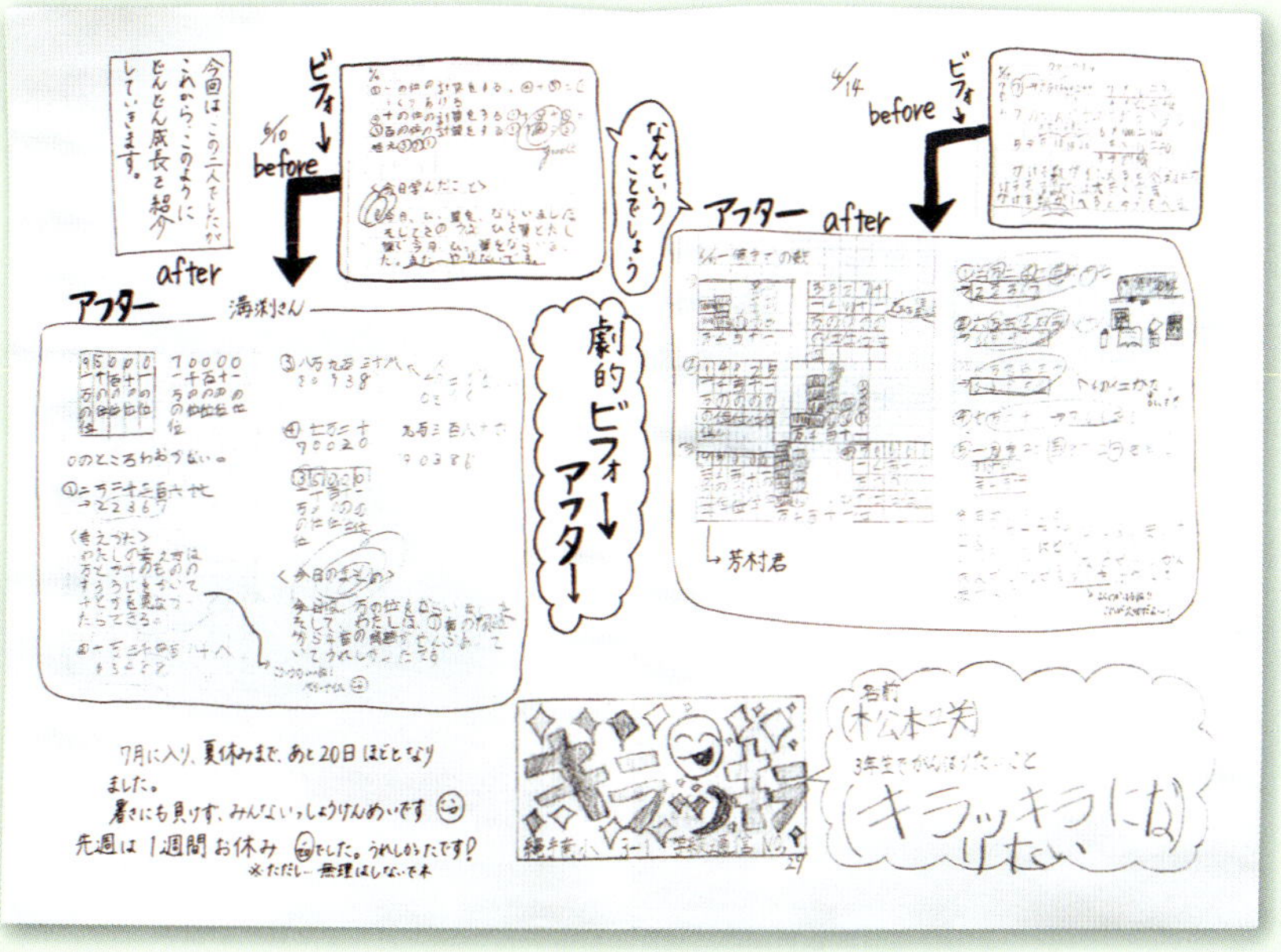



参考文献▶『保護者・子ども・学校を変える！「学級通信」フル活用メゾット』神戸学力研「おもちゃばこ」・編（小学館）

04
Note

# ノート指導で、子どもたち一人ひとりの学力を伸ばす

## 子どもたちの意欲を生むノートの力

子どもたちの学力づくりには、子どもの意欲がかかせません。

**「ノートはやる気にしてくれて、希望がみちあふれていると思いました」**

これは、「自分にとってのノートとは?」というテーマで作文を書いてくれた、ある男の子の一文です。どうしてノートに、彼はやる気や希望を感じたのでしょうか。

それは、**「ノートに正解はない」「友達と比べず、昨日の自分と比べることで、成長を実感できる」**。この2つが大きな理由だと子どもに教えてもらいました。

## アンケートから見えてきた子どもたちの姿

あるとき、私はクラスの子どもたちに「好きな教科」について、アンケートをとりました。そのアンケートの内容をいくつか紹介します。

**国語と算数が好き**

- なぜかというと、ノートをいっぱい書けるようになって楽しかったし、音読も楽しいです。

**理科が好き**

- はじめ理科ノートの使い方がなかなかわからなくて、でも最近は理科ノートの使い方の勉強をして、ノートが前よりぜんぜん違ってとっても嬉

### 期間限定の実践で、ノートと仲よくなろう!

「ノートと仲よしになろう」を合い言葉に、期間を限定してノートを点数で評価することがあります。

**点数のつけ方の例**

- 手本どおりに書けている…80点
- 定規を使っている…プラス5点
- 色分けしている…プラス5点
- 丁寧に書いている…プラス5点
- メモや工夫がある…プラス5点

この実践のねらいは、ノートの「型」を教え、子どもたちにノートの楽しさやおもしろさを伝えることです。昨日のノートと比べて、よいノートができていたら、昨日より高い点数にしましょう。少しずつ点数が上がると、子どもの意欲も高まります。

また、この取り組みでは、昨日の自分のノートを超えることが大切なので、子ども同士が競争するような声かけは避けましょう。

しくなりました。そして書いていると、楽しくなってきたからです。

・ノートのコツを教えてもらって新ノートになったから。

## 国語が好き

・ノートに書いたり気持ちを考えるから（みんなで）好き。いろんなことがわかってくる。

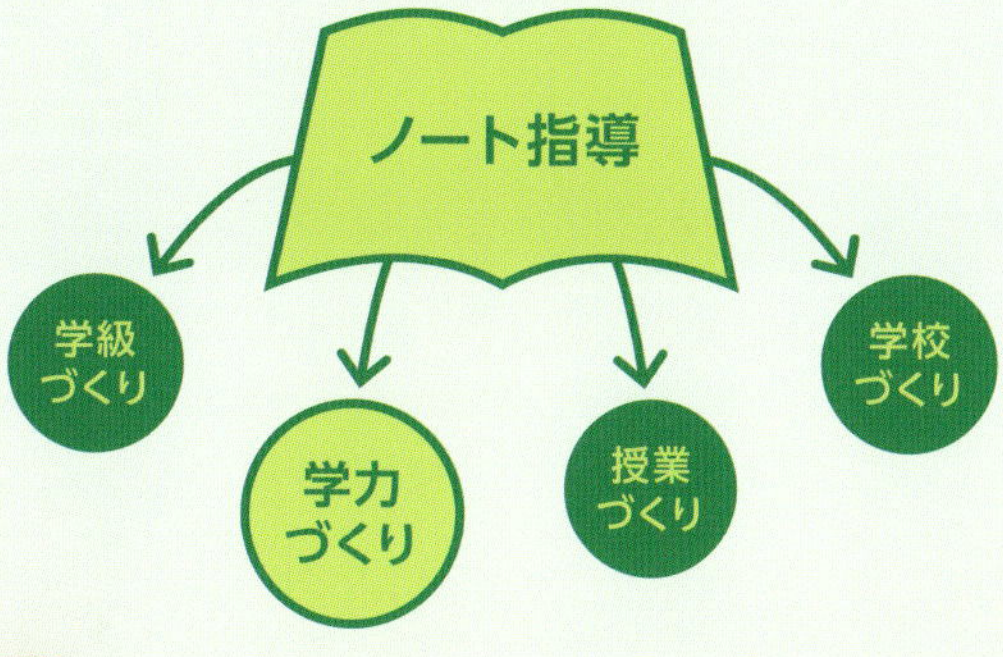


**Point**

ノート指導は、学力に関係なく、どの子どもも同じように取り組むことができます。教師も子どもも、最初は忍耐が必要ですが、乗り越えると成果として手元にノートは残ります。

アンケートの結果から、子どもたちは、ノートを通してその教科が好きになっていることがわかりました。教科が好きになることで、やる気＝学ぶ意欲が出てくる。つまり、**子どもがノートを大切にしようという気持ちと、学ぶ意欲には深く関係があるということです。**

以前受講した赤坂真二氏の講座で、赤坂氏は「学力向上＝意欲×質×量（時間）」とおっしゃっていました。ノートには正解がありません。そのため、一人ひとりの伸びに教師が注目し、評価してあげることが大切になります。それが、子どもの勉強に対する意欲となり、学力づくりへとつながっていくのです。

## 知識などを自分のものにする力が学力につながる

「音声言語では消えてしまうであろう心に浮かんだ考えを、ノートに書き留めることにより、自分のものとなり、さらに考えを押し広げることができる」ということを意図して、『発問・板書・ノート』（東洋館出版社）の中で、石田佐久馬氏はノート指導のことを、「ノートは作文である」と表現しています。

ノートを書くということは、同時に6つのことに取り組んでいることになります。

- **考える。**
- **確かめる。**
- **覚える。**
- **練習する。**
- **記録する。**
- **伝える。**

授業中のノートというのは、先生の話や板書の内容を心の中でくり返しつつ、バランスを考えて書くことを求められます。

そのうえ、発展として板書以外に先生の説明や疑問点なども意識して「わかりやすく表現しよう」と心がけるようになると、授業内容の理解だけでなく、その後の記憶のサポートにも役立つのです。そのためには、板書計画を立てる→見やすい板書をつくる→ノート指導を行う、となっているということを、教師自身がもう一度、心に留めておかなければなりません。

05 Note

# クラスを越えて、学年・学校を変えるノート指導

## ノート掲示板で子どもたちの意識を高める

ノート指導は、学年づくり、学校づくりにも効果があります。図工や書道の作品を、各学年で掲示板に貼り出すように、教師が選んだノートを掲示板に貼り出す「ノート掲示板」をつくります。そして、掲示板にノートを貼り出した子どものノートには、学年でそろえたキラキラシールを貼るようにしています。

この掲示板を更新するたびに子どもたちは、「自分のノートは載っているかな?」とチェックしています。

**Point**

シールを貼ってもらうこと以上に、学級のみんなに「すごいね!」などと言葉をかけてもらえることのほうが、子どもたちは嬉しそうです。

## 多くの教師が取り組む活動だからこそ、学校全体に広げて取り組む

学校づくりで大切にしたいことは、「子どもを伸ばしたい」という考えのもとで、何かに一緒に取り組む雰囲気を学校でつくり出すことだと思います。その際に、誰か一人に負担がかかるような実践は続きません。いつもの学校生活にちょっと工夫をすることで、子どものためになることを探す必要があります。

その意味でも学校全体でノート指導に取り組むことは、自然なことだと思います。ノート指導は、どの先生も、どの学年でも取り組みます。そして、いつからでも、どの教科でも行うことができます。ノート掲示板は、ノート指導に学校で取り組む前段階におすすめする取り組みです。

そして、このノート掲示板は、子どもだけではなく、教師にもよい刺激になります。子ども以上に教師が、「隣のクラスの子どもは、なぜこんなに書けるのだろうか?」と客観的に学ぶ機会にもなるからです。

**ノートは、子どもたちの頑張りを「見える化」できるツールです。**成長を目で見ることができる実践は、そうありません。そして、その成長は実感ではなく、事実として、子ども、保護者、教師の目の前に現れます。ノート指導は、子どものやる気に火をつけることができる実践なのです。

また、私の学校では学年の子どもたちの交流の一つとして、124ページ

で紹介している「ノート交流」を学年で行うことがあります。子どもたちが付箋を持って、ほかのクラスの子どもたちのノートを見回り、**「よいと思うこと」を付箋に書いて伝えています。**このとき、「メッセージを読んで嫌な気持ちにさせない」ことを徹底して取り組むことが大切です。場合によっては、担任も子どもたちと一緒にほかのクラスの子どものノートを見回り、コメントすることもあります。他の担任の先生からメッセージをもらうと、子どもたちは大喜びしてくれます。

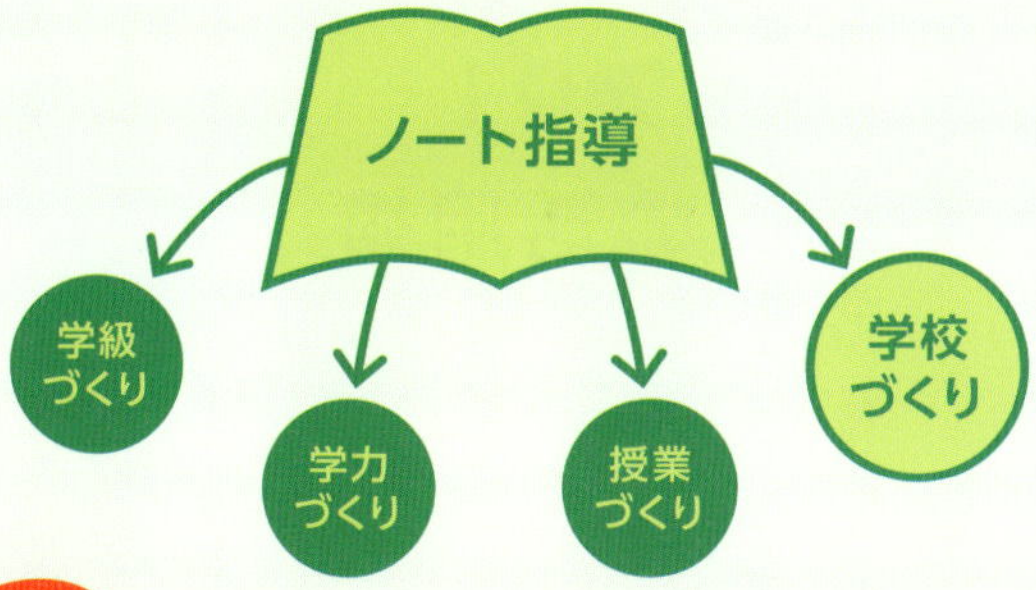
ノート指導
学級づくり
学力づくり
授業づくり
学校づくり

**Point**

貼り出すときは、赤色で教師のコメントを書き込むようにしています。コメントは、よいところを１～２つに絞り、強調して書くように心がけています。

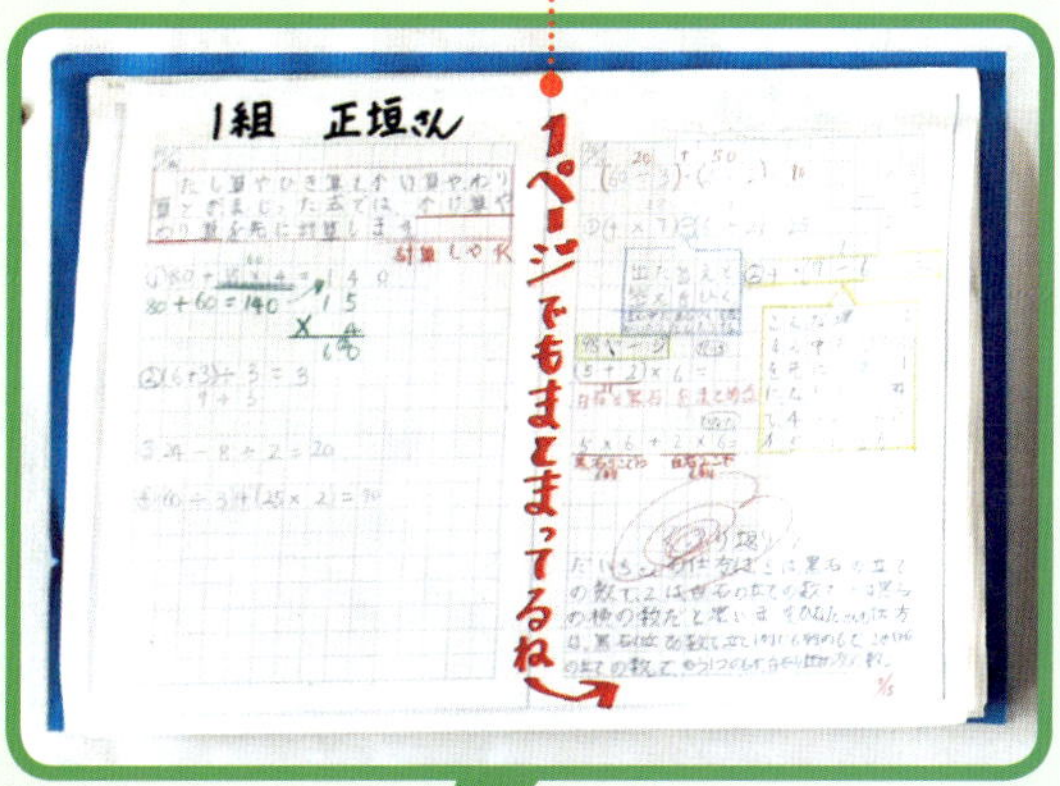
1組 正垣さん
1ページでもまとまってるね

ノート掲示板は、学年全員が毎日通る廊下に貼り出しています。ここにノートが貼り出されると、キラキラシールがもらえます。

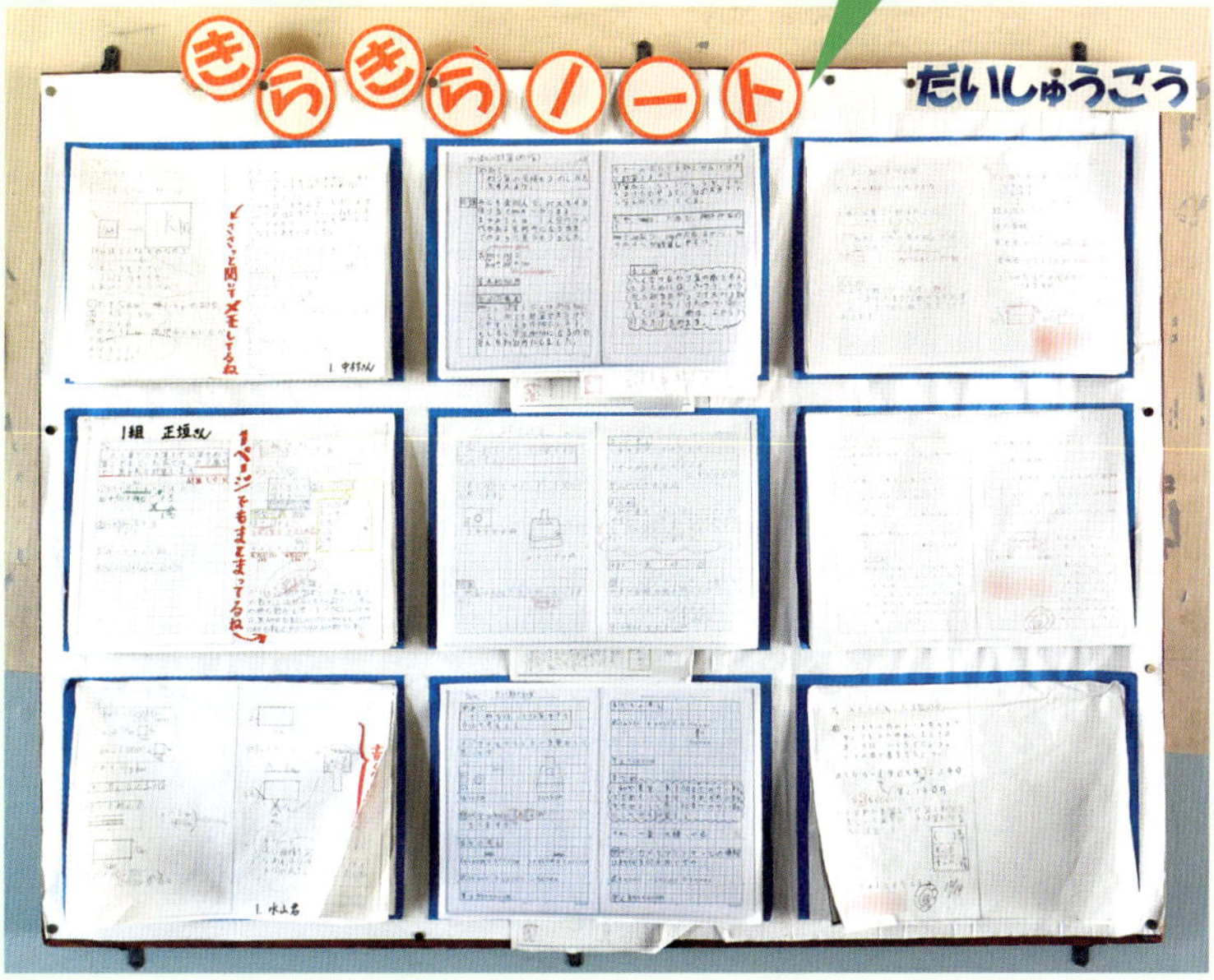
きらきらノート
だいしゅうごう

**ノート交流（３クラスの場合）**

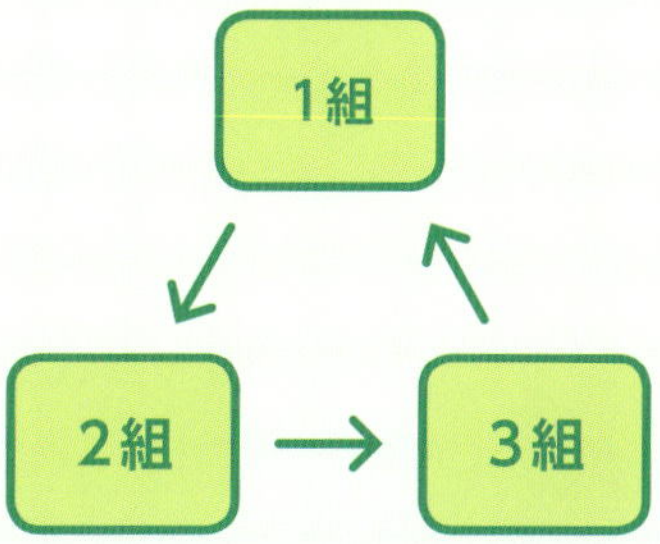
1組
2組
3組

学年でノート交流を実施する場合は、クラス単位で行うとスムーズです。

COLUMN

# こんな使い方もアリ！<br>「振り返りノート」の活用術

私のクラスでは、「振り返りノート」という授業以外で使用するノートをつくっています。子どもの「振り返りノート」を読んでいると、子どものちょっとした成長も感じられて嬉しくなります。下記は、４年生の子どもが自分に向き合い、自分の弱さを認め前に進もうとしているキラキラした瞬間の「振り返りノート」の内容です。このノートを通して、私自身が「教師としてのあり方・考え方」を学ばせてもらっています。

### 「やさしい佐々木さん」

なぜこの題名にしたかというと、給食を片づけるとき、佐々木さんは給食当番じゃないのに手伝っていたからです。先生が牛乳を持っていたら、サッと手伝っていたからです。すごいなと思いました。

### 「物に感謝を」

今まで僕たちは、いろいろな物を使ってきました。みなさんは物に「ありがとう」と言っていますか。「ありがとう」はステキな言葉だし、友達、親、おじいさん、おばあさんにしか言っていないと思います。いろいろな道具に「ありがとう」を言うと、道具も嬉しいと思うので、ぜひしてみてください。

### 「気づいた掃除」

今日の掃除で学んだことがあります。それは何かというと、掃除をやっていると、Ａくんと Ｂさんが、汚くなっていたちりとりをきれいにしていました。そして、青いゴミ箱などもほこりや砂がかぶっていたので、きれいにしていました。だから、これが「見つけ玉」だとわかりました。

### 「自分の心くばり」

なぜこの題名にしたのかをいうと、６月になって気遣いや心配りができていると思うからです。もしかしたら、全然できてないかもしれません。でもみんなにしたあと、少し嬉しくなります。だから続くんだと、僕は思います。

第4章／実践講座①

# 子どもを変える ノート指導

少し難しい課題が、子どもたちには刺激になります。
書くことを楽しむ子どもたちが出てきたら、
よいサイクルが生まれた証拠です！

06
Note

# ノート指導のホップ・ステップ・ジャンプ！まずは「板書を正しく写す」ことを徹底

## 子どもたちの「楽しい」「できる」は教師への信頼感につながる

「低学年は板書を写すだけ」「高学年だから工夫したノートに」という教師の思い込みは一度捨て、**どの学年を担任しても、最初は「ノートに板書をきっちり写す」ということを徹底させます。それが、教室の中で格差を生み出さないポイントです。**

ノート指導の目的は、子どもたちに板書を写させることだけではなく、ノートを通して子どもを変えていくことにあります。子どもにとって、書くことは、忍耐が必要な大変な作業です。しかし、できあがったノートには説得力があります。子どもを根底から変える力をノートはもっているのです。

それでは、実際に「国語のノート指導」の実践例を挙げてみましょう。

**①ノートには毎回ページ数を書きましょう。**
**②先生の話を聞いていたら、同じノートになるはずです。よく聞いて、書いていってくださいね。**
**③ノートの1行目、いちばん上から「めあて」と書きます。そのあと、四角で囲みます。**
**④次は、1行空けて、書き始めます。**
**⑤次は、《年》の横から書き始めましょう。**
**⑥書き終わった人は、鉛筆を置いて、板書を読む練習をしましょう。**
**⑦さぁ、お隣さんと同じノートになりましたか？**

このように指導すると、「はーい」「うわっ、ぴったりや」「あっ、聞き間違えたー」といった子どもたちの声が聞こえてくるはずです。

この「ホップ！」の時期、つまりノート指導の最初の1ページでは、「ノートって楽しい！」「私にでもできる！」という2つのことを子どもたちに感じさせてあげてください。子どもたちは、授業を真剣に聞くとノートがしっかり書ける、という経験を積み重ね、自分に自信をもつようになります。そしてその自信が、教師に対する信頼感へとつながります。

この「ホップ！」の時期は、ノート指導の土台です。最初はうまくいかないかもしれませんが、焦らずじっくり取り組んでください。実践を始めたばかりの時期は、子どもにとっても大変な時期です。強引に進めてしまうと、子どもは教師の姿を敏感に感じ取って、気持ちが離れてしまいます。**教師は、子どもを信じて待つことが大切です。**

## ホップのノート指導
# 「板書→ノート」

国語「音読」（4年生）

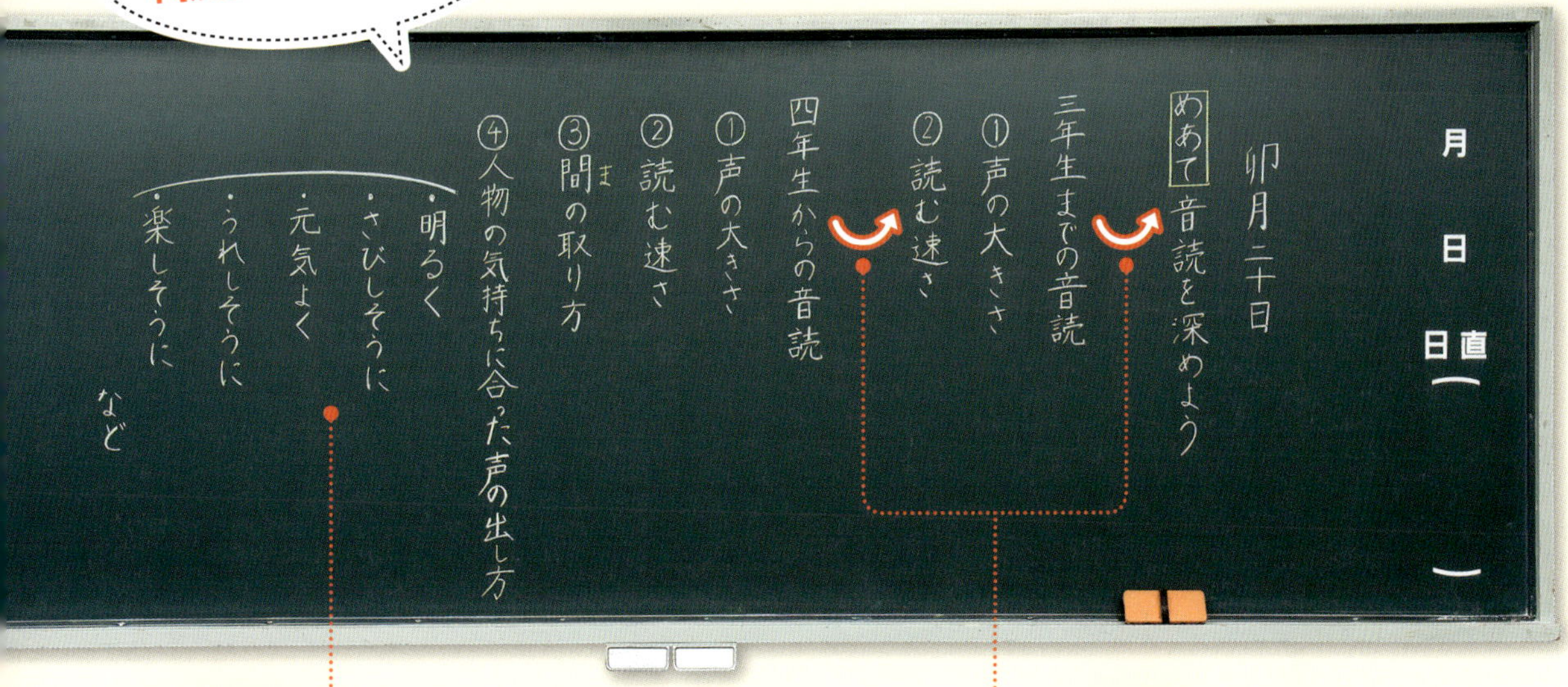
月
日
日直（　）
卯月二十日
めあて 音読を深めよう
三年生までの音読
①声の大きさ
②読む速さ
四年生からの音読
①声の大きさ
②読む速さ
③間《ま》の取り方
④人物の気持ちに合った声の出し方
・明るく
・さびしそうに
・元気よく
・うれしそうに
・楽しそうに
など

**Point 1**

ノートで１行空けるときは、板書でもしっかり余白をとります。

**Point 2**

「人物の《物》の横に『・（点）』を書きましょう」と伝えれば、どの子どもも同じノートになります。

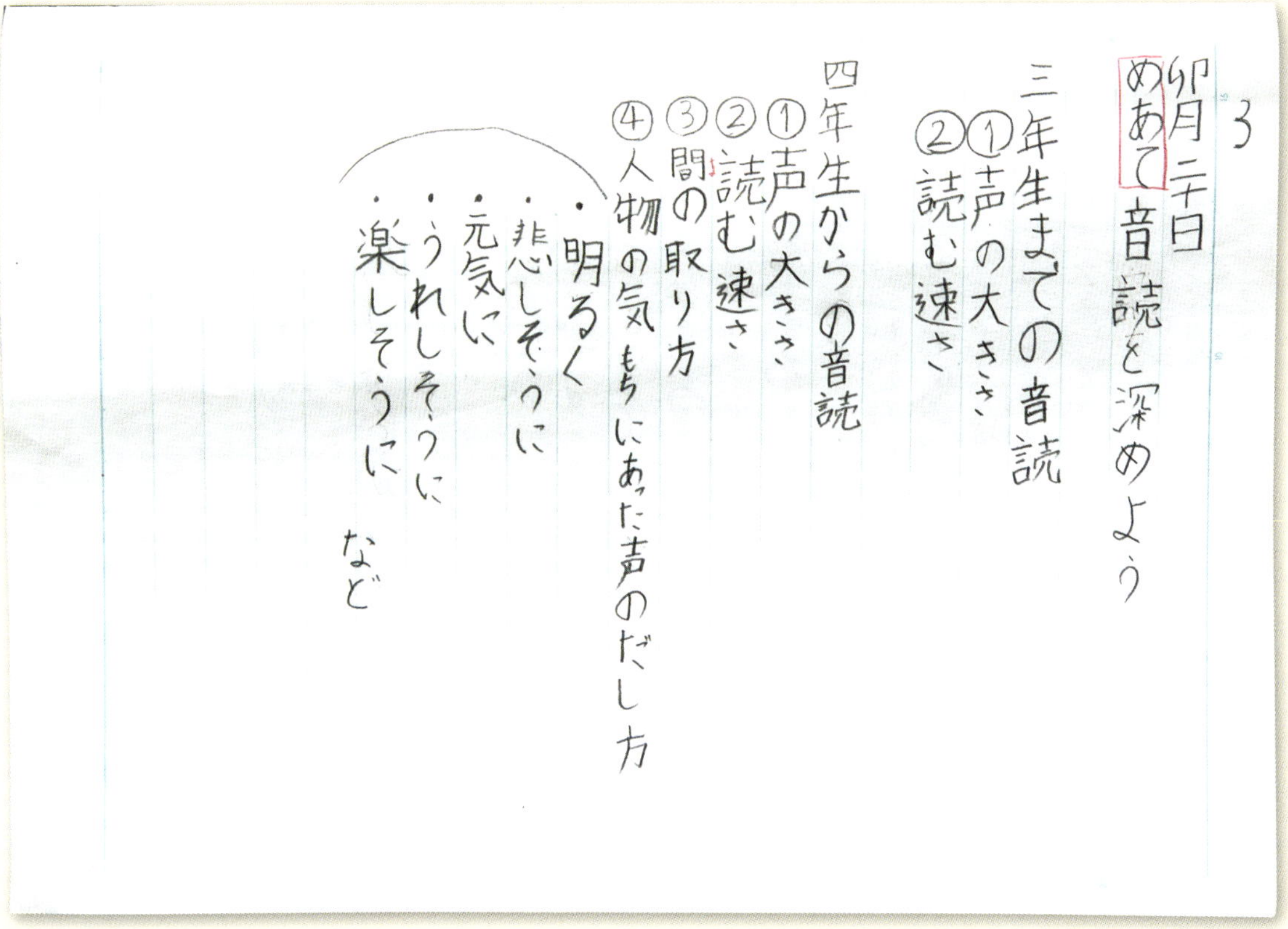
3
卯月二十日
めあて 音読を深めよう
三年生までの音読
①声の大きさ
②読む速さ
四年生からの音読
①声の大きさ
②読む速さ
③間の取り方
④人物の気もちにあった声のだし方
・明るく
・悲しそうに
・元気に
・うれしそうに
・楽しそうに
など

07 Note

# ノート指導のホップ・ステップ・ジャンプ！次に「プラスαのメモする力」を鍛える

## 書いて考える習慣がメモする力を伸ばす

**ノート指導は、子どもと直接つながるチャンスです。**その子どもの以前の姿と現在の姿を比較し、成長した部分をたくさん見つけて、言葉にすることが何よりも大切です。

子どもたちの様子を観察していると、授業前から日付を記入している子ども、前回のノートを見ながら友達と話をしている子どもが必ず出てきます。このような子どもたちの前向きな姿を見つけたときはすぐに褒め、クラスに広げましょう。「授業を受けるための心構え」のお手本を教える絶好のチャンスです。

ノート指導に力を入れると、ノートづくりに興味がもてない子ども、丁寧に書けない子どもが気になるようになってきます。そんなとき、「ノートにきっちり写しなさい」「美しい字で書きなさい」というような声かけでは、子どもに真意が伝わりません。スモールステップでも褒めて伸ばしていきましょう。

書くことが当たり前、ノートは大切にしたいという学級の雰囲気が出てきたら、ノート指導の「ステップ！」の実践に進みましょう。

**①友達の意見をメモする。**

「書ける人は友達の意見もサッとメモしていいよ」と声をかけます。

**②自分の考えを書く。**

自分の考えをノートに書くためには、先生が言っていること、板書に書かれていることに対して、

- **自分の考えをつけ足す。**
- **文全体を見直す。**
- **必要のない部分を削る。**
- **そのほかの必要な要素をつなげる。**

という4つの作業を同時に行うことになります。

プラスαのメモする力を伸ばすためには、「今日学んだこと」など、振り返りを書く習慣を授業に取り入れるのがおすすめです。また、この作業に慣れてきたら、少し考えを書く時間をとって、クラスで友達の考えを共有しましょう。子どもは書いて考えると安心します。そして授業中、気になったことがあれば、とりあえずメモする習慣をつけるよう指導していきましょう。

慣れてくると、教師が「書きなさい」と言わなくても、自分の判断でメモをするようになります。このメモする力が、ノートを参考書のような、各自のオリジナルノートに変身させます。

ステップのノート指導
「板書→ノート」

**算数「2けたのわり算」（3年生）**

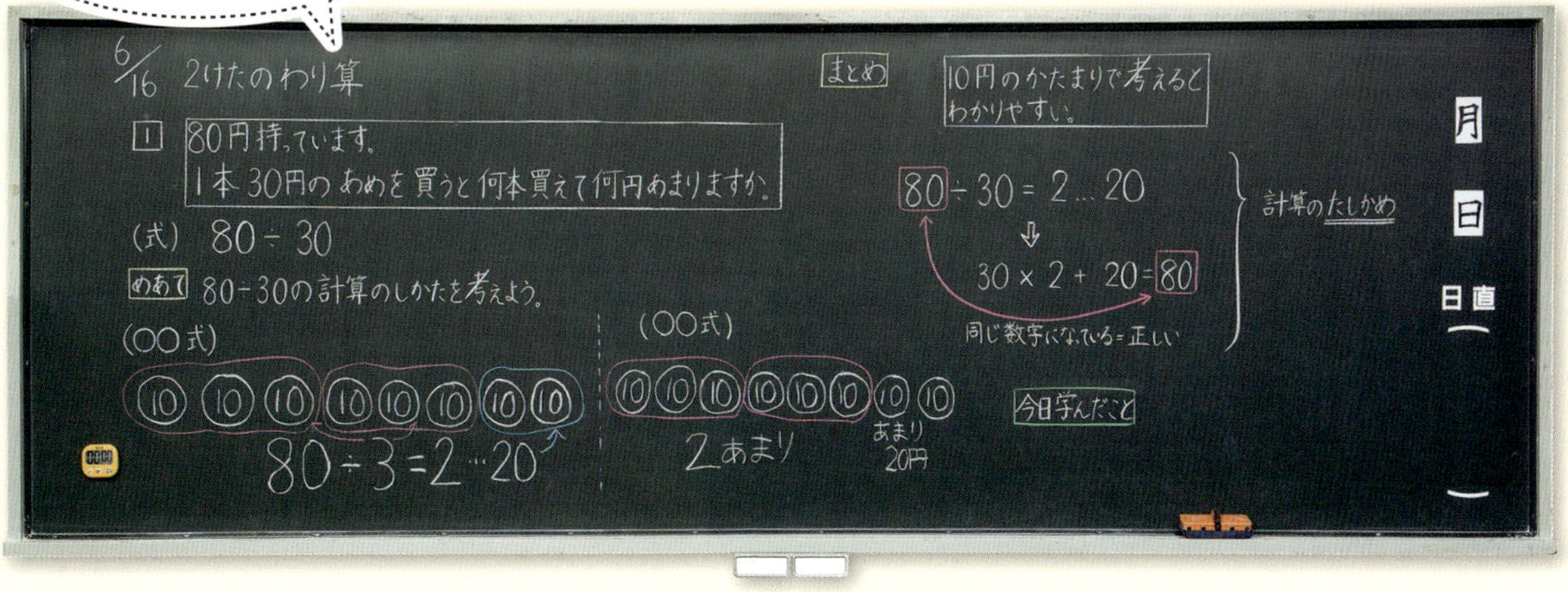


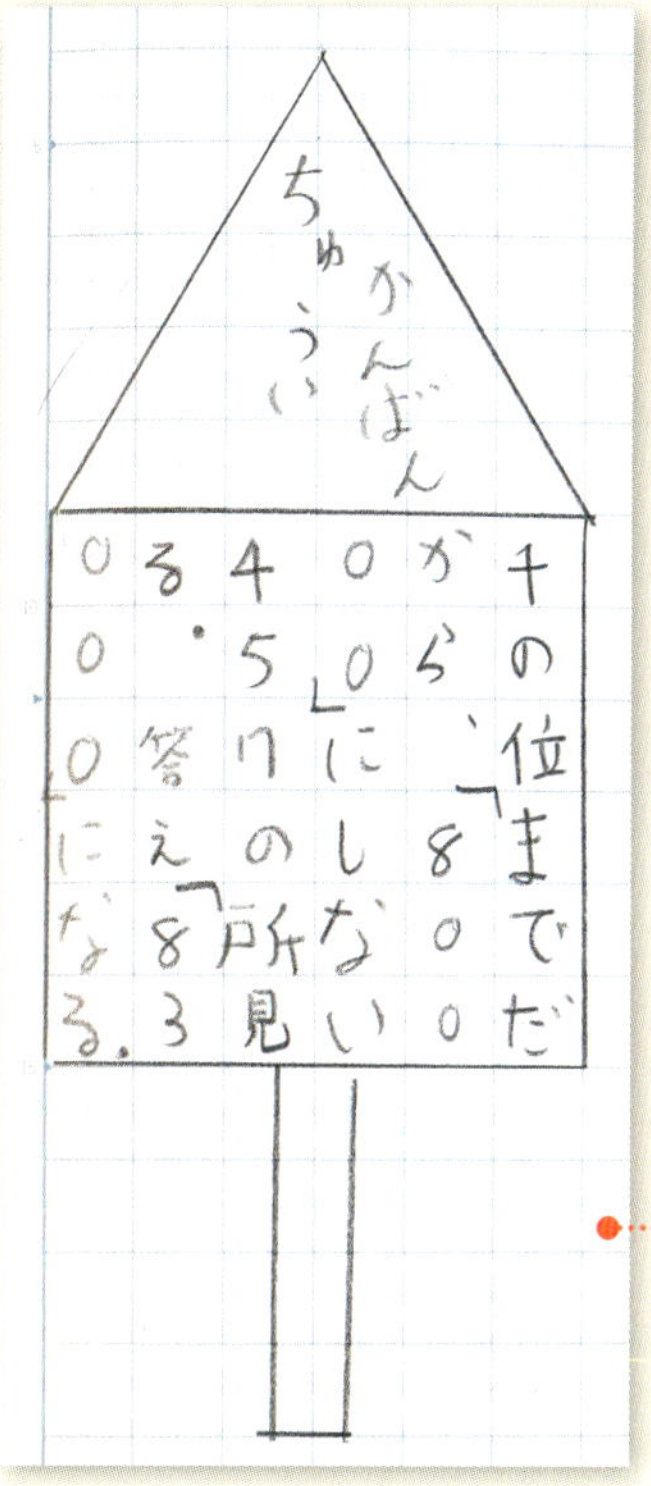


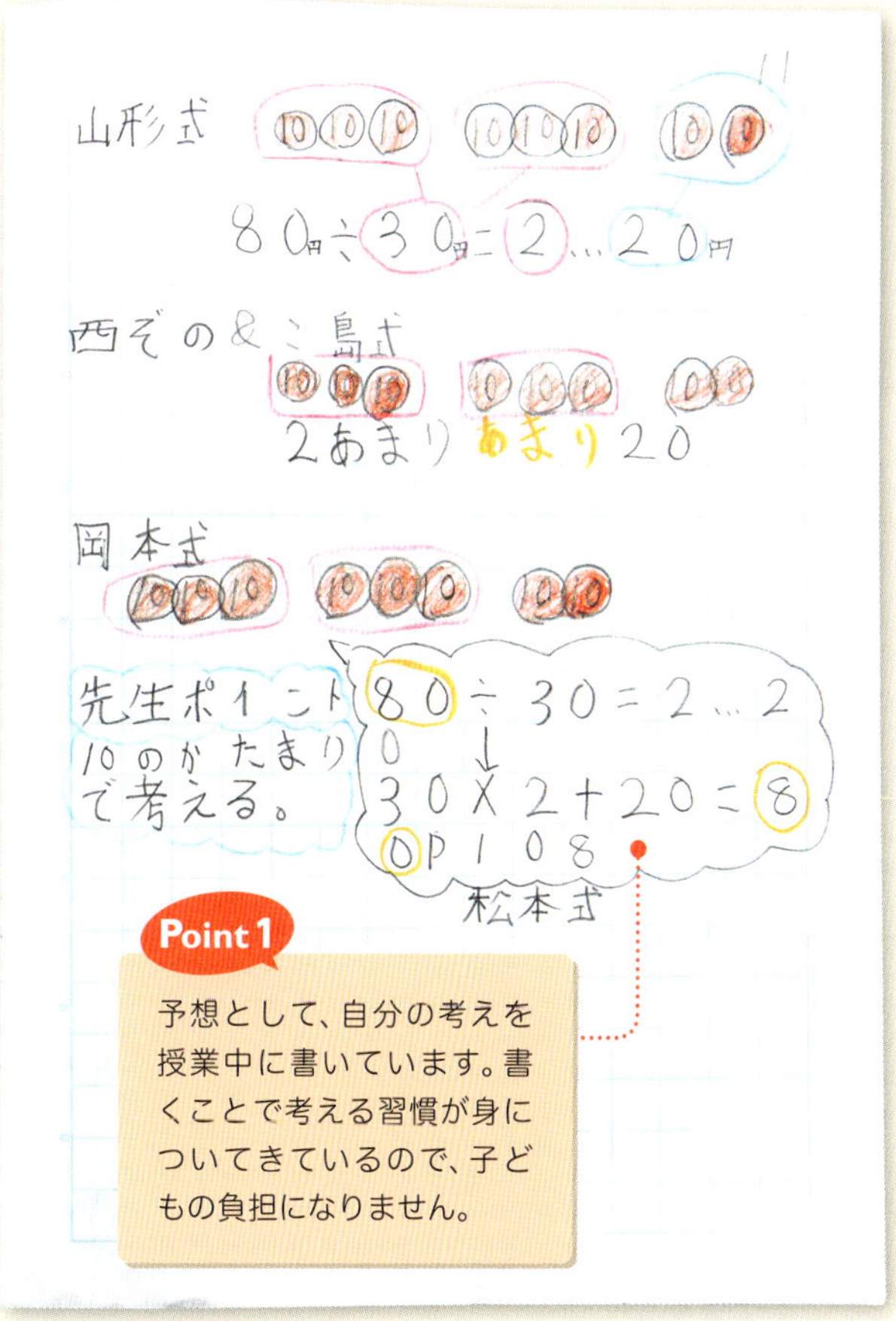


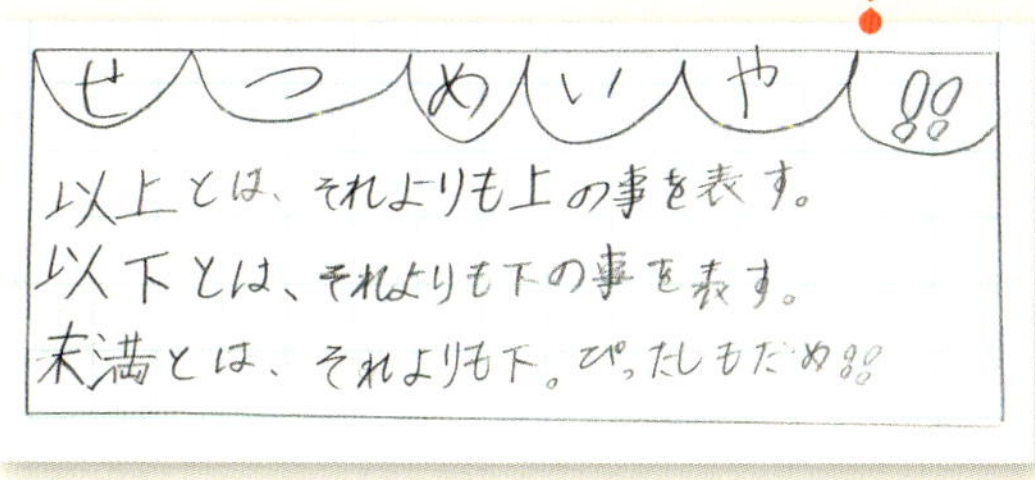


**Point 2**

板書にはなくても、自分にとって大切な内容は、子ども自身で工夫をしてメモしています。

**Point 1**

予想として、自分の考えを授業中に書いています。書くことで考える習慣が身についてきているので、子どもの負担になりません。

08
Note

# ノート指導のホップ・ステップ・ジャンプ！最後に「ノートづくりの喜び」を教える

## 創意工夫を凝らした自分だけのノートで学ぶ

板書をノートに写すことができ、書きながら考える習慣がついてくると、わからない言葉に出合ったとき、その言葉の意味を国語辞典で自分で調べて、そっとノートにメモしている。そんな子どもが出てきます。このように、ノートを自分のために活用し、工夫できるようになったら、「ジャンプ！」の時期が近づいている証拠です。

次の3つの項目にすべてあてはまるようになったら、「ジャンプ！」にステップアップしましょう。

- 子どもたちは、1コマの授業内でスムーズにノートが書けるようになった。
- ノートの使い方が定着しており、学年の発達段階に応じて書く量や内容、まとめ方などの工夫を指導した。
- 教師自身が板書計画を工夫するようになった。

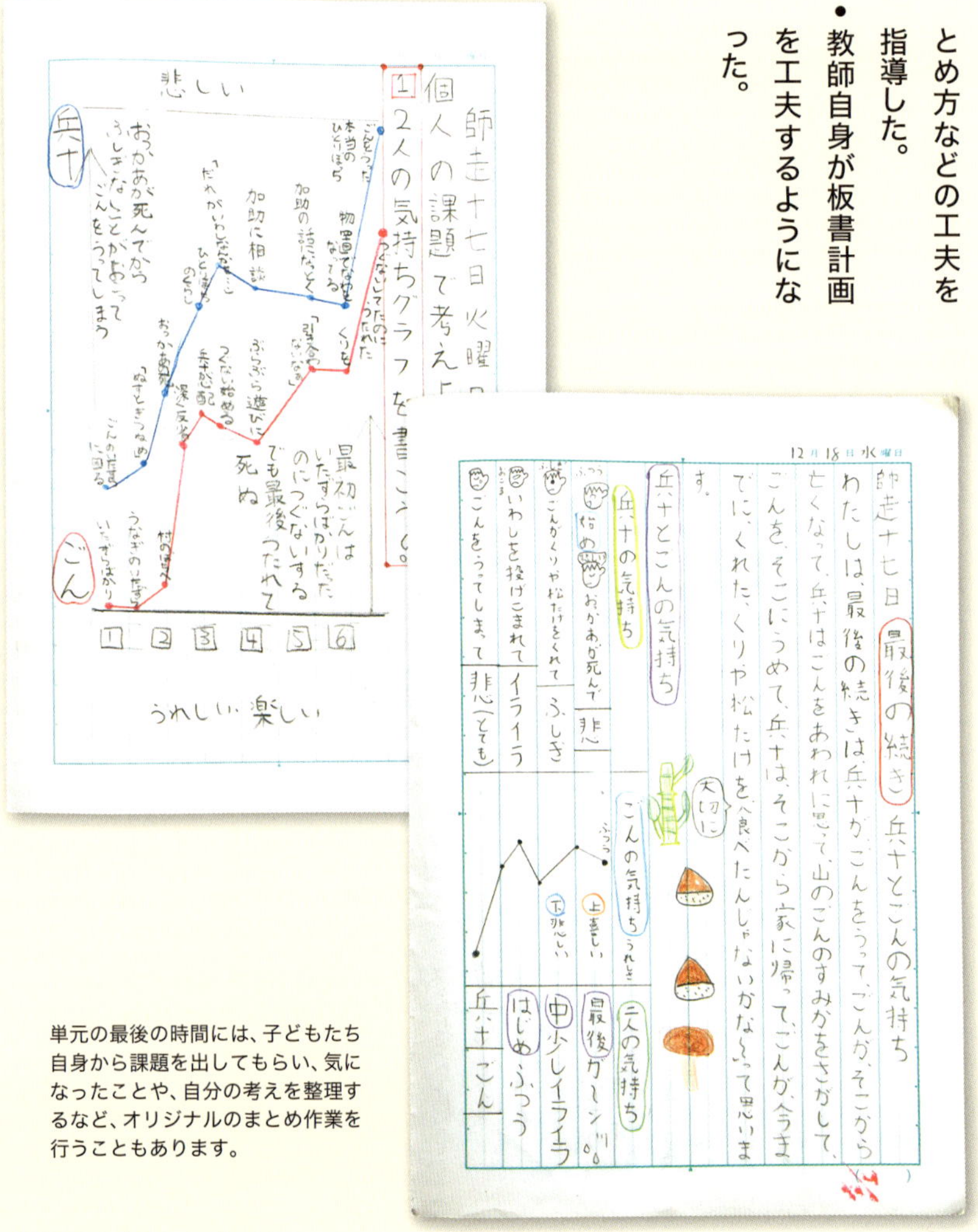


単元の最後の時間には、子どもたち自身から課題を出してもらい、気になったことや、自分の考えを整理するなど、オリジナルのまとめ作業を行うこともあります。

ジャンプのノート指導
「板書→ノート」

算数「小数」（4年生）

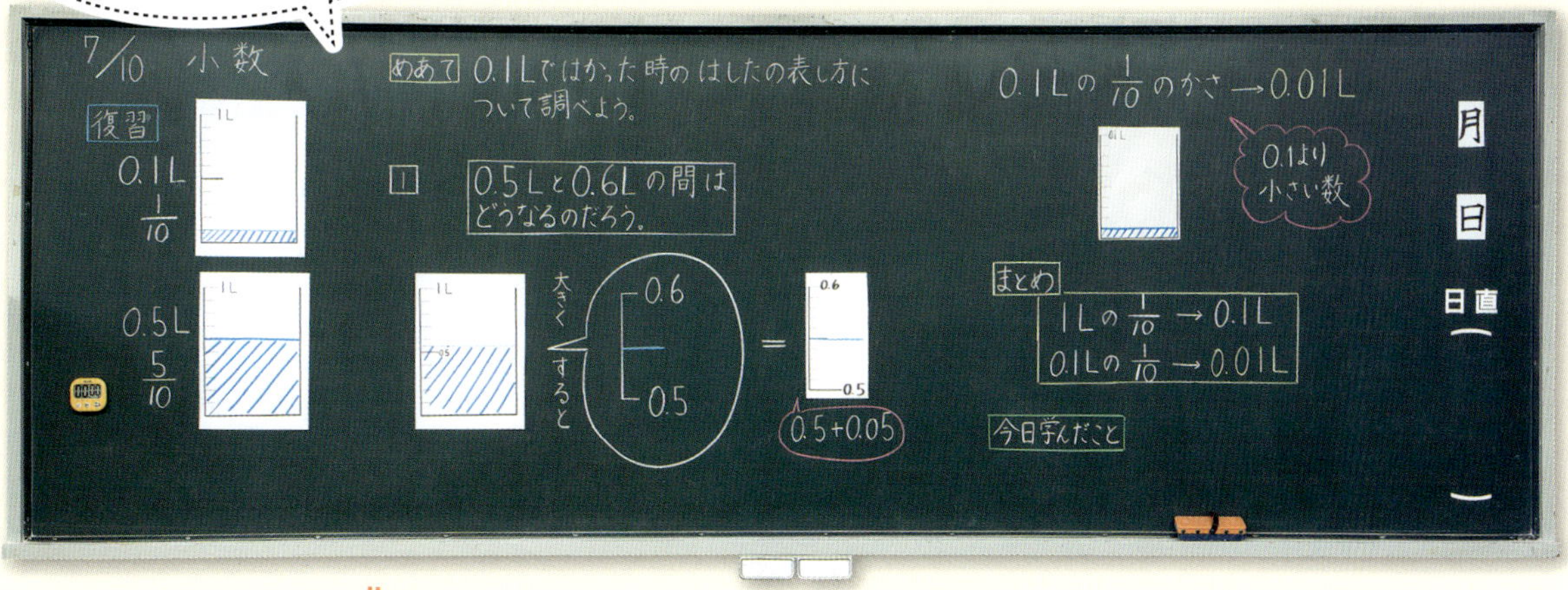


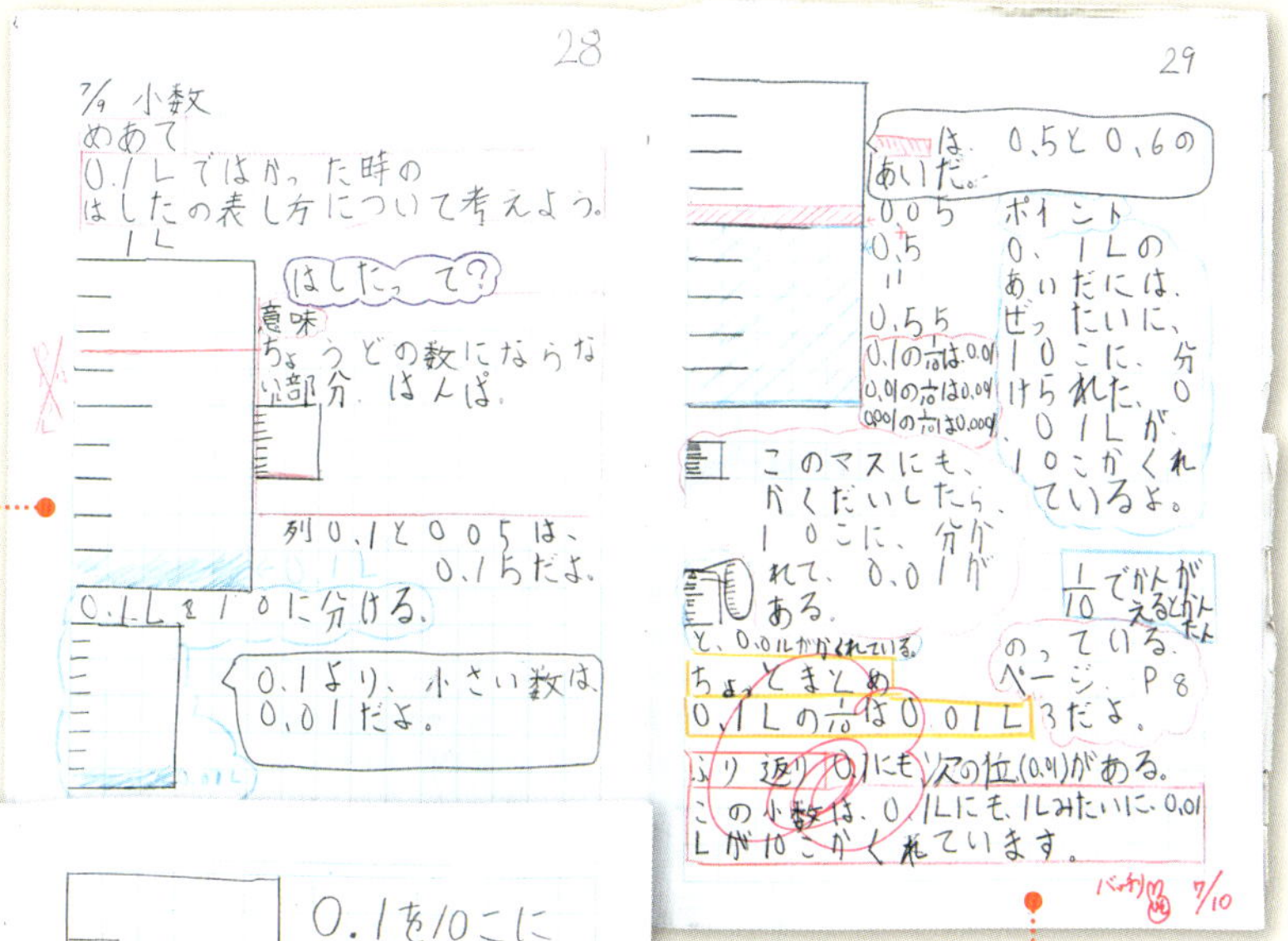


**Point 2**

学んだことを自分で工夫してメモしているため、まったく違うノートになっています。

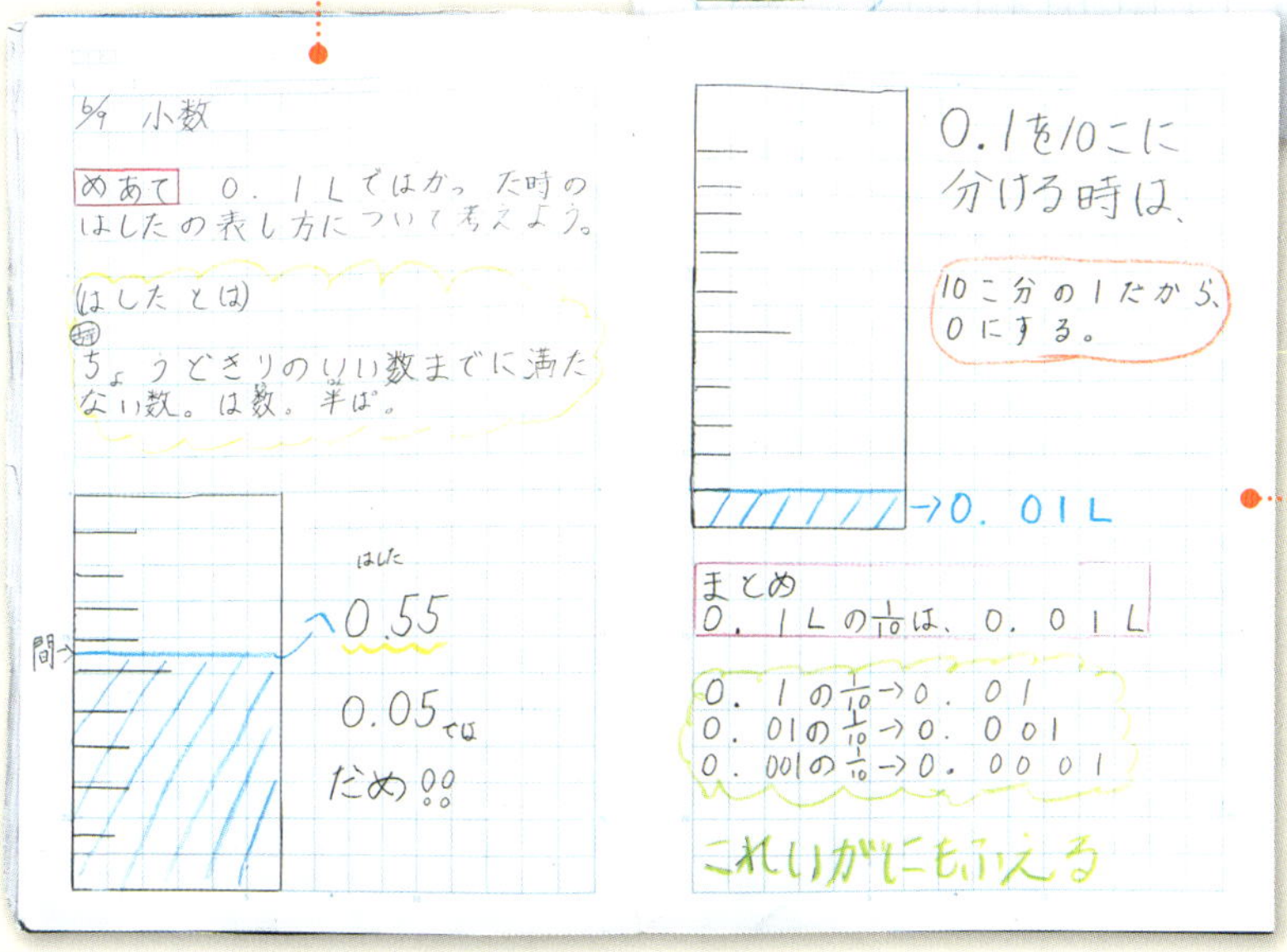


**Point 1**

「日付」「めあて」「振り返り」は、必ず書くようにします。この３点以外は子どもたちに任せています。

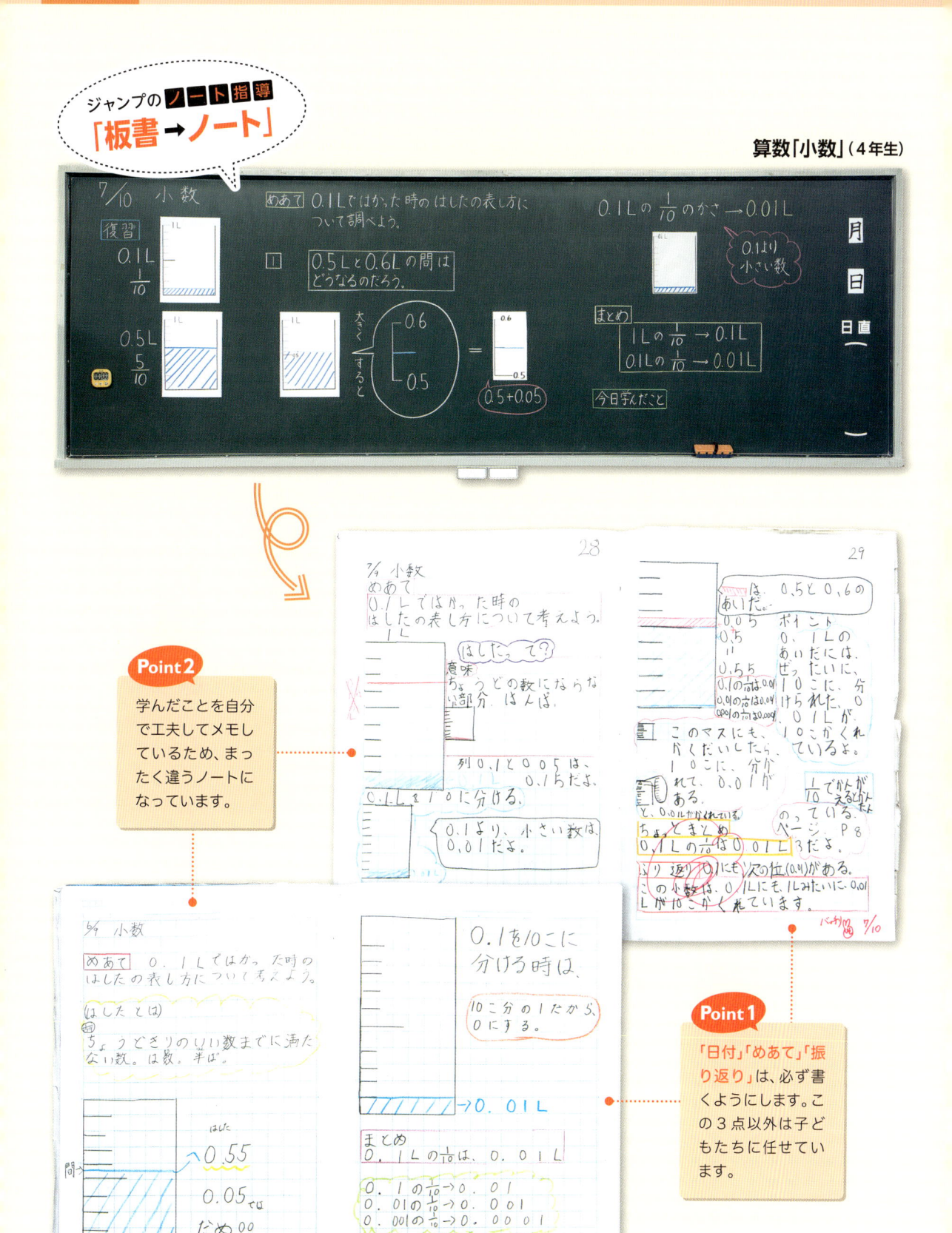

09

Note

# どの子もノートが書けるようになるためのノート指導の2つのポイント

## 子どもの学習意欲とノートの関係

「先生、今日の授業、楽しかったなあ」「さっき先生が言ってたことって、こういうことやんなぁ?」、授業後の教室がこんな会話で溢れたとき、何とも言えない、この仕事の素晴らしさを実感する瞬間です。

　**楽しい授業、学習したことができるようになった授業、わかる授業、それをサポートするのがノートです。**勉強する前と勉強したあとの「賢さ」がノートからにじみ出るようにしなくてはいけません。

　ノート指導の最初は、板書の文字量にも注意しましょう。まずは、子どもたちがしっかり書ける文字量を、教師が認識することが大切です。授業中、子どもたちのノートを確認し、進み具合を確認しましょう。そして、板書をきちんと書けるようになったあと、文字の丁寧さや、メモをする内容など、ノートの質を高めましょう。

　ノート指導を実践していたとき、ふと私は「ノート指導をきっちり行うことで、学級崩壊は防げるのではないだろうか?」、そんなことを思いつきました。そして、ノートを使って、全員が授業に参加できるように授業を進めるよう心がけるようになりました。私のこの考えや行動は、すべて私がかかわってきた子どもたちの姿から教えてもらったことです。子どもを表現するのは、単元の最後のテストではなく、ノートです。

　**子どもを信じて、実践していきましょう。**

## ポイント1 《スッキリ》まとめる

　子どもたち自身が、ノートを《スッキリ》まとめることができるようになるには、ノートの使い方、資料の貼り方など、ルールを子どもたちに教えることが大切です。

　「ノートをまとめることができた」という快感を積み重ねることができれば、子どもたちは自然とノートづくりにハマっていきます。

### 色のルールで《スッキリ》

　文字の色分けするいちばんの理由は、目立つからです。しかし、子どもたちは色分けを始めると、何色も使おうとします。色を使い過ぎてしまうと見にくくなってしまうので、注意が必要です。

**白いチョークの文字は鉛筆で写す、黄色のチョークの文字は赤鉛筆で写すという具合に、クラスでルールをつくっておくとよいでしょう。**

高学年女子に多いのですが、ノートづくりに慣れてくると、鉛筆の上から、色鉛筆で色を塗る子どもを見かけることがあります。これは、手間がかかるうえに、文字も見にくくなります。ルール以外の色の使い方や文房具の使用はできるだけ避けましょう。もし見つけた際は叱るのではなく、理由を説明し、ノートづくりのアドバイスとして改めてルールを伝えるとよいでしょう。

**Point**

余白がなかったり、色数が多かったりするのはNG。
常に見やすさを重視したノートをめざしましょう。

111ページには、同じ単元の板書と、ほかの子どものノートが掲載されています。ぜひ、見比べてみてください。

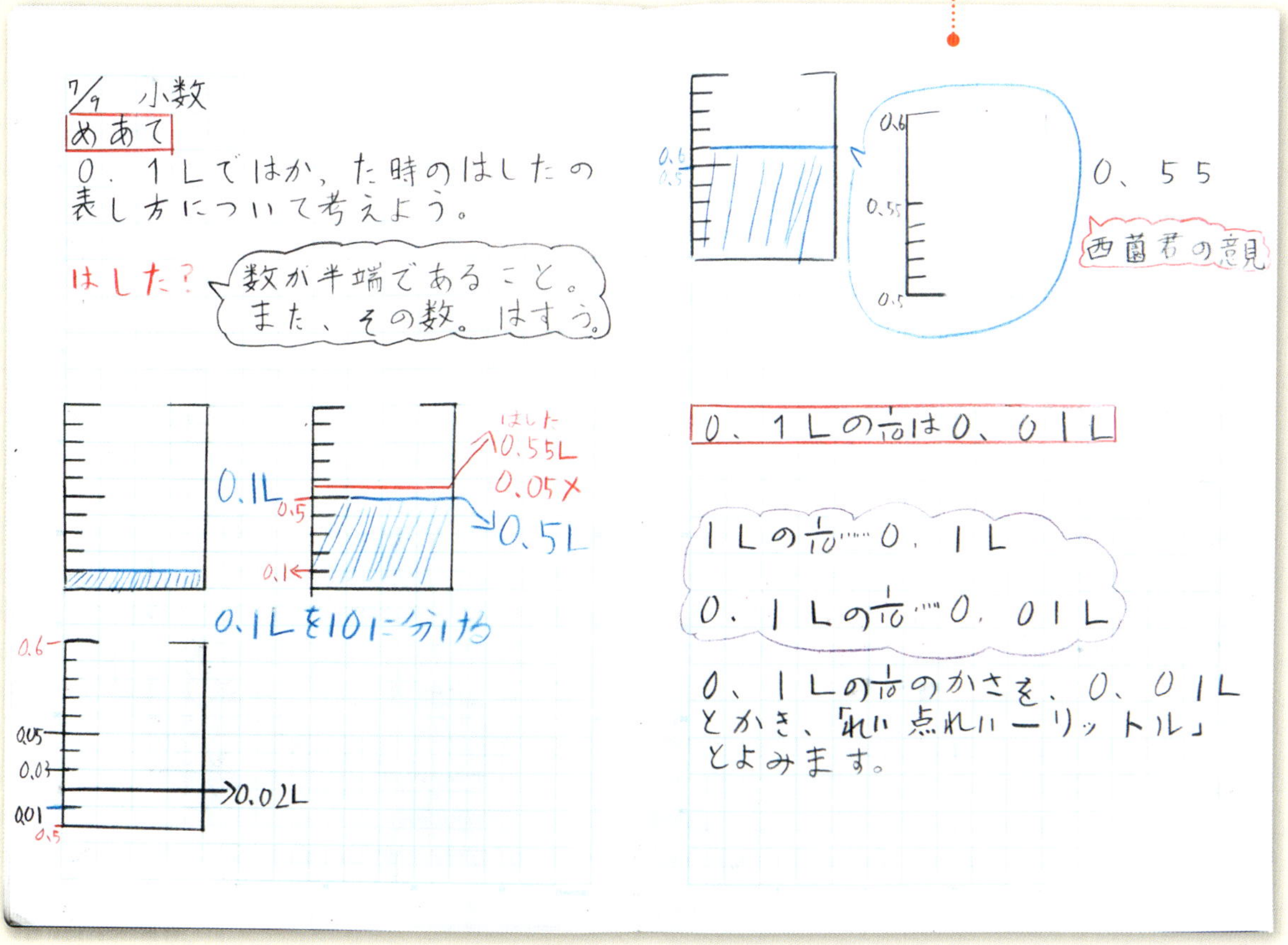


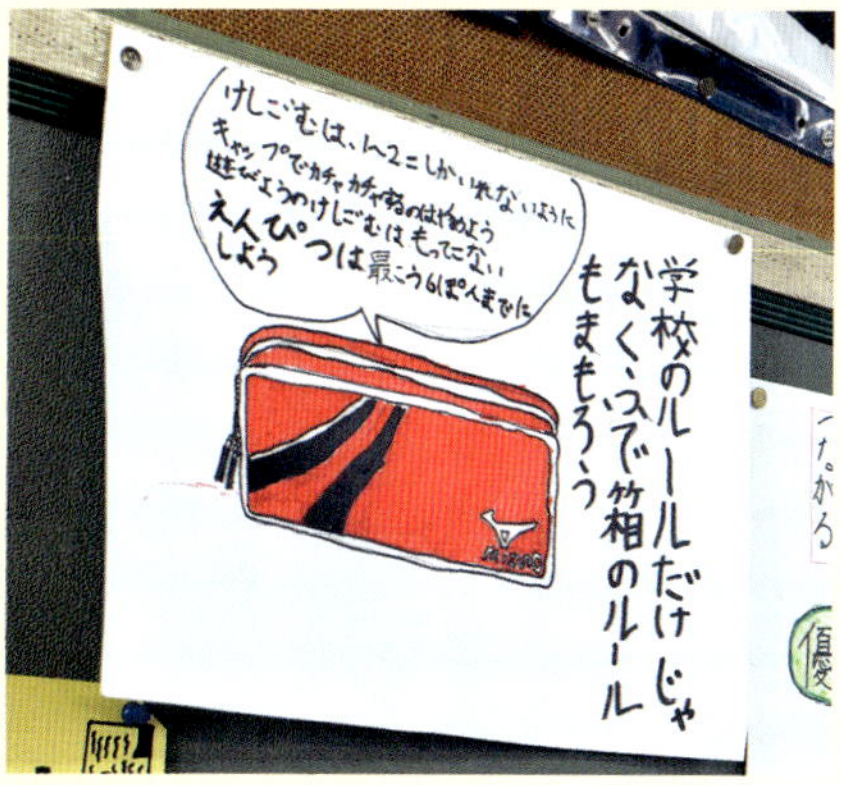


学校では、各学級の代表が文房具のルールを話し合い、学年全体で持ってきていいものを決めています。

## 資料を《スッキリ》貼る

「たかが資料を貼るだけ」と思われるかもしれませんが、資料を《スッキリ》貼るテクニックもノートづくりには欠かせません。資料を貼るときに少し注意するだけで、よりいっそうノートづくりにハマっていく子どもが増えていきます。

子どもが、資料を《スッキリ》貼りことができるようになるコツは、こうです。

- **教師が適当な大きさに切っておく。**
- **紙が大きい場合は、一度折ってから貼る。**
- **資料がノートからはみ出さないように貼る。**

少しでもはみ出してしまうと、時間が経つにつれ、ノートや資料がぐちゃぐちゃになってしまいます。

また、**子どもたち自身で工夫できるように、はさみとのりは机のお道具箱、または筆箱に常備しておくようにしましょう。**液体のりは、資料がしわになりやすいので、スティックのりがおすすめです。

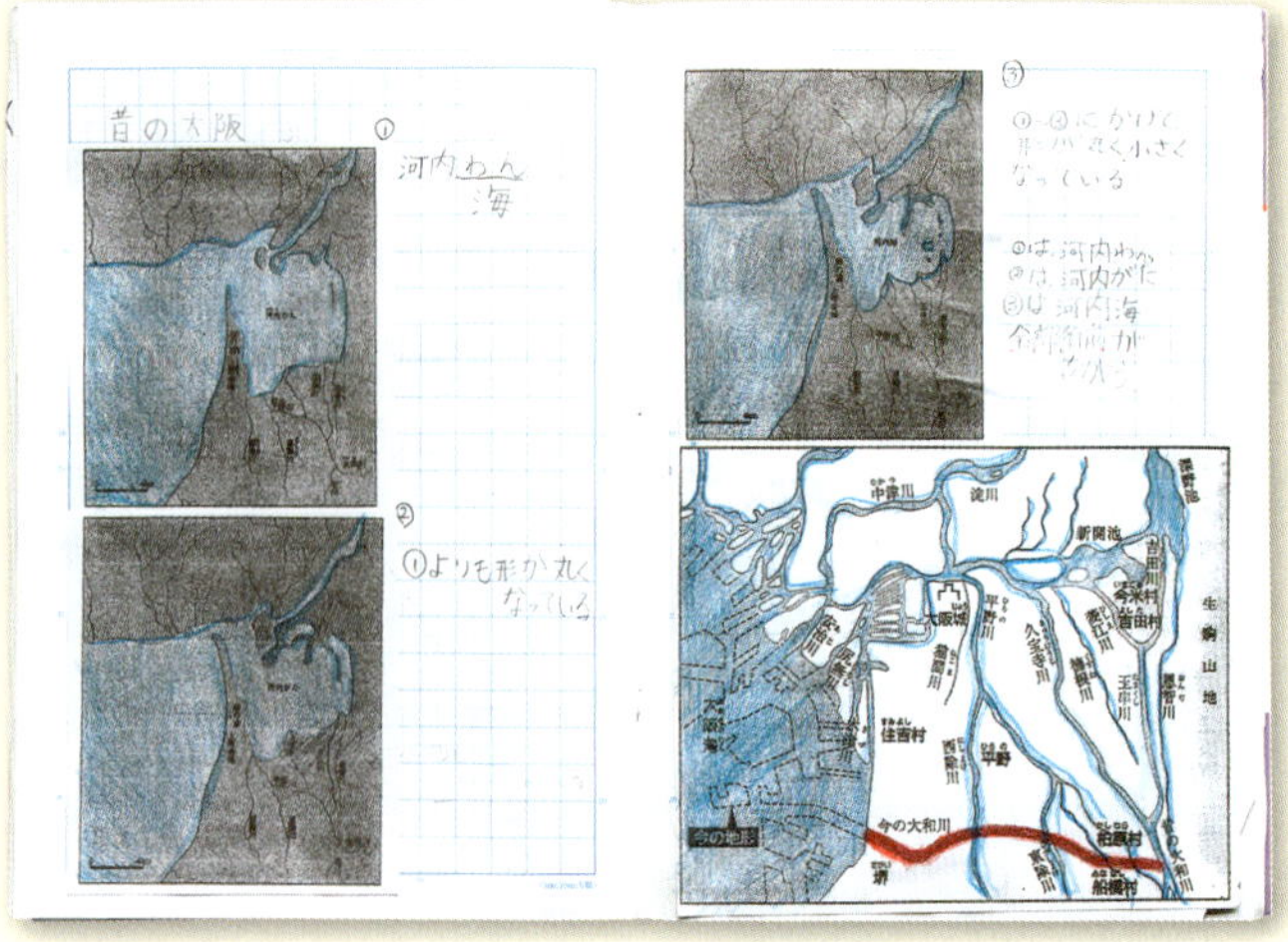


教師が資料のサイズをそろえておくと、いくつもの資料を簡単に見比べることができるノートがつくれます。

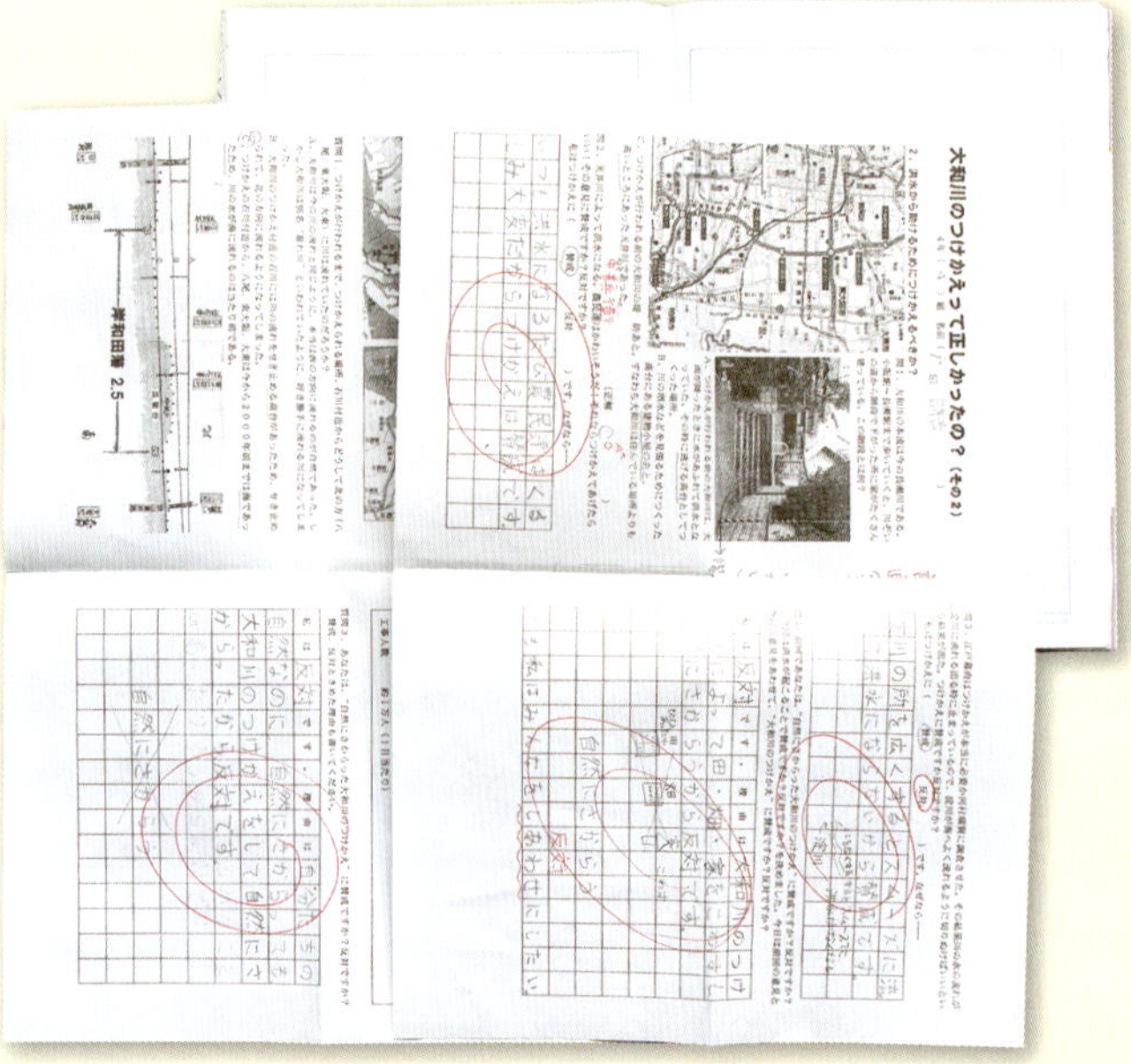


資料を４つに折ってから、ノートに貼っています。あとから開いて見ることもできます。また、じゃばら折りで貼る方法を教えておくと、《スッキリ》まとめることができ、心地よく学習することができます。

## 文房具を《スッキリ》

ノートづくりのために、色ペンを認めると、筆箱いっぱいに色ペンを持ってくる子どもがいます。子ども同士で貸し借りも増え、トラブルの原因になることもあります。

おもちゃのような形の消しゴムや香りつきのペンなど、最近は遊び道具に変身しそうな文房具がたくさんあります。そして、子どもたちはそういうものが大好きです。子どもの筆箱が、遊び要素にあふれた文房具でいっぱいにならないよう気をつけなければいけません。

そのためには、文房具について、学年の先生方と相談しながらルールを決めることが大切です。ルールを決めるときは、

- **授業に関係ないものはけっして認めない。**
- **子どもが納得できるようなルールにする。**

この2つを大切にしています。

## 身の回りを《スッキリ》

班やクラスで、筆箱やお道具箱の「整理整頓タイム」をつくりましょう。教師が指摘するよりも、子ども同士で指摘するほうが効果がある場合もあります。身の回りも、常に《スッキリ》しておくように心がけましょう。

## ポイント 2 振り返りを書く

「時間がなくなってしまい、振り返りができなかった」という経験はありませんか。私自身、新任の頃の研究授業では、指導案では振り返りを書く時間を取っているにもかかわらず、時間が足りず、飛ばして授業が終わるということが何度かありました。

しかし、振り返りにもいくつかの自分の型をつくっておけば、短い時間でも簡単に取り組むことができます。私のおすすめは次の3つの方法です。

## テーマを与えて振り返り

国語の物語文では、登場人物の気持ちの変化を取り上げ、「感情が変化した一番の理由」や「感情の動き」をテーマにするという方法があります。《振

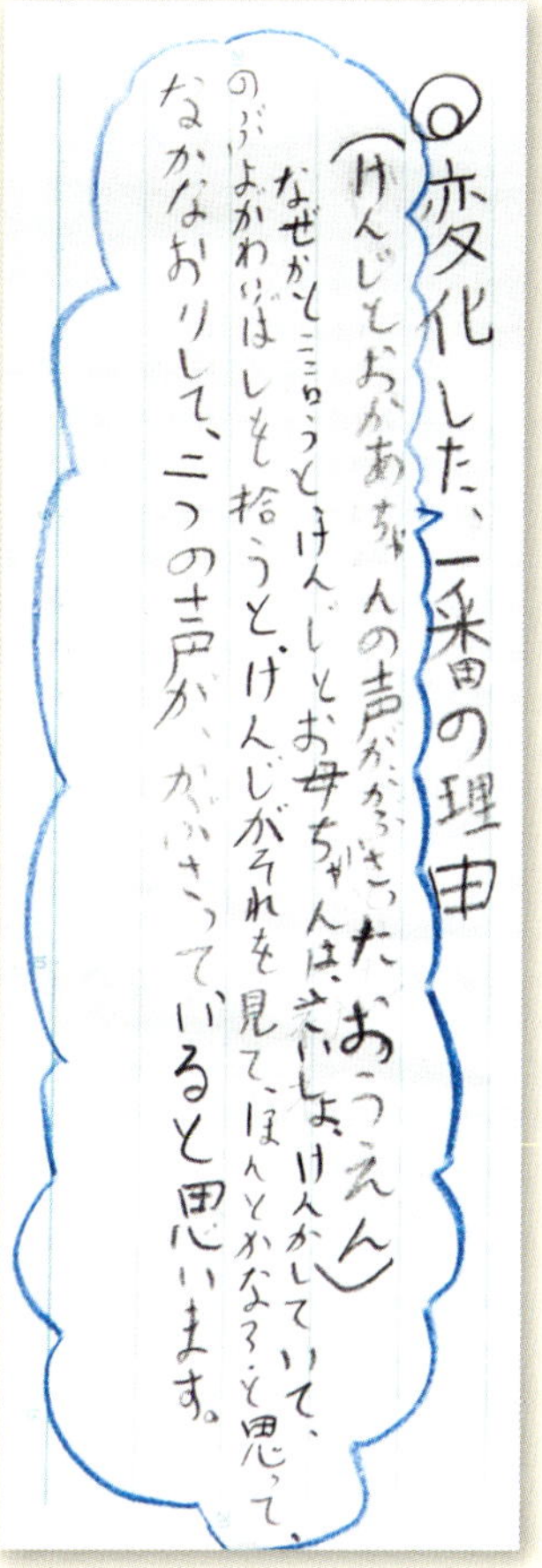


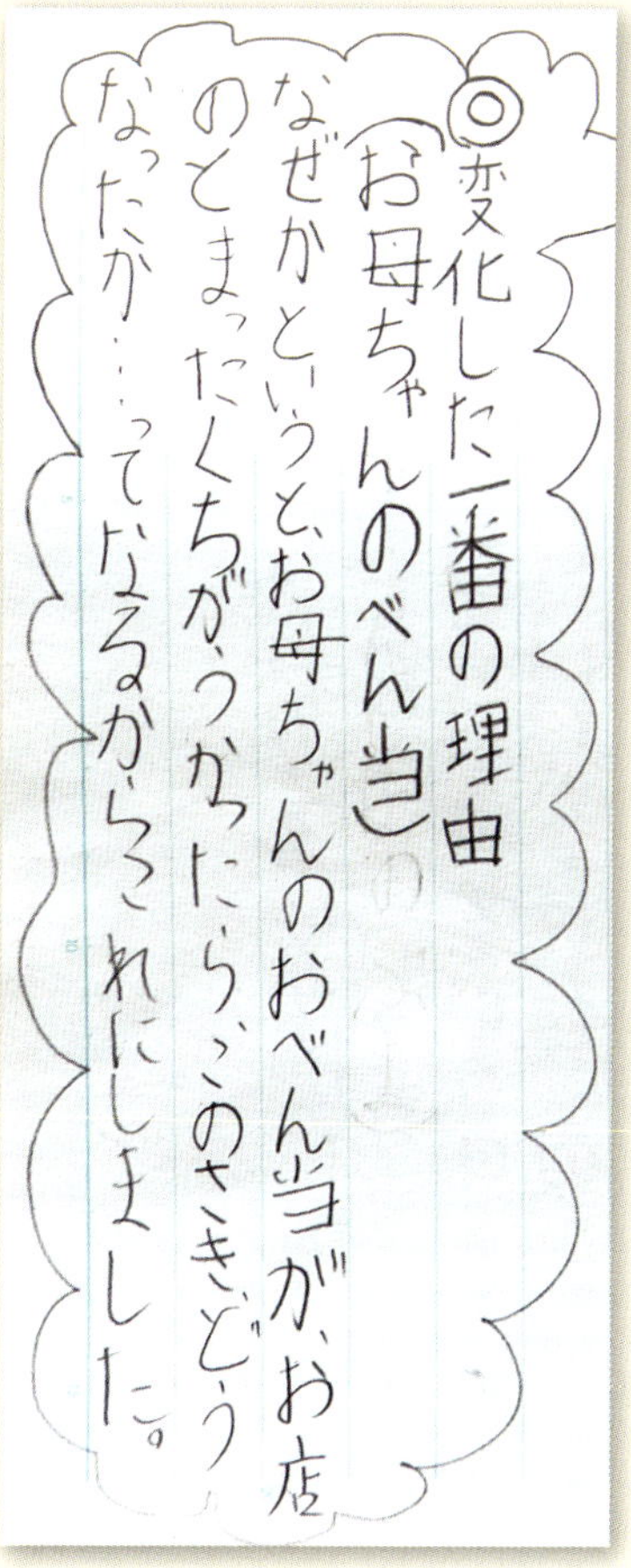


同じ授業を受けているにもかかわらず、振り返りの内容は、子どもによってまったく異なります。振り返りが、自分の考えの決定の場になっています。

り返り》で自分の意見を書くときは、その根拠も一緒に書かせるようにしています。

## キーワードを与えて振り返り

教師が、知識として身につけてほしい言葉などを選び、その意味を説明しながら、振り返りの活動を行います。書くことに慣れてきた時期や、高学年の社会などで活用できます。

## 題名をつけて振り返り

「題名は、主題であり、取材になる」。これは、ある校長先生に教えていただいた方法で、子どもたち自身に今日学習した内容の題名を書かせます。

国語「サーカスのライオン」（3年生）では毎回、授業後、主人公の気持ちを名前の上に入れることにより、主人公の心の変容を理解しました。

**振り返りで大切なのは、授業のめあてに合った意見だけでなく、そうではない意見も板書することです。**振り返りには答えがないので、いろいろな意見を吸い上げましょう。また、自分の意見が板書されると、子どもは非常に喜び、自分を認めるきっかけにもなります。自分の意見が使われ、クラスのさまざまな意見で板書が深まることが実感できると、さらに子どものやる気は高まります。

高学年の振り返りでは、自分の考えを自由に表現できるようになります。この力は、板書とノートでしっかり鍛えましょう。

**Point**

私の学級では、「◎」が振り返りのマークです。「◎」を書いておくだけで、「振り返りをしますよ」というメッセージになっています。

国語「サーカスのライオン」（3年生）

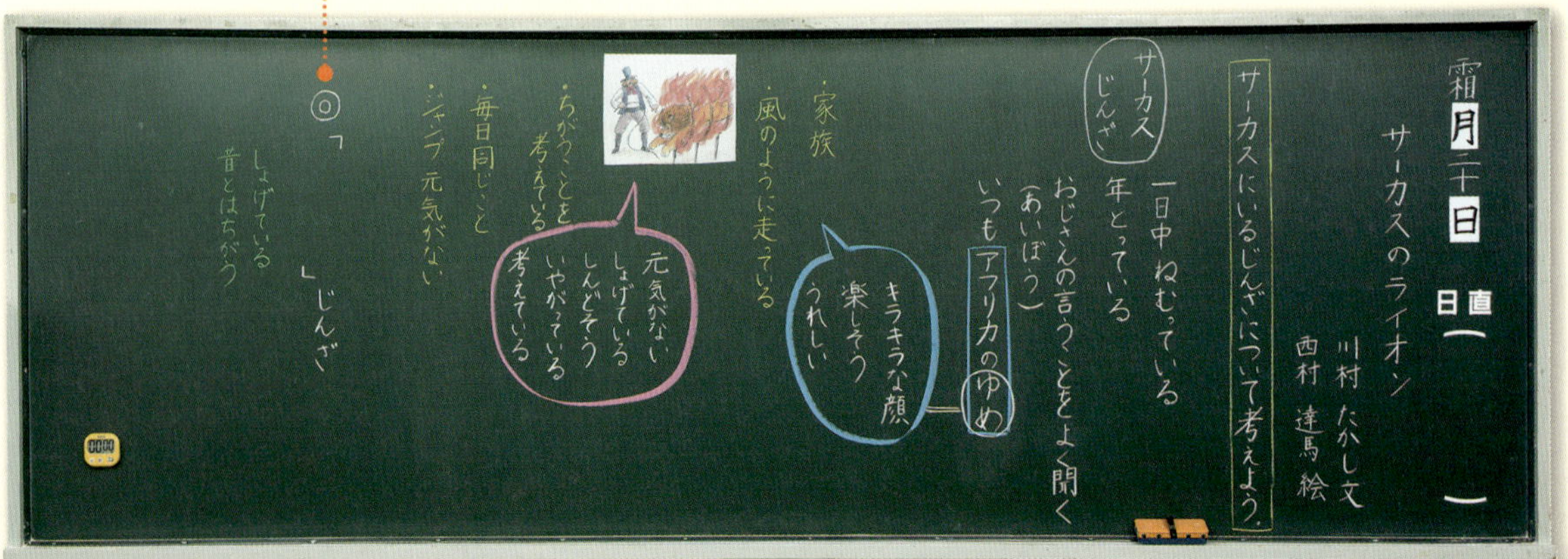

YUKI
100%

何を書くかを悩む子どもにとっては、この板書が参考になります。机間指導をしながら、いくつか書きましょう。

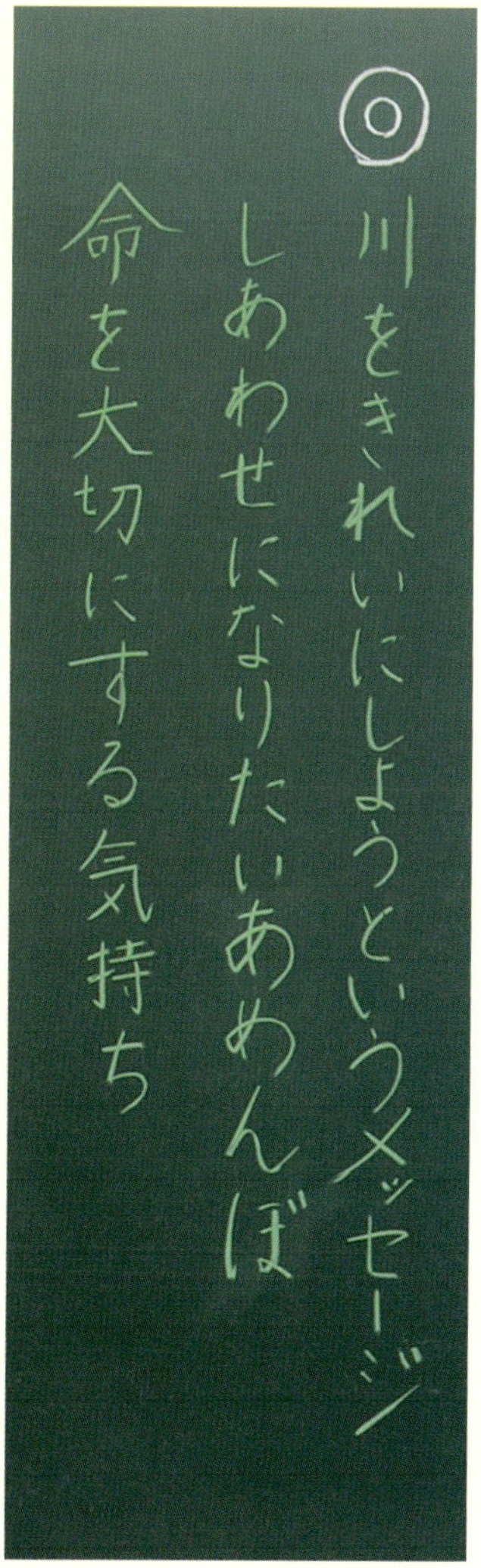
◎川をきれいにしようというメッセージ
しあわせになりたいあめんぼ
命を大切にする気持ち

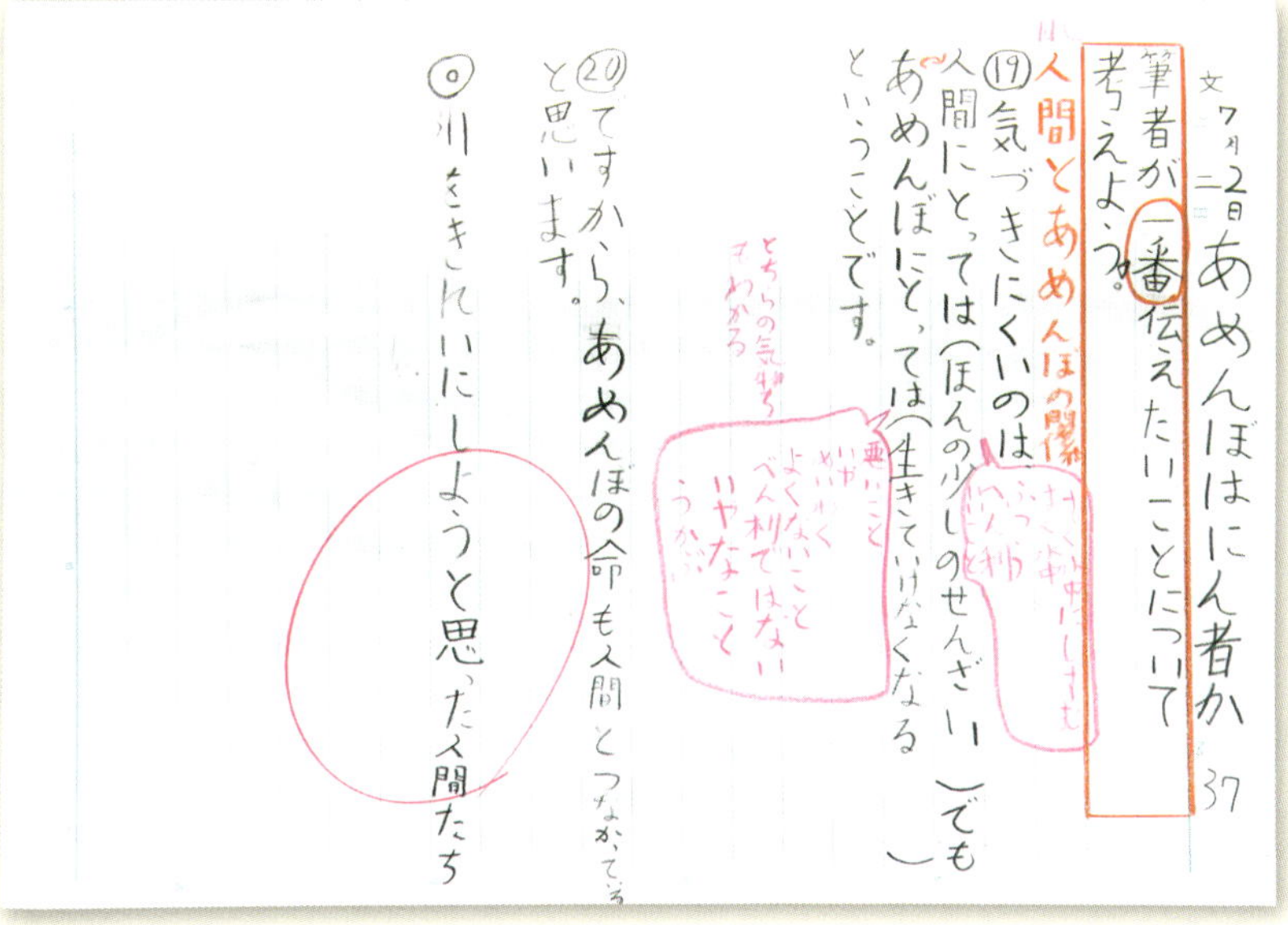
文 7月2日 あめんぼはにん者か
筆者が一番伝えたいことについて考えよう。
人間とあめんぼの関係
⑲気づきにくいのは、人間にとっては（ほんの少しのせんざい）でも
あめんぼにとっては（生きていけなくなる）
ということです。
どちらの気持ちもわかる
よくないこと
べん利ではない
いやなこと
⑳ですから、あめんぼの命も人間とつながっていると思います。
◎川をきれいにしようと思った人間たち

## ノートの4つの機能

授業の最後に振り返りを書くという作業は、東井義雄氏が『村を育てる学力』（明治図書出版）で書かれている、下記の4つのノートの使い方につながっていくと思います。

**①練習帳的使い方**

**②備忘録的使い方**

**③整理保存的使い方**

調べたこと、わかったこと、感じたことをノートに整理する。

**④探究心的使い方**

書きながら考え、考えながら書いていくことにより問題を発見する。

振り返りの時間は、授業で学んだことを知識として習得する、「備忘録的使い方」であり、授業でわかったことや感じたことをノートに整理する「整理保存的使い方」にあたると思うのです。

そして、子どもにとっての目標は、このような取り組みを一人でできるようになることです。日々のノート指導は、「練習帳的使い方」の練習でもあると思います。自ら学び、自ら学びをまとめたり、整理保存したりできるように、ノート指導することを心がけています。

COLUMN

# ステップアップしていきたい！ 中・高学年の振り返りのポイント

中学年にもなると、少しずつ振り返りに取り組む機会が増えてくると思います。私は、最初はこんな声をかけながら進めています。

T「では、振り返りを書きます」
C「どうやって書くんですか？」
T「１時間の授業に題名をつけてみましょう。サーカスのライオンで言ったら、『○○じんざ』って名前をつけるように考えてもいいよ」

T「何か思いついた人はいますか？」
C「はい。『今と昔は違うじんざ』です」
T「いいね！　こんなふうに題名をつけてみましょう。はい、ではどうぞ」

高学年では、少しレベルアップして、今日の学習で考えたこと、新たに気づいたり、わかったりしたこと、友達の意見で参考になったこと、これからの学習に活かしたいことを書かせるようにしています。

T「では、振り返りを書きます」
C「どうやって書くんですか？」
T「低学年の友達に、今日の学習を教えてあげるように書きましょう」
T「ポイントをたくさん言い過ぎると伝わらないし、説明が難しくても理解できません。自分の言葉で相手にわかりやすく伝わるよう工夫しましょう」

高学年では、自分の考えを自由に表現できるようになるため、今までの活動から少しレベルを上げたことに、積極的に取り組むべきだと思います。子どもたち自身が１時間の授業で身につけた力を活かし、自分の言葉や文で、学んだ内容をまとめる経験を積み重ねると大きな力になります。また、この成果を友達と交流することも大切です。

第5章　実践講座②

# 子どもを羽ばたかせる ノート指導

書く力が身につけば、あとは教師のアイデア次第。
少しアレンジするだけで、
子どもたちは、飽きることなく取り組みます！

10

Note

# 子どものやる気に火をつけて、自ら学ぶ姿勢を身につける

## 自ら学び続ける力を育む自主学習を始めよう！

自主学習は、子どもたちが自分で計画し、実行することが基本です。しかし、子どもたちにとって、自分で決めて、取り組むことは容易なことではありません。

子どもたちが自ら学ぶ力を養うためには、教師が厳しく叱りながら管理するよりも、その子ども一人ひとりに合った具体的なアドバイスと励ましを送ることが大切です。少しずつでも一人で取り組むことができれば、「勉強しなさい！」と声をかける回数が減るはずです。

また、クラスでのルールや取り組み方を子どもたちに伝えるだけでなく、教師自身も自主学習でめざす子どもの姿を明確にし、的確なアドバイスをすることが必要です。ポイントを紹介します。

### 子どもたちのめざす姿を明確にする

- 自ら学ぼうとする。
- 深く考えたり、工夫することができる。
- 自分で学習の計画を立てることができる。
- 友達と一緒に学ぼうとする。
- 粘り強く取り組むことができる。
- どんなときも勉強を楽しむことができる。

### 自主学習のルールを決める

- 宿題を含めて、毎日、学年×10分を目標に机に向かう。
- 「バッチリメニュー（＝授業の復習）」「わくわくメニュー（＝自分が気になっていること、調べてみたいこと）」の2種類を実施する。
- 自分から取り組む。
- 習い事、遊び、体調など、自分の生活に見通しを立てて、計画的に進める。
- 学習が終わったら、必ず振り返りを書く。

### 自主学習の進め方

①授業時間を使って、自主学習の仕方やノートの書き方を学ぶ。

②最初の1週間は、自分や友達と学習内容の振り返りを行う。友達とノートを見せ合い、よいノートのつくり方や学習内容について話し合う。

③友達のよい部分を相手に伝え、自分の学習に取り入れる。

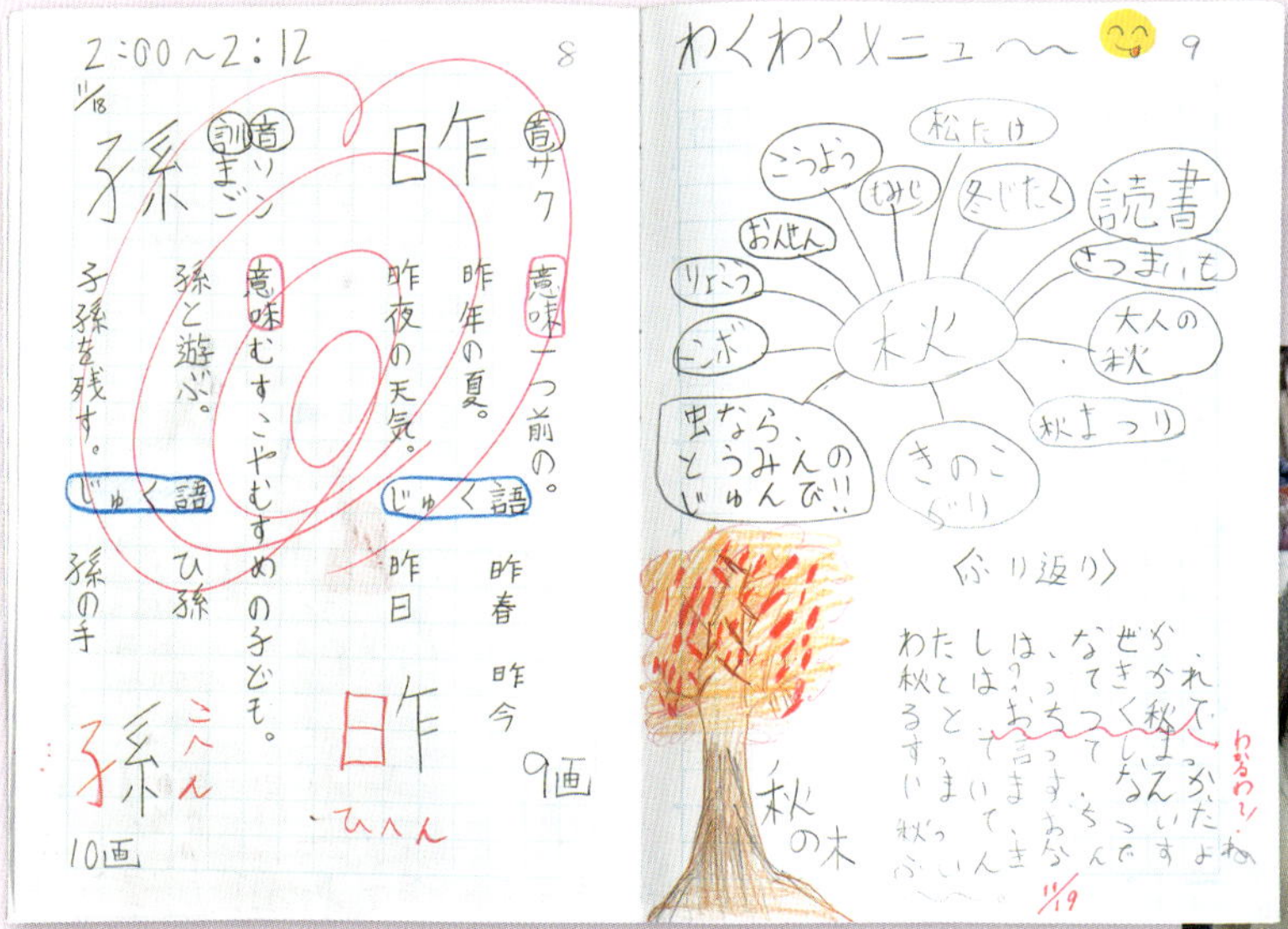

④先生や友達と、常に意見を交換し合う。

## 教師が気をつけること

- 自主学習ができない日があっても気にしない。
- できていないところより、小さな成長に気づき、一緒に喜ぶ。
- やる気や努力を褒める。
- 励まし続ける。

自主学習でどんなことに取り組むのか、ノートにどのように書くのか、学校から自宅に帰ったあと、いつやるのかなど、学習計画を立てる力が身につき、学習の見通しができるまでには時間がかかります。アドバイスをしながら、自主学習の進め方を学んでいくことを常に子どもたちには伝えていきましょう。

また、わからない問題があるとき、ずっと悩んでいるのが勉強だと思っている子どもがいます。そんな子どもには、答えを見て、学ぶことも教えてください。個々で学びを進める、自主学習での大切なポイントです。子どもというのは、答えを見て書くのはズルいことだと思っているものです。

「時間を有効に使うこと」を徹底し、「次回、同じ間違いをしないようにする」という勉強の意味を教えたいものです。

## 「自主学習タイム」の取り組み方

私のクラスには、「自主学習タイム」というのがあります。この取り組みを積み重ねると、自ら学ぶとはどういうことか、子どもたち自身が学んでいきます。

**ルール**

- １日２ページ（１見開き）を目標にします。
- 学校で取り組む時間は、15分間だけ。残りは家で行います。
- ノートの左のページは「バッチリメニュー」、右ページは「わくわくメニュー」を取り組みます。

**取り組み方**

ノートには、日付と時間を書きます。その日持ってきている教科書、ノートをすべて机の上に出し、それらを参考にしながら取り組みます。15分間取り組んだあとは、班でノートを見せ合います。


参考文献▶『自主学習ノートの作り方』伊垣尚人（ナツメ社）

11 Note

# 授業での振り返りを発展させて、新聞づくりにチャレンジしよう

## 自分の考えを見つめ直し、相手に伝える力を育む

新聞づくりは、限られた文字量でまとめる必要があるので、自分が伝えたいことをじっくり考え、表現する力が鍛えられる取り組みです。

新聞づくりの魅力は、子どもたちがそれぞれ自分で工夫をすることができ、また、みんなで読み合えるところです。3年生以上の学年であれば、十分取り組むことができます。最初は小さいサイズの紙で取り組み、慣れてきたら、大きな紙にチャレンジするという方法もあります。体験を積み重ねることが大切なので、無理のない範囲で取り組みましょう。

学校で取り組む新聞には、次のような新聞があります。

### 授業のまとめ新聞

これまでに学習したことをもとにつくる新聞です。学習を振り返ることで、子どもたちの理解が深まるだけでなく、子どもたちが、どのくらい理解しているのか、教員が確認することもできます。

### 社会科見学新聞

社会科見学新聞は、社会科見学において、見たこと、聞いてきたことをまとめる新聞です。

「働いている人はどんな工夫や努力をしていたか？」「おもしろかったところは？」「初めて知ったことは？」「発見したことは？」などの事前指導がカギになります。また、見学中に自分が「なるほど」「おもしろい」と思ったことは必ずメモをとるように、「詳しく知りたい」と感じたことは質問するように指導します。

社会科見学終了後、新聞を書く前に、班や学級で発見したことをもう一度意見を出し合い、共有しましょう。そして、その中でいちばん伝えたいことを整理してから、新聞づくりに取り組みましょう。

### 学級新聞・学校新聞

クラスや学校での出来事や行事などをまとめた新聞です。私の学級では「新聞会社」があるので、主に新聞会社の子どもが書いています。しかし、限定はせずに書きたい人が書いてよいことにしているので、「クラス全員が、跳び箱の6段を跳べたよ」など、学級のニュースを、子どもがどんどん書い

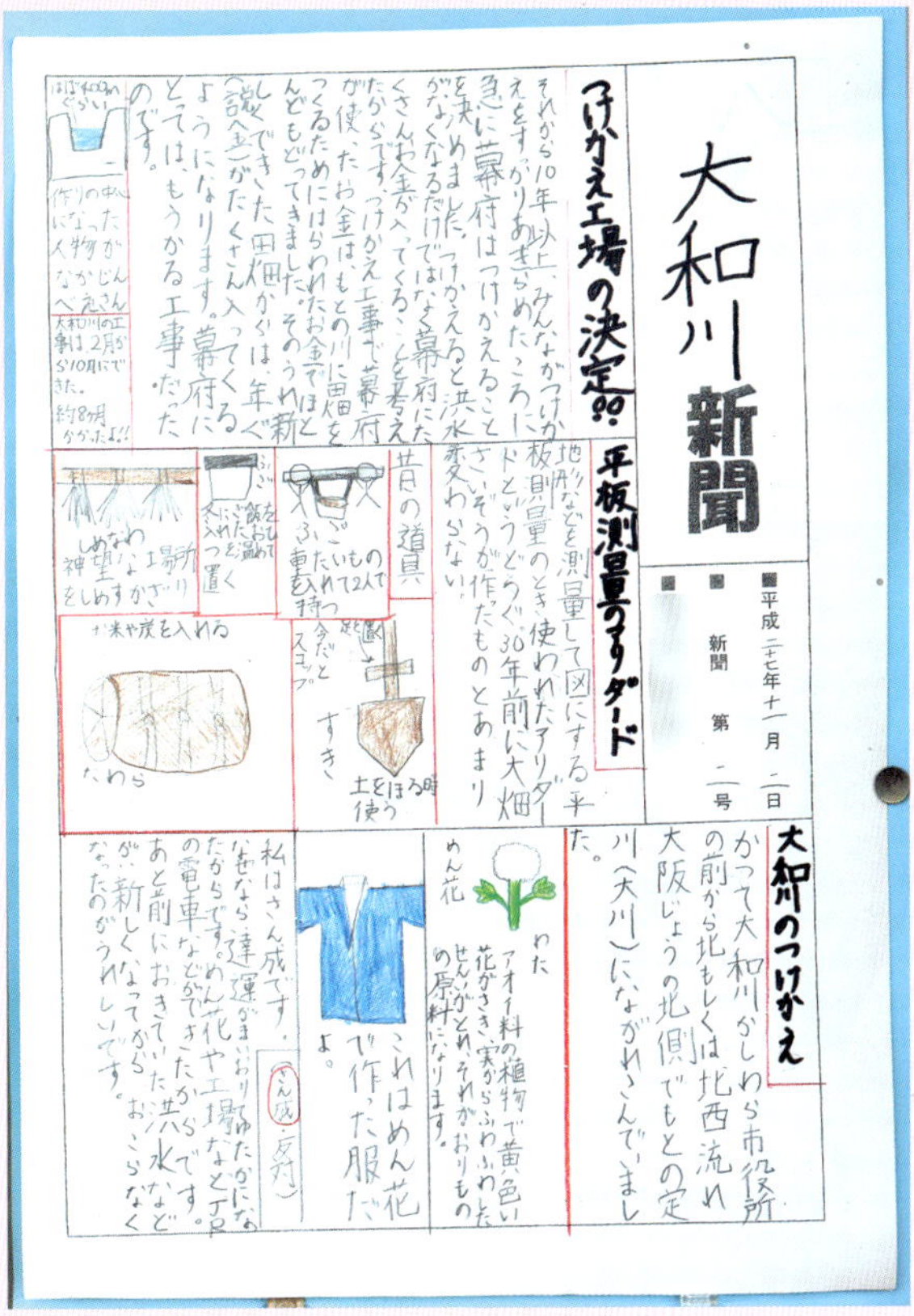


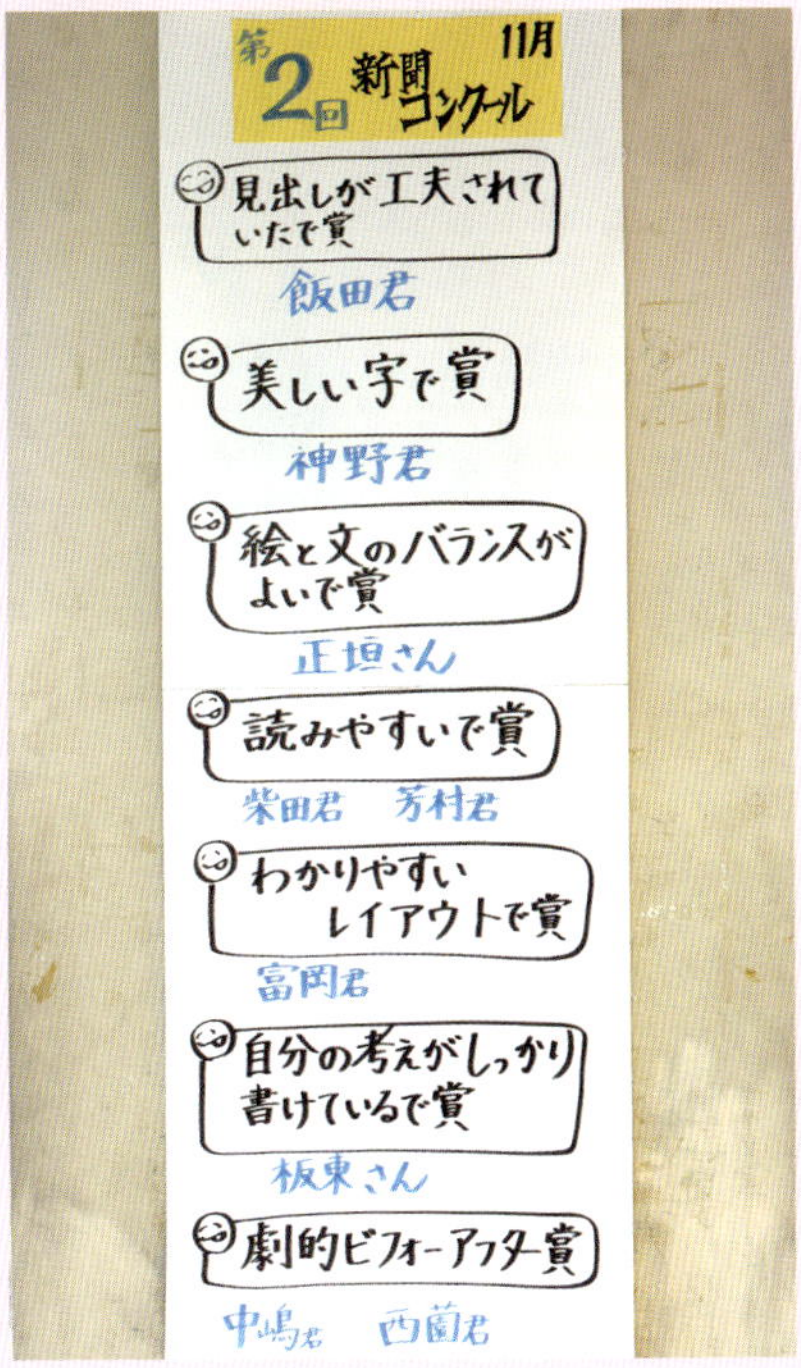


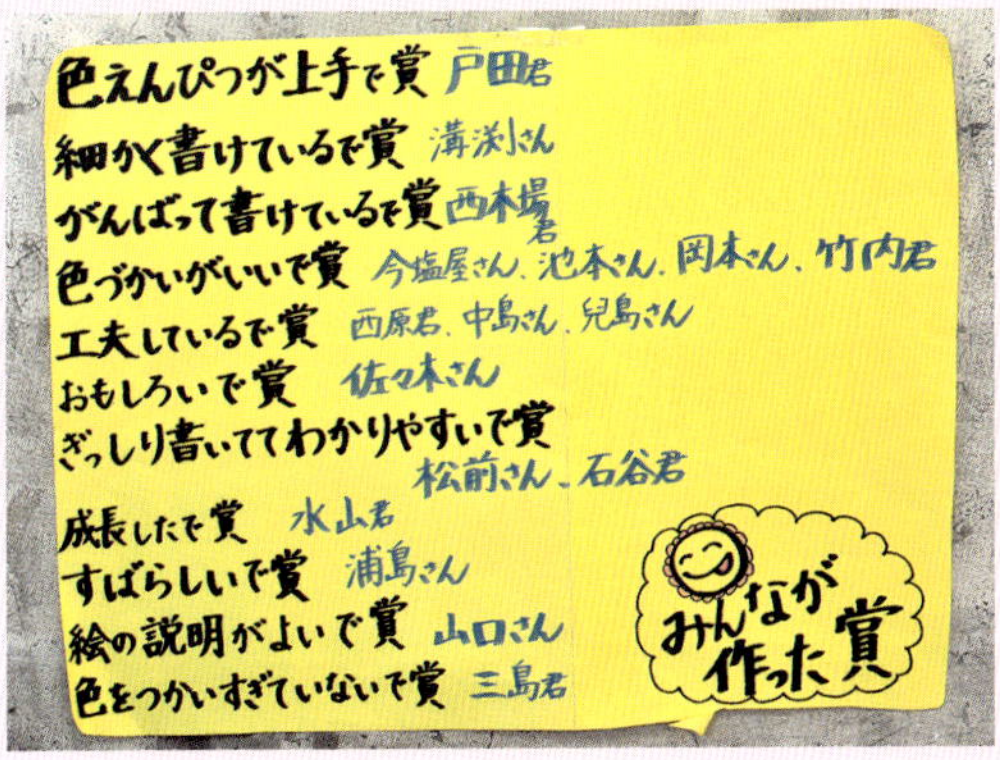


新聞でもコンクールを実施しています。教師が決めた賞（写真左）と、子どもたちが決めた賞（写真右）を貼り出しています。

ています。

新聞は印刷して学級の子どもたちに配り、保護者の方にもクラスのニュースが届くようにしています。

## 自分の1年間を振り返る新聞

1年間にはさまざまな出来事があります。その中から「自由に書きなさい」「考えて書きなさい」と言っても、子どもも困ってしまいます。そのため、さまざまな出来事からどのように選んで書くとよいのか、テーマを示すと、子どもたちが取り組みやすくなります。

私のクラスでは、左のようなテーマ例を子どもたちと出し合いながら、進めていきます。

- 成長曲線をつくる。
- 1年でいちばん楽しかったこと。
- 今だから言えるごめんなさい。
- クラスのニュース。
- 心に残っている言葉。
- 自分が頑張ったこと。

新聞のレイアウトの大枠を示したり、新聞をつくっている途中で子ども同士で見せ合う時間を確保したりするのもおすすめです。

12 Note

# ノートづくりを楽しむイベントで子どもたちのやる気を刺激する

## 好奇心をくすぐりながら、ノートづくりのスキルを上げる

新任の頃は、授業後に集めたノートの点検に追われ、帰宅時間が遅くなるという毎日を過ごしていました。しかし、教師がどんなに努力をして評価をしていても、一定の伸びは感じられますが、それ以上のことを引き出すことができませんでした。なぜでしょうか。

そこには、刺激がなかったからです。子どもたちは、好奇心旺盛です。いつもやっていることに少し刺激を与えることで、やる気がアップします。

### ノート交流

「友達のノートを参考にしなさい」と伝えても、子どもたちは具体的にどのように参考にして、書いていけばよいものかわかりません。そこで、まずは「ノート交流」を学級で行います。ノート交流はこのように行っています。

**①クラス全員分の付箋を準備する。**
**②自分のノートでお気に入りのページ、みんなに見てもらいたいページを開いて、机の上に置いておく。**
**③子どもたちはおのおの、付箋と鉛筆を持って、友達のノートを見て回る。**
**④自分が参考にしたいところ、素晴らしいと思ったノートを見つけたら、どんなところがよかったのか、具体的に付箋に書いて、ノートに貼る。このとき、「〜したほうがいい」というコメントを残すのは避ける。**

このほかにも、ノートを見回るグループと、席に着いて見回ってくる友達の質問に答えるグループの2つにクラスを分ける方法もあります。どちらの方法でも、必ず全員のノートを見学しましょう。

この活動でポイントになるのが、交流後の振り返りの時間です。友達のノートを見たあとに振り返りをすることで、子どもたちにとってのやる気につながるだけでなく、学んだことが整理されていきます。「これからどんなことを工夫したいと思ったのか」「学んだこと」「やってみたいこと」など、次につながるようなことに絞って書くように伝えていきましょう。

「すごい!」「いっぱい書きこんでるなぁ」「このまとめ方わかりやすいなぁ」。このような声が、いろいろなところから聞こえてくるようになります。

### ノートコンクール

「ノートコンクール」は、学年で取り

友達からもらった付箋は、該当ページに残しておいたり、ノートの最後のページにまとめたりして保管しています。

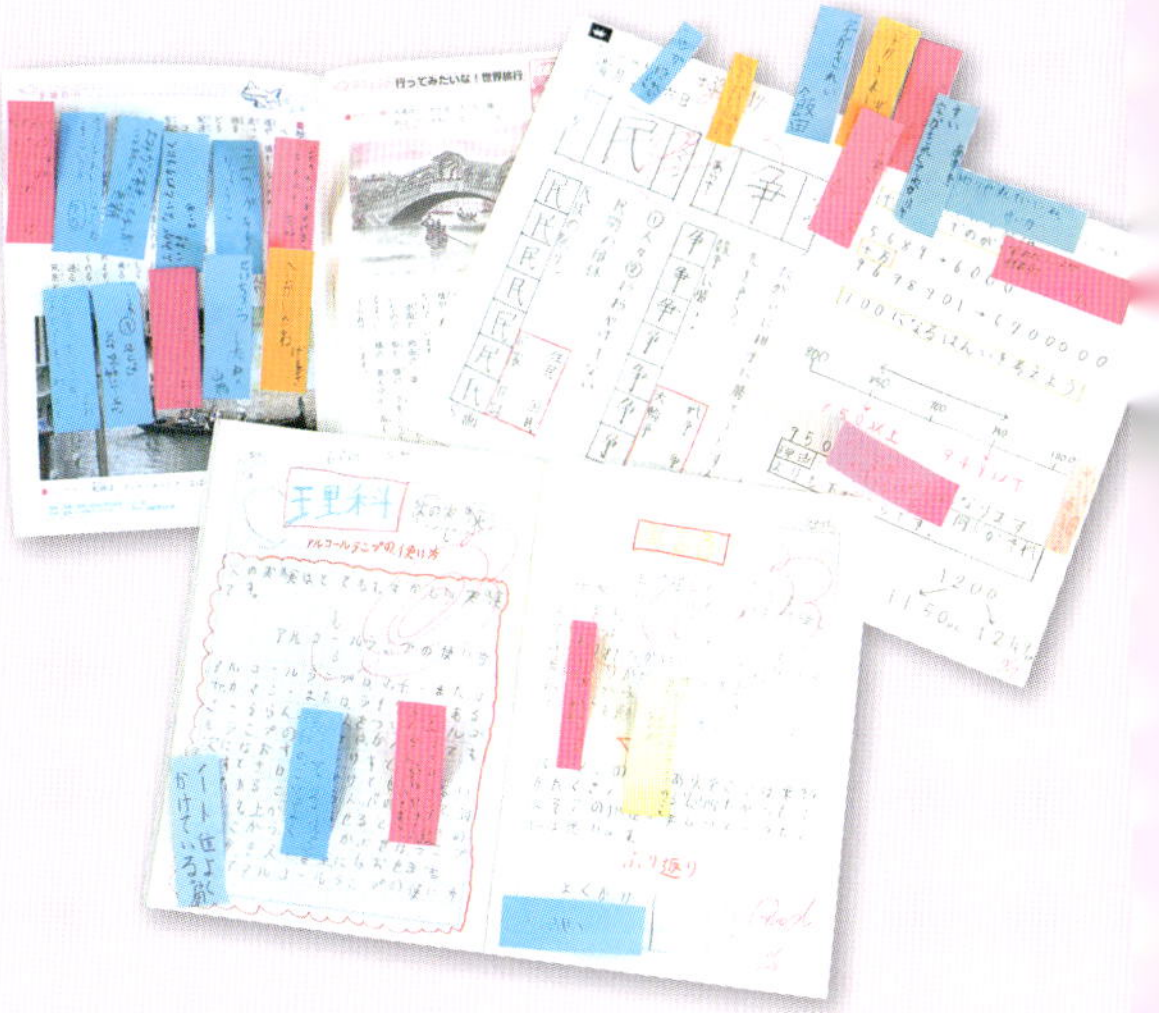

組む活動です。各クラスごとに、よく工夫し、一生懸命取り組んでいるノートを持ち寄り、先生方で投票し、金賞、銀賞、銅賞を選びます。そして、それを学年集会で発表します。選ばれた子どもには、賞状を渡しています。

優秀なノートの基準は、このように考えています。

- **自分の考えの筋道がわかるか。**
- **自分や友達の考えが対比されて書かれているか。**
- **板書だけでなく、考えたことがメモされているか。**
- **学んだこと、自分の思いの変化・成長が記されているか。**

## ノート展覧会

「ノート展覧会」は、クラス単位で行える活動です。やり方は、見開き2ページで、いちばんよいノートを一人1冊選びます。教科は指定せず、自主学習のノートでも大丈夫です。次に、子どもたちの名前シールを貼ったクリップではさんで、教室の一角に並べておきましょう。誰のノートか、ひと目でわかるようにしておくことがポイントです。

参観日に合わせて実施すると、保護者の方々にも見てもらえます。その際は、他の子どもと比較せずに、子どもを励ますことが目的ということを必ず伝えてください。

ノート展覧会を行う1週間前に子どもたちに予告しておくと、子どものやる気に火がつきます。

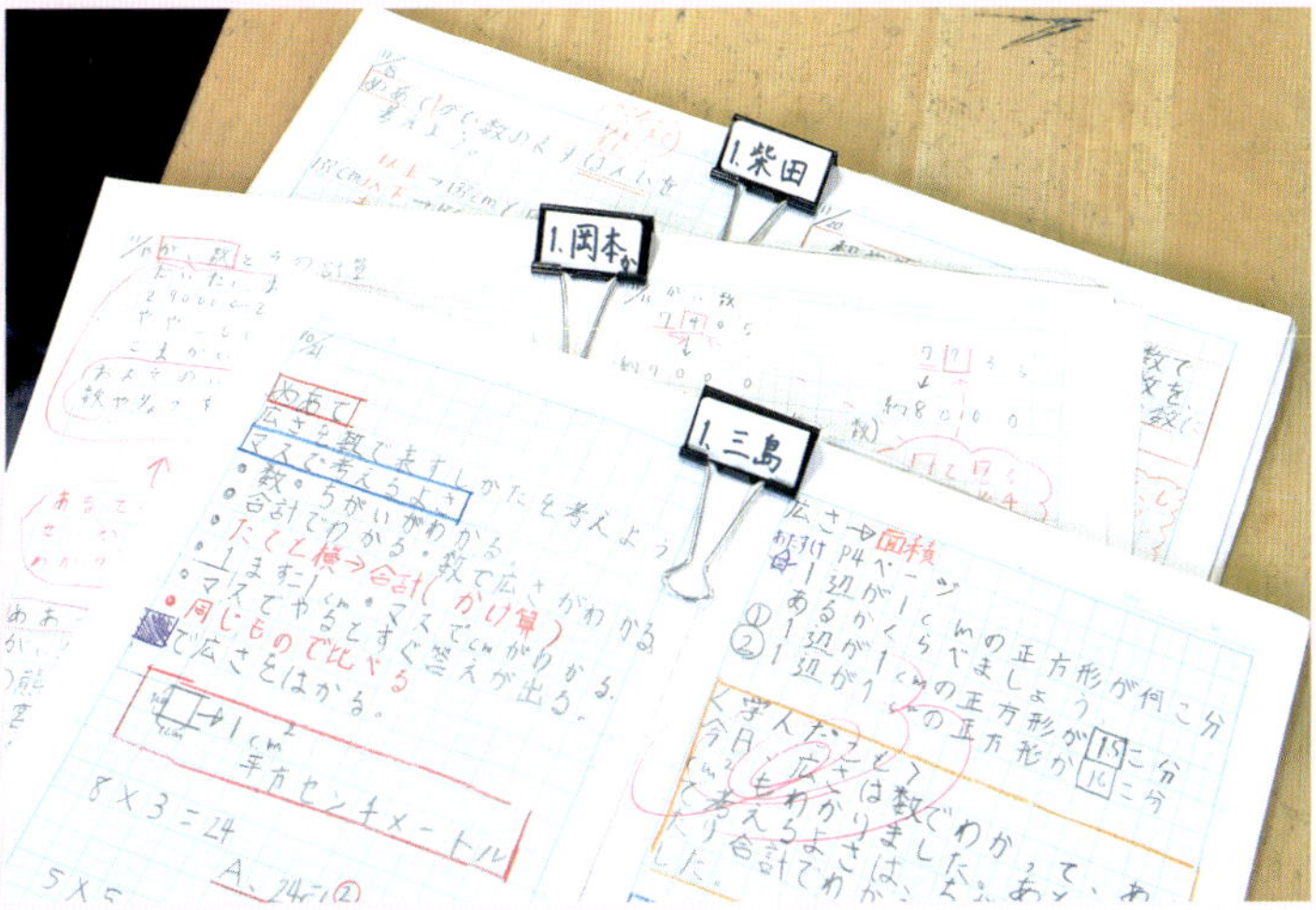

# おわりに

私は現在、教員生活９年目を迎えます。振り返ると、たくさんの方々との出会いがありました。いちばん印象に残っているのは、新任のときのことです。とにかくがむしゃらに、わけもわからず過ごしていたとき、同僚に誘われて行った「学力の基礎を鍛えどの子も伸ばす研究会（学力研）」の大会で久保齋先生のお話を聞きました。「教育の素晴らしさ」「教師としての責任感」「子どもの伸びる力の凄さ」……、一瞬にして教えていただきました。

実際に久保先生の教室にお邪魔させていただいたときは、子どもの無邪気で素直な子どもらしい、そして凛々しい部分をもち合わせている、キラキラした表情の子どもたちを目の当たりにして、これが私が求めている子どもの姿だ、と確信しました。それは、管理的でもなく、ふわっとしたあたたかさで包まれる学級でした。

そんな久保先生に、今回いろいろと相談にのっていただきました。常に私の成長を願ってくださっていることに感謝しています。

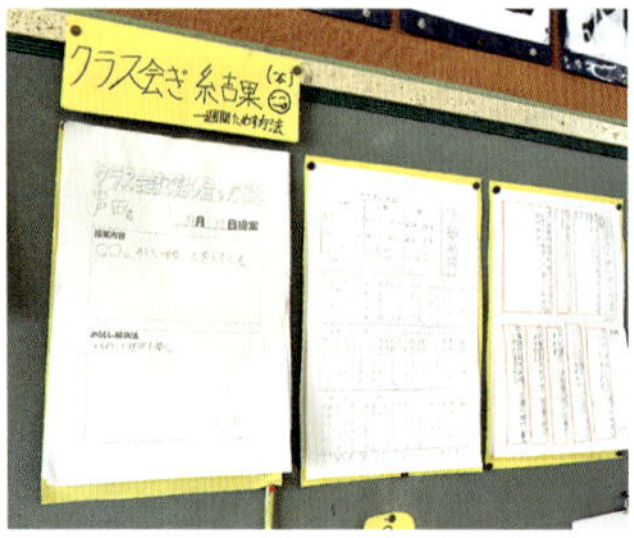

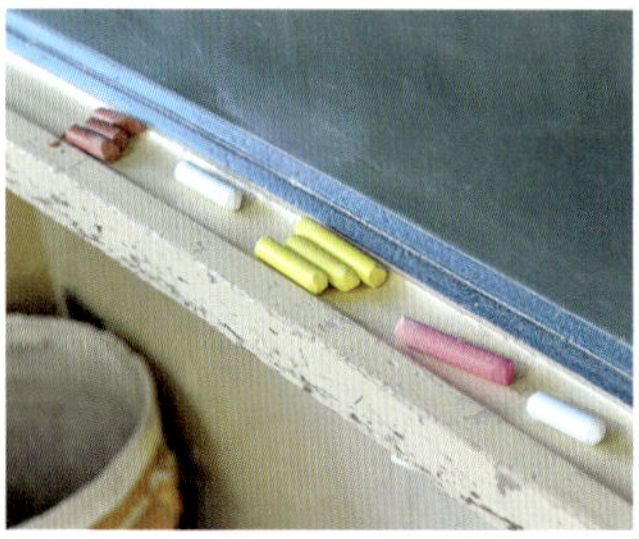

また、どんなときも励ましてくださり、そっと背中を押してくださる深沢英雄先生。自問清掃を通じて子どもたちの素晴らしさを親身に教えてくださる平田治先生。お二人に出会えたことで、より教師の仕事の楽しさを感じています。いつもありがとうございます。

私自身、まだまだ未熟なところもあり、毎日試行錯誤しながら、子どもたちを指導しています。今回私が紹介した板書とノート指導の技は、教員の先輩方が大切にされてきたものばかりです。

私は、この貴重な技を、たくさんの本や研究授業や公開授業から学んできました。刺激された参考文献などは、本文中に掲載していますので、この本をきっかけに、手に取ってもらえると嬉しいです。きっと心に響くことが見つかると思います。

最後に、「教師は、これからの未来を担う子どもを育てることができるから、素敵な仕事だ！」と、すべてを受けとめてくれる夫、家族の支えのおかげで、今の私がいます。家族の愛に感謝して筆を置かせていただきます。

岡本 美穂

**著者**　**岡本 美穂（おかもと・みほ）**

奈良県出身。現在、大阪府東大阪市立縄手南小学校教諭。教員歴９年目。“キラッキラな子どもたちの姿”を追い求め、たくさん悩み、たくさん笑い、たくさん成長するために、日々奮闘中。「学力の基礎を鍛えどの子も伸ばす研究会（学力研）」の青年部女性部長。共著に『仕事をためない！　１日をうまく使う教師の時短術』（ナツメ社）がある。

2015年度
東大阪市立縄手南小学校
4年1組

# 子どもの力《ちから》を引《ひ》き出《だ》す
# 板書《ばんしょ》・ノート指導《しどう》の基本《きほん》とアイデア


2016年3月1日　初版発行

著　者　岡本《おかもと》美《み》穂《ほ》



© Okamoto Miho, 2016



発行者　田村正隆

発行所　株式会社ナツメ社
東京都千代田区神田神保町1-52
ナツメ社ビル1F（〒101-0051）
電話 03-3291-1257（代表）
FAX 03-3291-5761
振替 00130-1-58661

制　作　ナツメ出版企画株式会社
東京都千代田区神田神保町1-52
ナツメ社ビル3F（〒101-0051）
電話 03-3295-3921（代表）

印刷所　ラン印刷社

構成・編集／梨子木志津（カラビナ）
デザイン／松岡慎吾
イラスト／福場さおり
写真／中村 晃・町田安恵
校正／髙橋沙紀
編集協力／和西智哉（カラビナ）
編集担当／原 智宏（ナツメ出版企画）



**ナツメ社Webサイト**
http://www.natsume.co.jp
書籍の最新情報（正誤情報を含む）は
ナツメ社Webサイトをご覧ください。



ISBN 978-4-8163-5989-7　　Printed in Japan

本書に関するお問い合わせは、左記、ナツメ出版企画株式会社までお願いいたします。

〈定価はカバーに表示してあります〉



〈乱丁・落丁本はお取り替えします〉

本書の一部または全部を著作権法で定められている範囲を超え、ナツメ出版企画株式会社に無断で複写、複製、転載、データファイル化することを禁じます。